古典文獻研究輯刊

十一編

潘美月・杜潔祥 主編

第 **17** 冊

《楚帛書》文字析議（上）

陳 嘉 凌 著

國家圖書館出版品預行編目資料

《楚帛書》文字析議(上)／陳嘉凌 著 — 初版 — 台北縣永和市：
花木蘭文化出版社，2010〔民99〕
目 2+188 面；19×26 公分
（古典文獻研究輯刊 十一編；第 17 冊）
ISBN：978-986-254-300-9（精裝）
1. 簡牘文字　2. 帛書　3. 研究考訂
796.8　　　　　　　　　　　　　　　　　99016387

ISBN - 978-986-2543-00-9

9 789862 543009

古典文獻研究輯刊
十一編　第十七冊　　　　　ISBN：978-986-254-300-9

《楚帛書》文字析議（上）

作　　者　陳嘉凌
主　　編　潘美月　杜潔祥
總 編 輯　杜潔祥
企劃出版　北京大學文化資源研究中心
出　　版　花木蘭文化出版社
發 行 所　花木蘭文化出版社
發 行 人　高小娟
聯絡地址　台北縣永和市中正路五九五號七樓之三
　　　　　電話：02-2923-1455／傳眞：02-2923-1452
網　　址　http://www.huamulan.tw 信箱 sut81518@ms59.hinet.net
印　　刷　普羅文化出版廣告事業
初　　版　2010 年 9 月
定　　價　十一編 20 冊（精裝）新台幣 31,000 元

《楚帛書》文字析議（上）

陳嘉凌　著

作者簡介

陳嘉凌，女，民國六十六年出生於桃園，畢業於臺灣師範大學國文系碩士班，論文題目為《楚系簡帛字根研究》、臺灣師範大學國文系博士班，論文題目為《楚帛書文字析議》；曾發表〈釋曾侯乙墓竹簡「騾」、「𤟭」及校「霥」等五字〉、〈楚帛書「慍、徵、𡬥 嘗」四字考〉等文章。曾任教桃園縣石門國中、師大附中、萬華長青學苑古典詩文班，及擔任康軒《新世代國語詞典》編輯委員，現為中國科技大學兼任講師。

提　　要

　　《楚帛書》是我國近代以來最早出土的帛書文獻，其眾多文字、完整內容開研究楚系簡帛古文之先河，出土迄今將屆七十餘年，海內外研究論著約二百篇，至今仍是學者研究之重點。雖然《楚帛書》的相關研究至今已相當成熟，但由於帛書的保存條件不佳，部分文義仍未能順利通讀。

　　隨著電腦科技的日益進步，及近年來眾多楚簡資料出土，學者們據此得到許多豐碩的文字考釋成果，正可將部分《楚帛書》未釋或誤釋字形予以重新校訂。因此，本論文彙釋近年《楚帛書》及簡帛相關研究成果，輔以拍攝較佳之圖版，重新審視斷裂闕殘之字形，統計帛書共有九百六十六字，並且有十九處新釋字成果，這說明了《楚帛書》的文字與內容的研究工作至今尚有許多應重新探討與審視之處。

　　此外，本論文除統計帛書字數、字體使用頻率外，並歸納出《楚帛書》書手的個人風格與特色。因此本論文的研究目的為：一、能正確辨識《楚帛書》文字和通讀文意；二、輔以古代典籍與相關文物資料，以探討《楚帛書》內容等相關問題；三、統計《楚帛書》文字字數，分析歸納其文字特點與書手風格；四、期望能在較正確之文字釋讀基礎下，將《楚帛書》意義全面而深入的探析，以還原戰國楚地民族的文化特質與精神。

目次

第一章 緒 論

第一節　研究動機與目的

　　《楚帛書》是我國近代以來最早出土的帛書文獻，其眾多文字、完整內容開研究楚系簡帛古文之先河，出土迄今將屆七十餘年，海內外研究論著約二百篇，至今仍是學者研究之重點。

　　帛書〈甲篇〉以神話傳說方式講述四時之產生；〈乙篇〉為說明順令與知歲的重要性；〈丙篇〉則為講述帛書十二月神所主各月的宜忌，因此《楚帛書》內容涉及楚文化的研究領域相當廣泛，諸如：歷史、地理、考古、民俗、宗教、神話、天文、曆法、文學、美術、方言、文字等，故《楚帛書》之重要價值不言而喻，其內容之豐富更是無與倫比。

　　雖然《楚帛書》的相關研究至今已相當成熟，但由於帛書的保存條件不佳，使得有些字形拼貼雜亂或模糊難辨，因而造成文字辨識困難與目驗不易，部分文義仍未能順利通讀；或是字形未收錄於常見的文字編中，如滕壬生《楚系簡帛文字編》、湯餘惠《戰國文字編》、李守奎《楚文字編》的「首」字頭下未收《楚帛書》丙篇 11.3「![字]」字；〔註1〕或字形摹寫有誤，造成誤釋、誤讀的情況，如滕壬生《楚系簡帛文字編》將《楚帛書》丙篇 7.3「![字]」字

〔註 1〕滕壬生：《楚系簡帛文字編》，（武漢：湖北教育出版社，1995 年），頁 713；湯餘惠：《戰國文字編》，（福州：福建人民出版社，2001 年），頁 612；李守奎：《楚文字編》（上海：華東師範大學出版社，2003 年），頁 537。

摹作「⿱大」，曾憲通《長沙楚帛書文字編》摹作「⿱大」，湯餘惠《戰國文字編》、李守奎《楚文字編》則未收此字，〔註2〕又如《楚帛書》丙篇 4.2「▆」（⿱字）字，滕壬生《楚系簡帛文字編》摹作「⿱果」等，〔註3〕這些都是造成《楚帛書》少數文字尚未能校正的原因。

　　隨著電腦科技的日益進步，及近年來眾多楚簡資料出土，學者們據此得到許多豐碩的文字考釋成果，正可將部分《楚帛書》未釋或誤釋字形予以重新校訂，而歷來學者據以往錯誤的文字考釋而得到的相關研究成果，現在看來，部分意見應是需要重新修正。

　　因此，本論文彙釋近年《楚帛書》及簡帛相關研究成果，輔以拍攝較佳之圖版，重新審視斷裂闕殘之字形，統計帛書共計九百六十六字，較饒宗頤先生摹本〔註4〕九百一十二字的文字成果又向前推進，這說明了《楚帛書》的文字與內容的研究工作至今尚有許多應重新探討與審視之處。

　　文字是各項研究的基礎與必要工作，文字根本建立後，其他的研究才能相繼產生，因此在正確文字考釋基礎下，才能有完整無誤之內容闡釋，其他各項相關研究才能有正確的考證依據，故將帛書這些問題字形予以重新釋讀，並討論其與帛書所構成的相關內容，即是本論文探究之重點。

　　此外，本論文除統計帛書字數、字體使用頻率外，並歸納出《楚帛書》書手的個人風格與特色。

　　因此本論文的研究目的為：

　　一、能正確辨識《楚帛書》文字和通讀文意。

　　二、輔以古代典籍與相關文物資料，以探討《楚帛書》內容等相關問題。

　　三、統計《楚帛書》文字字數，分析歸納其文字特點與書手風格。

　　四、期望能在較正確之文字釋讀基礎下，將《楚帛書》意義全面而深入的探析，以還原戰國楚地民族的文化特質與精神。

〔註2〕滕壬生：《楚系簡帛文字編》，（武漢：湖北教育出版社，1995 年），頁 414；曾憲通：《長沙楚帛書文字編》（北京：中華書局，1993 年），頁 16；湯餘惠：《戰國文字編》，（福州：福建人民出版社，2001 年），頁 507。

〔註3〕滕壬生：《楚系簡帛文字編》，（武漢：湖北教育出版社，1995 年），頁 444。

〔註4〕趙誠：「饒宗頤先生摹本被認爲是目前所能見到最好的摹本」〈曾憲通《長沙楚帛書文字編》讀後〉，《曾憲通教授七十壽慶論文集‧康樂集》，（中山大學出版社，2006 年），頁 9。

第二節　研究回顧與評析

　　1942 年 9 月盜墓出土的《楚帛書》，由蔡季襄先生購得，經蔡先生敘述，《楚帛書》置於竹笈中，折疊數層且有許多破碎帛書殘片，上面還粘著一層很厚的白膏泥和污穢，由於埋藏長達兩千年之久，因此色澤黑暗異常，質地腐壞，〔註 5〕蔡先生將《楚帛書》細心展開並裝裱，《楚帛書》才得以保存與流傳。

　　《楚帛書》原物形狀雖大致完整，然由於帛書出土後底色為深褐色與圖畫及文字混融在一起，因此目驗困難；又因長期疊放於竹笈內，表面留有四道（橫一道，豎三道）的折痕，使文字遭受損傷；且帛書表面還有一些地方發生撕裂，經過裝裱，發生錯行錯位，有些文字的筆劃錯位，或整個字被掩去；而帛書邊緣，上下緣不完整，特別是上緣（〈乙篇〉）有比較嚴重的破損，並且有些碎帛書裝裱時被錯置；而原件又於 1949 年左右，由美國人柯強帶至美國，1949～1964 年以檢驗為名，寄存於大都會博物館，1964 年由紐約古董商戴潤齋（福保）先生收藏，1966 年由賽克勒醫生購得，並於 1987 年賽克勒美術館建成後，移至該館收藏，現在則收藏於美國紐約大都會博物館，〔註6〕因此帛書的流傳國外，更增加目驗上的不易。

　　至 1973 年 5 月，湖南省博物館始對《楚帛書》出土的墓葬重新清理，進行二次發掘，子彈庫一號楚墓的發掘報告如下：

一、墓葬形制：墓口長 3.8、寬 2.72 米。墓底長 3.78、2.46 米。墓坑深 7.42 米。墓道寬 1.5 米，坡度 23 度。墓道高出墓坑內 2.77 米。

二、棺槨葬具：棺槨共三層，即槨、外棺、內棺。葬式為仰身直肢，身長約 1.7 米，經湖南醫學院鑒定為男性，年齡約在 40 歲左右。

三、隨葬器物：「人物馭龍帛畫」，絹地，呈長方形，長 37.5、寬 28 釐米，畫上端邊有一根很細的竹條，竹條長 30 釐米，近中部繫有一棕色絲繩，用於懸掛。畫的左邊和下邊為虛邊，整個畫幅因年久而呈棕色。另有陶鼎 3 件，陶敦 2 件，陶壺 2 件，陶匜 1 件，以及竹木漆器，絲麻碎片等。

　　發掘者認為該墓墓主人為士大夫一級的貴族，年代約於戰國中晚期之

〔註 5〕　參考劉信芳：〈關於楚帛書流入美國經過的有關資料〉；《子彈庫楚墓出土文獻研究》，（台北：藝文印書館，民國 91 年），頁 226。

〔註 6〕　參考李零：〈楚帛書的再認識〉，《李零自選集》，（廣西：廣西師範大學出版社，1998 年），頁 233～235。

交。〔註7〕隨著更多相關的考古資料出土與發現，學者們開始對《楚帛書》進行文字及各方面的相關研究。

關於《楚帛書》文字的研究，可分為三階段：

一、據蔡季襄之子蔡修渙先生臨摹本的初步研究

蔡季襄《晚周繒書考證》中除釋文外，並附有簡短考證，於 1944 年印行，〔註8〕這是最早發表和研究《楚帛書》的論著，帛書周圍之樹木及月神繪有色彩，是極重要的帛書目驗資料。蔣玄佁〈長沙（楚民族及其藝術）〉一文中對帛書重新臨摹，這時期的學者多根據蔡氏本或蔣氏本進行研究，如陳槃〈先秦兩漢帛書考〉、饒宗頤〈長沙楚墓時占神物圖卷考釋〉、董作賓〈論長沙出土之繒書〉、李學勤〈戰國題銘概述（下）〉等等。〔註9〕這些文章涉及帛書的閱讀順序、圖像理解及釋文等重要內容，但因蔡氏臨摹本缺字及誤字較多，使得帛書研究難以深入。

二、1952 年美國華盛頓弗利爾美術館將帛書拍成全色照片的研究時期

借助這一照片，先後有許多臨摹本出現，如日本學者梅原末治《近時出現的文字資料‧長沙的帛書與竹簡》、饒宗頤《長沙出土戰國繒書新釋》、澳大利亞學者巴納《楚帛書初探──新復原本》、商承祚《戰國楚帛書述略》等，將帛書的研究工作推至更進步的階段，這一時期最有突破性的研究是李學勤〈補論戰國題銘的一些問題〉論述帛書邊文的十二月名為《爾雅‧釋天》十二月名。另外，陳夢家《戰國帛書考》〔註10〕指出帛書與月令類文獻最為接近，亦為對帛書認識的一大進步。

〔註7〕 湖南省博物館：〈長沙子彈庫戰國木槨墓〉，《文物》第二期，1974 年 2 月。

〔註8〕 蔡季襄：《晚周繒書考證》，台北：藝文印書館，1944 年。

〔註9〕 蔣玄佁：〈長沙（楚民族及其藝術）〉第二卷，美術考古學社專刊，上海今古出版社，1950 年；陳槃：〈先秦兩漢帛書考〉，《中央研究院歷史語研究所集刊》第二十四本，1953 年 6 月；饒宗頤：〈長沙楚墓時占神物圖卷考釋〉，香港《東方文化》第一卷第一期，香港大學，1954 年 1 月；董作賓：〈論長沙出土之繒書〉，《大陸雜誌》第十卷第六期，1955 年 3 月；李學勤：〈戰國題銘概述（下）〉，《文物》第九期，1959 年 9 月。

〔註10〕 〔日〕梅原末治：《近時出現的文字資料‧長沙的帛書與竹簡》，《書道全集》第一卷，日本平凡社，1954 年 9 月；饒宗頤：《長沙出土戰國繒書新釋》，《選堂叢書》之四，香港義友昌記印務公司，1958 年；〔澳〕巴納：《楚帛書初探──新復原本》；商承祚：《戰國楚帛書述略》，《文物》第九期，1964 年 9 月；李學勤：〈補論戰國題銘的一些問題〉《文物》第七期，1960 年 7 月；陳夢家《戰國帛書考》，《考古學報》第二期，1984 年 2 月。

三、1966 年美國紐約大都會博物館拍攝紅外線照片的研究時期

攝影出來的照片有黑白及彩色兩種，字跡圖像相當清晰，許多肉眼無法辨識的字跡與圖案顯現出來，其效果遠超過以往任何摹本及照片，從而爲學者的研究提供極大的便利。1967 年，美國哥倫比亞大學舉辦「古代中國藝術及其在太平洋地區之影響」學術座談會，這是帛書照片的第一次公布，本次座談會論文於 1972 年結集出版。〔註 11〕

隨著紅外線照片的公布，立即掀起《楚帛書》研究的熱潮，其中嚴一萍〈楚繪書新考〉首次指出《楚帛書》八行開頭所述人物爲「伏羲與女媧」，〔註 12〕而金祥恆〈楚繪書雹虐解〉亦考證帛書所述的頭一位傳說人物爲「伏羲」，〔註 13〕現已爲學界普遍認定。而李零《長沙子彈庫戰國楚帛書研究》分「楚帛書研究概況」、「楚帛書的結構、內容與性質」、「釋文考證」三部分，〔註 14〕對《楚帛書》進行探討，頗多新獲。

此外，李學勤先生發表〈楚帛書中的天象〉、〈楚帛書中的古史觀與宇宙觀〉、〈再論帛書十二神〉〔註 15〕、〈長沙楚帛書通論〉、〈談祝融八姓〉〔註 16〕等一系列文章，曹錦炎〈楚帛書月令篇考釋〉、高明〈楚繪書研究〉、何琳儀〈長沙帛書通釋〉等人亦有相關文章發表。

而 1985 年出版的《楚帛書》〔註 17〕一書中，曾憲通先生據饒宗頤先生的摹本，〔註 18〕將當時對帛書文字的研究成果，以文字編的形式，在楚帛書的每一字於該字字頭下列出，並於後作集釋及說解，撰成〈楚帛書文字編〉一文，然囿於當時文字知識以及人爲疏失等因素，因此於 1993 年將〈楚帛書文字編〉內容修訂，重新出版《長沙楚帛書文字編》〔註 19〕一書，迄今仍爲學者們學習《楚帛書》文字的最佳入門書。隨著郭店竹簡出土與文字考釋的與日精進，曾憲通

〔註 11〕〔澳〕巴納主編：《古代中國藝術及其在太平洋地區之影響》，哥倫比亞大學學術討論研討會論文集，1972 年。

〔註 12〕嚴一萍：〈楚繪書新考〉（上）《中國文字》第二十六期，1967 年 12 月。

〔註 13〕金祥恆：〈楚繪書雹虐解〉，《中國文字》28 冊，1968 年，頁 9。

〔註 14〕李零：《長沙子彈庫戰國楚帛書研究》北京：中華書局，1985 年。

〔註 15〕收入李學勤：《簡帛佚籍與學術史》，南昌：江西教育出版社，2004 年。

〔註 16〕收入李學勤：《李學勤集》，黑龍江：黑龍江教育出版社，1989 年。

〔註 17〕饒宗頤、曾憲通：《楚帛書》香港：中華書局香港分局，1985 年。

〔註 18〕趙誠：「饒宗頤先生摹本被認爲是目前所能見到最好的摹本」：〈曾憲通《長沙楚帛書文字編》讀後〉，《曾憲通教授七十壽慶論文集·康樂集》，（中山大學出版社，2006 年），頁 9。

〔註 19〕曾憲通：《長沙楚帛書文字編》，北京：中華書局，1993 年。

先生發表又〈楚帛書文字新訂〉一文，糾正了：凥（處）、咎而（天）「達」、九州不「坪」（平）、「燥」氣倉氣、唯「李」德匿、取女爲邦「笑」、亂「失」其行等詞條與文字。〔註20〕使得《楚帛書》的文字研究更爲前進。

由於學界對於《楚帛書》文字的考證已大致認定與接受，因此開始對其內容進行更深入之研究，在曾憲通〈楚帛書研究四十年〉、李零《長沙子彈庫戰國楚帛書研究》及許師學仁輯錄〈長沙子彈庫戰國楚帛書研究文獻要目〉等中，〔註21〕已收錄相當豐富的研究成果。

隨著研究視野的不斷開拓，關於《楚帛書》內容，目前約有以下的研究重點，（一）《楚帛書》結構研究；（二）《楚帛書》性質研究；（三）《楚帛書》圖像研究；（四）《楚帛書》思想研究；（五）上古歷史之考證與還原研究；（六）天文曆法析論研究；（七）《楚帛書》神話內容研究，以下則概述說明：

（一）《楚帛書》結構研究

《楚帛書》結構特殊，由十二月神及青、赤、白、黑四木兩組圖像和中間八行、十三行，及周邊文字三部份所組成，由於中間文字一順寫，一倒寫，周邊文字圖像又循環周轉，因此該如何放置及順讀《楚帛書》，成爲學者討論的重點，概括主要有兩種意見：

1. 以八行爲正置圖，按八行、十三行、周邊文字順序讀圖。
2. 以十三行爲正置圖，按十三行、八行、周邊文字順序讀圖。

第一種意見始於蔡季襄《晚周繪書考證》，〔註22〕採此意見的有蔣玄佁、陳槃、饒宗頤、林巳奈夫及高明等。第二種意見始於董作賓〈論長沙出土之繪書〉，董氏根據東西南北之序與春夏秋冬四時相配的傳統將蔡圖倒置。〔註23〕由於李學勤〈補論戰國題銘的一些問題〉辨釋帛書月名同於《爾雅》月名，因此認爲應以上冬下夏爲正，〔註24〕商承祚、嚴一萍、安志敏、陳公柔、李零等

〔註20〕曾憲通：〈楚帛書文字新訂〉《古文字與出土文獻叢考》，（廣州：中山大學出版社，2005 年），頁 49～55。

〔註21〕關於楚帛書的研究概況，參見曾憲通：〈楚帛書研究四十年〉《楚帛書》，（香港：中華書局香港分局，1985 年），頁 152～220；李零：《長沙子彈庫戰國楚帛書研究》，（北京：中華書局，1985 年），頁 12～28；許師學仁輯錄：〈長沙子彈庫戰國楚帛書研究文獻要目〉，簡帛研究網：2004 年 11 月 28 日。

〔註22〕蔡季襄：《晚周繪書考證》，台北：藝文印書館，1944 年。

〔註23〕董作賓：〈論長沙出土之繪書〉，《大陸雜誌》第十卷第六期，1955 年 3 月。

〔註24〕李學勤：〈補論戰國題銘的一些問題〉，《文物》第七期，1960 年 7 月。

先生贊同此說。

　　然至 1982 年，李學勤〈論楚帛書中的天象〉對帛書的放置方向和閱讀順序提出新解。李先生通過整理馬王堆帛書，發現

> 其古地圖，《胎產書》中的禹藏圖和幾種陰陽五行家著作的圖，均以
> 南為上。……至少是楚地出現的古圖傳統。〔註25〕

因此主張恢復蔡氏的擺法。隨後饒宗頤〈楚帛書之內涵及其性質試說〉闡明贊成蔡氏擺法的理由：

> 一、甲篇起句以‘曰故’二字發端，有如《尚書·堯典·皋陶謨》
> 言‘曰若稽古’，自當列首；二、乙篇倒寫，由於所論為王者失德，
> 則月有贏絀，故作倒書，表示失正，無理由列於首位；三、帛書代
> 表夏正五月之神為三首神祝融，應當正南之位，是楚先祖，故必以
> 南方居上。〔註26〕

　　據學者意見及《楚帛書》文意可知，應以八行、十三行至周邊文字為閱讀順序。此外，在三部分文字的名稱上，學者亦持有不同意見，以《楚帛書》〈甲篇〉為例表列式說明如下：

名　稱	學　者　／　出　處
甲　篇	1. 饒宗頤、曾憲通：《楚帛書》，香港：中華書局，1985 年。 2. 饒宗頤、曾憲通：《楚地出土文獻三種研究》，北京：中華書局，1993 年。 3. 劉信芳《子彈庫楚墓出土文獻研究》，台北：藝文印書館，民 91 年。
乙　篇	1. 嚴一萍：〈楚繪書新考〉（中），《中國文字》第 27 冊，1968 年。 2. 唐健垣：〈楚繪書文字拾遺〉，《中國文字》第 30 冊，1968 年。 3. 李零：《長沙子彈庫戰國楚帛書研究》，北京：中華書局，1985 年。
A　段	1. 林巳奈夫：〈長沙出土戰國帛書考〉，京都大學《東方學報》第 36 冊第 1 分，昭和 39 年 10 月，1964 年。 2. 饒宗頤：〈楚繪書疏證〉，《中央研究院歷史語言研究所集刊》第 40 本（上），1968 年。 3.何琳儀：〈長沙帛書通釋〉，《江漢考古》第一期，1986 年 1 月。
B　段	商承祚：〈戰國楚帛書述略〉，《文物》第九期，1964 年 9 月。

〔註25〕 李學勤：《簡帛佚籍與學術史》，（南昌：江西教育出版社，2004 年），頁 38～39。
〔註26〕 饒宗頤：〈楚帛書之內涵及其性質試說〉《楚地出土文獻三種研究》，（北京：中華書局，1993 年），頁 304。

上　篇	高明：〈楚繪書研究〉，《古文字研究》12 輯，北京：中華書局，1985 年。
創世篇	1. 董楚平：〈楚帛書創世篇釋文釋義〉，紀念商承祚先生百年誕辰暨中國古文字學國際研討會，廣州中山大學出版社，2001 年。 2. 院文清：〈楚帛書與中國創世紀神話〉，《楚文化研究論集》第 4 輯，鄭州：河南人民出版社，1994 年。
神話篇	連劭名：〈長沙楚帛書與中國古代的宇宙論〉，《文物》第二期，1991 年 2 月。
四時篇	李學勤：《簡帛佚籍與學術史》，南昌：江西教育出版社，2004 年。
曆法治草	陳久金：《帛書及古典天文史料注析與研究》，台北：萬卷樓，民 90 年。

由於「創世篇」、「神話篇」、「四時篇」、「曆法治草」等名稱均未能盡述《楚帛書》八行內容，但為方便說明及指稱，因此本論文以最早定名的〈甲篇〉為八行名稱，〈乙篇〉為十三行名稱，〈丙篇〉為周邊文字名稱，由〈甲篇〉至〈乙篇〉，再至〈丙篇〉的順序釋讀。

（二）《楚帛書》性質研究

關於《楚帛書》的性質，學者意見眾多，曾憲通〈楚帛書研究四十年〉將之概括有六種意見：〔註27〕

1. 文告說

蔡季襄《晚周繪書考證》提出，認為是「古代祠神之文告」；〔註28〕陳槃〈先秦兩漢帛書考〉贊同蔡說，以帛書內容為「古紀祀神」；〔註29〕董作賓〈論長沙出土之繪書〉認為帛書主旨在宣揚「天道福善禍淫」的遺訓，所舉為古帝王告誡後人敬慎之詞。

2. 巫術品說

郭沫若〈晚周繪書考察〉提出，認為「無疑是巫術性的東西」；安志敏、陳公柔〈長沙戰國繪書及其有關問題〉贊成郭說；〔註30〕商承祚〈戰國楚帛書述略〉認為帛書是「占卜式宗教迷信的東西」；〔註31〕林巳奈夫〈長沙出土的戰國

〔註27〕摘錄於饒宗頤、曾憲通：《楚帛書》（香港：中華書局香港分局，1985 年），頁 198～204。

〔註28〕蔡季襄：《晚周繪書考證》，台北：藝文印書館，1944 年。

〔註29〕陳槃：〈先秦兩漢帛書考〉，《中央研究院歷史語研究所集刊》第二十四本，1953 年 6 月。

〔註30〕安志敏、陳公柔：〈長沙戰國繪書及其有關問題〉，《文物》第九期，1963 年 9 月，頁 48～60。

〔註31〕商承祚：〈戰國楚帛書述略〉，《文物》第九期，1964 年 9 月，頁 8～20。

帛書十二神考〉以爲「帛書十二月名起源於楚國的楚國的巫名」；〔註32〕周世榮〈湖南楚墓出土古文字叢考〉將馬王堆帛書《天文氣象雜占》的圖形文字與《楚帛書》相比證，認爲《楚帛書》應是一種巫術占驗性的圖文。〔註33〕

3. 月令說

陳夢家《戰國楚帛書考》認爲「帛書是戰國中期的楚〈月令〉」；〔註34〕嚴一萍〈楚繒書新考〉以帛書邊文十二月紀事與《呂氏春秋・十二紀》、《淮南子・時則》、《禮記・月令》諸篇對照，斷言「帛書爲另一系統，可能是當時楚國〈月令〉的一部分」；〔註35〕曹錦炎〈楚帛書月令篇考釋〉逕稱帛書邊文爲《月令》篇；〔註36〕俞偉超〈關於楚文化發展的新探索〉認爲「是一部相當於《明堂圖》的楚國書籍」。〔註37〕

4. 曆書、曆忌說

李棪在其所作摹本的題名上，稱「寫在帛書上的楚曆書」；〔註38〕李零《長沙子彈庫戰國楚帛書研究》詳盡論述帛書是一部與曆忌有關的著作，認爲帛書雖與月令性質相近，但形式上以月令原始，內容比較單一，只講禁忌。〔註39〕

5. 陰陽數術家說

李學勤〈論楚帛書中的天象〉提出帛書的思想屬於陰陽家，有明顯的五行說色彩，在若干點上接近《洪範五行傳》；又於〈再論帛書十二神〉一文中，明確指出長沙子彈庫楚帛書是陰陽數術的佚書，亦是目前所能見到的最早數術書。〔註40〕

〔註32〕〔日〕林巳奈夫：〈長沙出土的戰國帛書十二神考〉，收入〔澳〕巴納主編：《古代中國藝術及其在太平洋地區之影響》，哥倫比亞大學學術討論研討會論文集，1972年。

〔註33〕周世榮：〈湖南楚墓出土古文字叢考〉，《湖南考古輯刊》第一集，1982年11月。

〔註34〕陳夢家：〈戰國楚帛書考〉，自署作於1962年10月，後發表於《考古學報》第二期，1984年2月，頁137～157。

〔註35〕嚴一萍：〈楚繒書新考〉（上）《中國文字》第二十六期，1967年12月。

〔註36〕曹錦炎：〈楚帛書月令篇考釋〉，《江漢考古》第一期，1985年1月，頁63～67。

〔註37〕俞偉超：〈關於楚文化發展的新探索〉，《江漢考古》第一期，1980年1月。

〔註38〕見鄭德坤：《中國考古》〈周代・帛書〉，英國劍橋大學出版社，1963年。

〔註39〕李零：《長沙子彈庫戰國楚帛書研究》，（北京：中華書局，1985年），頁12～13。

〔註40〕李學勤：《簡帛佚籍與學術史》（南昌：江西教育出版社，2001年），頁44、

6. 天官書說

高明〈楚繒書研究〉將帛書所載內容與古代天文學著作相比，發現兩者所述雖繁簡不同實則大同小異，因此認為《楚帛書》是一篇比較原始的天文學著作。〔註41〕

其後，李零〈《長沙子彈庫戰國楚帛書研究》補正〉認為這六說應作進一步的歸納，云：

> 因為第一，上述（1）說是錯誤的，已無人贊同；第二，上述（2）
> （5）兩說並不是特殊的一類，帛書與巫術有關，大家都公認，而帛
> 書屬於廣義的陰陽家說，拙作也先已發之；第三，李學勤先生亦持
> 曆忌說。所以，這些說法，最主要的還是'月令說'、'曆忌說'
> 和'天官書說'三種。〔註42〕

李零先生說法大體可從，然「巫術品說」、「陰陽數術說」仍與《楚帛書》之性質有密切關係。

（三）《楚帛書》圖像研究

《楚帛書》的圖像可以分為兩組：一組是位於四隅的四木；另一組是分居四方的十二神像。對於這些圖像，學者們也進行許多討論。

1. 關於四木的討論

蔡季襄《晚周繒書考證》認為「蓋藉以指示所祀神之居勾方位，祭祀時各有所憑依」，〔註43〕這是由於蔡先生視帛書為祀神文告，十二神像為所祀之神，故以四隅為指示所祀神之方位。嘉凌案：隨著帛書研究的精進，此說學界已不贊同。

董作賓〈論長沙出土之繒書〉將繪圖「四木」與帛書文字中「五木」聯繫，語「蓋本有五木，東青、南赤、中黃、西白、北黑，今只有四木，則中央黃木，既漫滅不見矣」，〔註44〕但陳槃〈先秦兩漢帛書考〉對董作賓之說提出疑議，認為「四木」代表「四方」，云：

61～63。

〔註41〕高明：〈楚繒書研究〉，《古文字研究》12 輯，北京：中華書局，1985 年，頁363～395。

〔註42〕李零：〈《長沙子彈庫戰國楚帛書研究》補正〉，《古文字研究》20 輯，（北京：中華書局，1985 年），頁 163。

〔註43〕蔡季襄：《晚周繒書考證》，台北：藝文印書館，1944 年。

〔註44〕董作賓：〈論長沙出土之繒書〉，《大陸雜誌》第十卷第六期，1955 年 3 月。

據理則應安置四邊正方之處，今乃置之角間，則非東南西北之謂也，此其義未聞。〔註45〕

由於帛書中間確實未繪有「黃木」，嚴一萍〈楚繪書新考〉謂：

帛書的四隅不但不全繪樹木，而且有的也不按照方位配色；如春為東方，理應配青木，夏為南方，理應配赤木，秋為西方，理應配白木，冬為北方，理應配黑木，現在的情況是怎樣呢？東方是采鳳，南方為墨木，西方為禾屬，北方為青木，中央則一無所有。因此，可知文字上的敘述不一定與圖繪相一致。〔註46〕

據帛書中央未繪有樹木可知，嚴一萍先生認為圖文不一定一致的意見是對的；而饒宗頤〈楚帛書新證〉考〈甲篇〉「四神」為「四時之神」，其名目與四隅四木有關；〔註47〕李學勤〈再論帛書十二神〉指出帛書「四木」與五行方位有關；〔註48〕而李零〈楚帛書的再認識〉將帛書與式圖聯繫，認為帛書「四木」是代表四維和太一所運行。〔註49〕曾憲通〈楚帛書神話系統試說〉亦曾提出疑問：「帛書以四色命四子，是否與帛書四隅繪有施色之木有關？」〔註50〕

嘉凌案：綜合學者意見可知，帛書四邊所繪之「四木」與帛書文字之「四神（四子）」及「五行方位」間應關係密切，《楚帛書》的繪圖者以陰陽五行的四色繪出四木，並與季節運行相配，但四子名稱「青、朱、黃、墨」並未完全與四隅顏色「青、赤、白、黑」完全相同，疑繪圖者或書寫者為將陰陽五行神聖化，故將四子以四色命名，但陰陽五行與色彩對應的思想似乎尚未完全固定。

2. 關於十二月神的討論

蔡季襄《晚周繪書考證》首先將十二神像圖與《山海經》、《淮南子》、《國

〔註45〕陳槃：〈先秦兩漢帛書考〉，《中央研究院歷史語研研究所集刊》第二十四本，1953 年 6 月。

〔註46〕嚴一萍：〈楚繪書新考〉（上），《中國文字》26 冊，1967 年 12 月，頁 11。

〔註47〕饒宗頤：〈楚帛書新證〉，《楚地出土文獻三種研究》，（北京：中華書局，1993 年），頁 240～241。

〔註48〕李學勤：《簡帛佚籍與學術史》（南昌：江西教育出版社，2001 年），頁 56～66。

〔註49〕李零：〈楚帛書的再認識〉《李零自選集》，（廣西：廣西師範大學出版社，1998 年），頁 227～262。

〔註50〕曾憲通：〈楚帛書神話系統試說〉《新古典新義》，（台北：學生書局，2001 年），頁 40。

語》等神話比附，認爲帛書圖像寫的是當時所崇祀之山川五帝、人鬼魅物之形。〔註51〕

其後，李學勤〈補論戰國題銘的一些問題〉首先辨識出《楚帛書》丙篇十二段邊文中的第一行「曰」字下，與書寫於神祇圖旁三字之首字爲十二月神名，也就是《爾雅・釋天》中十二月月名，〔註52〕學界於此始識十二圖像即十二月神。而歷來學者對於十二月神有諸多不同的看法：

（1）典籍神物說

自蔡季襄先生將十二月神比附典籍神話人物，其後亦有其他學者熱衷採用，如何新〈長沙楚帛書新考〉以《山海經》神物比對「四神」並以諸多典籍神物對比其他月份，〔註53〕圖示如下：

月份	一	二	三	四	五	六	七	八	九	十	十一	十二
何新	鯨魚海神	比翼鳥北斗	句芒	蛇神蚩尤	三首雲神	狙猴祝融夸父	梟鳥	朱鳥	玄武	方羊堯帝	牡牛	虎神

嘉凌案：這種比附存在不少問題，其一，圖像的某些造型雖與《山海經》等古代神話有相同或相似之處，但僅是部分特徵，就整個圖像本身而言，卻很難與神話的記載完全吻合；其二，即便個別比證具有說服力，但置於《楚帛書》整體中，則顯得零散不成體系，因此何新先生之考證不易令人折服。

而楊寬先生〈楚帛書的四季神像及其創世神話〉亦以《山海經》中四神討論《楚帛書》四季神像，認爲四神爲「句芒、祝融、玄冥、禺強」，謂：

> 這個司秋之神名「玄」，當即水神玄冥，帛書以玄冥爲秋季之神，和
> 《月令》以玄冥爲冬季之神不同，帛書以玄冥爲黃色而在西方，和
> 《月令》玄冥屬黑色而在北方不同；十二月「釡」爲北方神禺強。
> 〔註54〕

嘉凌案：以下將《楚帛書》「四季神」與先秦文獻典籍中的「四時神」作一比較：

〔註51〕蔡季襄：《晚周繒書考證》，台北：藝文印書館，1944 年。

〔註52〕李學勤：〈補論戰國題銘的一些問題〉，《文物》第七期，1960 年 7 月。

〔註53〕何新：《宇宙的起源》，（北京：時事出版社，2002 年），頁 222～264。

〔註54〕楊寬：〈楚帛書的四季神像及其創世神話〉，《文學遺產》第四期，1997 年 4 月，頁 9～11。

	春	夏	秋	冬	附　注
楚帛書	秉	虞	玄	荃	
爾　雅	痟	且	玄	涂	
左傳昭公二十九年	句芒（木正）重爲句芒	祝融（火正）犁爲祝融	蓐收（金正）該爲蓐收	玄冥（水正）修及熙爲玄冥	后土（土正）句龍爲后土
海外經	句芒（東方）	祝融（南方）	蓐收（西方）	禺彊（北方）	
楚辭遠遊	句芒（太皓）	祝融（炎神）	蓐收（西皇）	玄冥（顓頊）	
呂氏春秋	句芒（太皞）	祝融（炎帝）	蓐收（少皞）	玄冥（顓頊）	季夏后土
月　令	句芒（大皞）	祝融（炎帝）	蓐收（少皞）	玄冥（顓頊）	季夏后土

　　據表格可知，「四神」之說廣泛流行於春秋戰國之際，其中包括季節、方位、五行等內容，而表中的《楚帛書》「四神」與《爾雅》「四神」可完全對照外，與其他文獻典籍均有別，而典籍中之「北方」神更有「玄冥」及「禺彊」兩種不同說法，可見春秋戰國時期之「四神」觀念應是普遍存在，但「神名」尚未完全固定。因此《楚帛書》「十二月神」雖無法以古籍確切說明，但其中的「四季神」的職司應可與先秦文獻典籍中的「四神」相應，名稱雖不同，但具有相同性質。

　　（2）巫名說

　　林巳奈夫〈長沙出土的戰國帛書十二神考〉對於十二月神提出不同的假設，認爲帛書的十二月名起源於楚國的巫名，每一個巫名代表一個巫師集團，這個巫師集團職司某月，便把這個集團的名稱作爲該月月名。〔註55〕

　　（3）星象說

　　饒宗頤〈帛書丙篇與日書合證〉以乙篇「是月以婁，曆（擬）爲之正，隹十又二（辰）」一句，認爲十二辰即十二次，「即天上星座劃分爲十二區域，就二十八宿之系列，爲之正度以明時」，並以雲夢日書乙本《官》篇之宿名及忌宜相較，推論二十八宿占在《楚帛書》時代想必相當流行。〔註56〕

　　嘉凌案：帛書〈丙篇〉內容爲十二月份中的宜忌記錄，因此「十二神」與「十二月份」的相應關係應較「二十八星宿」爲深，且〈乙篇〉「是月以婁，

〔註55〕〔日〕林巳奈夫：〈長沙出土的戰國帛書十二神考〉，收入〔澳〕巴納主編：《古代中國藝術及其在太平洋地區之影響》，哥倫比亞大學學術討論研討會論文集，1972年。

〔註56〕饒宗頤：《楚地出土文獻三種研究》，（北京：中華書局，1993年），頁332～340。

曆爲之正，隹十又二□」一句，據本論文考查，應作「是月以婁，曆爲之□，隹□又二□」（詳見第三章），此句第三缺字亦或可補「月、日」，不一定爲饒先生所言指星辰，故此項推論有待商榷。

（4）六壬十二神說

李學勤〈再論帛書十二神〉認爲「帛書的十二神可能與式法中的六壬十二神有相近之處，或許有一定的淵源關係……雖然名號不同，它們的位置和意義卻彼此相似」；〔註57〕李零〈楚帛書與日書：古日者之說〉認爲：

> 楚帛書是一部與圖相配的書，而不是單純用文字寫成的書，它的圖式是來源於六壬式的式圖，由五部分構成：（1）帛書以春、夏、秋、冬分居東、南、西、北四方；（2）帛書以青、赤、白、黑四木，表示東北、東南、西南、西北四維，與前者構成「四方八位」；（3）帛書十二神是一種與六壬十二神作用相似的「轉位十二神」，各有所當辰位。……每個「值神」皆有題記，題記按左旋排列，以象斗旋；（4）帛書四木按右旋排列，以象歲（太歲右旋）；（5）帛書中心的兩篇文字是處於北斗、太一的位置，它們顛倒書寫，正是象其陰陽順逆，轉位加臨。〔註58〕

又於〈楚帛書再認識〉認爲：

> 楚帛書的十二神應與式的配神和演禽有關……古人表示十二辰位的名稱有很多種，古書記載的兩種六壬十二神有不少名稱都是取自天象，其他種類的式也都有許多複雜的配神。另外，古代式法與演禽關係十分密切，中國古代的演禽也是以星象與動物相配，測算年命，其中比較簡單的一種是"十二屬相"或"十二生肖"。帛書十二神的圖像很可能是就是楚地流行的一種配禽系統。〔註59〕

陳夢家〈戰國楚帛書考〉認爲：

> 帛書十二神的「轉位」，則表示十二月的循環。它與六壬式的配神有相似之處。六壬式也有「四神」和「十二」神，「四神」即青龍、朱雀、白虎、玄武；「十二神」分兩種，一種包含「四神」，另一種即

〔註57〕李學勤：《簡帛佚籍與學術史》，（南昌：江西教育出版社，2001年），頁56～66。

〔註58〕李零：《中國方術考》，（北京：人民出版社，1993年），頁189～196。

〔註59〕李零：〈楚帛書的再認識〉，《李零自選集》，（廣西：廣西師範大學出版社，1998年），頁233～235。

微明、魁等十二神。秦漢日書中的建除十二客和叢辰十二客也有好
幾套名稱。它們雖是表示日辰的「轉位」，但與上述十二神也是相似
的。〔註60〕

嘉凌案：綜合學者分析可知，「十二月神」性質與「六壬十二神」相近。

（5）物候說

劉信芳《子彈庫楚墓出土文獻研究》認為「帛書十二神是方位、季節崇
拜的神祇體系與物候動物崇拜的神祇體系綜合的產物」、「楚帛書月名是迄今
所能見到的最早物候曆月名」、「丙篇具物候曆月名，確立四季與方位關係，
各月吉凶，是帛書為楚國曆譜之一種」。〔註61〕

月份	一	二	三	四	五	六	七	八	九	十	十一	十二
劉信芳	獺	鵑	句芒	蛇	鳩	祝融	鵾	螳螂	蓐收	豸	麇	畏彊

嘉凌案：劉信芳先生將「十二月名」與「十二物候」相對，僅就十二月
神像的某一特徵、形象與物候比附，與以典籍神物比對時所產生的問題相同，
不易令人信服，因此《楚帛書》的「十二月神」是否兼有物候的特性，仍待
更多出土文物或相關資料為證。

（四）《楚帛書》思想研究

由於先前已介紹眾多《楚帛書》學術思想方面的論述，以下則介紹尚未
提及者，分類敘述如下：

1. 易經式宇宙觀

連劭名〈長沙楚帛書與中國古代的宇宙論〉從哲學思想的角度切入，探
討帛書宇宙觀，認為天地生成之前的蒙昧狀態，即古代哲學中所說的「太極」，
因此以《周易・繫辭》「太極生兩儀，兩儀生四象，四象生八卦，八卦生吉凶，
吉凶生大業」，〔註62〕比附伏羲、女媧為兩儀，四子為四象，將中國傳統文化
中的宇宙生成論等同於《楚帛書》之創世神話。

嘉凌案：由帛書〈甲篇〉內容可知，伏羲與女媧各有所出之世系，並非
從渾沌中出生，因此與「太極生兩儀」有別，且帛書中明顯提及四子的任務

〔註60〕陳夢家：〈戰國楚帛書考〉，《考古學報》第二期，1984 年 2 月，頁 137～157。

〔註61〕劉信芳：《子彈庫楚墓出土文獻研究》，（台北：藝文印書館，2002 年），頁 129
　　　　～158、161～162、181

〔註62〕連劭名：〈長沙楚帛書與中國古代的宇宙論〉，《文物》第二期，1991 年 2 月，
　　　　頁 42～43。

爲：

> 炎帝乃命祝融，以四神降，<u>奠三天</u>，思（使）敦（保）<u>奠四亟</u>（極）。

細審帛書文意，並未提及任何可與「八卦」概念相應的事物，因此連劭名先生謂「伏羲女媧／兩儀，四子／四象」相配，似乎在概念上可從，但未能說明《楚帛書》中有相應天地陰陽肇端之「太極」及四象後的「八卦」事物。可見帛書〈甲篇〉爲神話式的宇宙生成思想，尚未進步至易經式的哲學階段。

2. 水化宇宙觀

院文清〈楚帛書與中國創世紀神話〉關注到《楚帛書》描述天地肇始之前，宇宙爲一片混沌和充滿著「水」的狀態，此種混沌的狀態不僅與世界許多國家的創世神話相似，亦見諸於《天問》及《淮南子‧精神》等典籍之中。〔註63〕

嘉凌案：院文清先生認爲帛書〈甲篇〉內容表示「天地形成之前的混沌與水的狀態」，其說可商。因院先生所引的典籍，如《天問》：「遂古之初，誰傳道之？上下未形，何由考之？冥昭瞢闇，誰能極之？馮翼惟像，何以識之？明明闇闇，惟時何爲？陰陽三合，何本何化？」內容只述及天地形成之前的混沌無形特徵，與「水」並無甚大關聯。

陳忠信〈試論長沙子彈庫楚帛書之水化宇宙神話思維—混沌創世神話視野之分析〉亦從混沌大水的創世神話視野切入，探究《楚帛書》〈創世篇〉（即甲篇）之水化宇宙神話思維在先秦宇宙論中的意義與重要性，認爲：

> 從天地形成之前的「夢（夢）墨（墨）」與「　　（每＝晦）　（水）　」的論述中，<u>可以發現在伏羲與女媧生化天地之前的太初時期爲一原始混沌大水的狀態</u>。……印證中國古代業已存在以原始混沌大水爲主要意象的創世神話，形成「造物主—原始混沌大水與無形—相對天地萬物世界」的水化宇宙模式。……至於在楚帛書〈創世篇〉<u>之水化宇宙與氣化宇宙的關係上，以原始太初之水爲主要意象的水化宇宙及以「　　」「百（洍）　」陰陽二氣生成萬物的氣化宇宙兩者具存於其中</u>。就其宇宙生成的過程而言，原始混沌無序狀態的水化宇宙觀應先於天地相對秩序下的氣化宇宙觀。……楚帛書〈創世篇〉之混沌大水創世神話的論述中，不僅證明先秦確有以原始混沌

〔註63〕院文清：〈楚帛書與中國創世紀神話〉《楚文化研究論集》第四集，（鄭州：河南人民出版社，1994年），頁598～601。

大水主要意的水化宇宙神話思維，且亦成爲先秦水化宇宙論重要的
前哲學來源。〔註64〕

嘉凌案：陳忠信先生據不確定的殘文推論《楚帛書》爲水化宇宙，稍嫌武斷；
且據「倉氣熱氣」推論爲氣化宇宙，亦難令人信服。《楚帛書》言「乃命山川、
四海、倉氣、熱氣以爲其衛」，然陳先生爲何不討論「山川四海」對於「氣化宇
宙」的意義，因此「水化」與「氣化」的宇宙概念在《楚帛書》中應尙未存在。

　　據《楚帛書》文意可知，宇宙初期是混沌不明，由原始神創世而逐漸形
成規範的世界，並未言宇宙之初爲大水世界，且「倉氣熱氣」是保衛四子或
伏羲創世的重要自然神祇，並非氣體概念，因此《楚帛書》爲由眾多神祇創
世的思想觀，尙未進入哲學式的思維。

3. 太陽式循環宇宙觀

　　江林昌〈長沙子彈庫楚帛書《四時》篇宇宙觀新探——兼論古代太陽循
環觀念〉認爲：

> 一、帛書神名解讀：<u>包戲、女媧、炎帝、祝融、禹、共工、俊、契
> 爲太陽神形象</u>，二、推步規天：<u>太陽神推步規天、丈量天地，爲古
> 老的神話母題</u>。三、夢夢墨墨——古人認爲天地開闢之前，原是混
> 沌一片、二氣——熏氣、魄氣，正爲天地陰陽二氣、四時，四、《四
> 時》篇與整幅帛畫的方位結構，與太陽循環有關：從《四時》篇起
> 讀，讀後按照太陽循環的規律，逆時針方向轉180度，這樣，十三
> 行《天象》篇就成了正面，"取于下"等春天三月正好居於右方，
> "虞司夏"、"玄司秋"、"荼司冬"則分別居於下、左、上三方，
> 與古代右春左秋上北下南方位正相一致。……當十二月讀完，正好
> 是太陽循環一周年，……帛書《四時》篇用長方形符號分爲三節，
> 再考《天象》篇也是用長方形框畫爲三節，這可能與月忌篇以三月
> 份爲一季占一方有一定的聯繫。〔註65〕

嘉凌案：《楚帛書》中提及「太陽」的敘述，僅言「日月之行」，並未特別強
調「太陽」爲創世始祖與至上神祇。且帛書中均以「祖先神」爲創世的至上

〔註64〕陳忠信：《先秦兩漢水思維研究——神話、思想與宗教三種視野之綜合分析》
　　　　彰化師範大學國文學系博士論文，民國94年4月。

〔註65〕江林昌：〈長沙子彈庫楚帛書《四時》篇宇宙觀新探——兼論古代太陽循環觀
　　　　念〉《長江文化論集》武漢：湖北教育出版社，1995年。

神，「自然神」的地位並不高，「日月之行」乃由祖先神「帝俊」支配，可見在帛書裡，是人類創造自然，不是自然創造人類，具有中國人本主義特色。因此江林昌先生認爲《楚帛書》爲太陽神的創世神話，甚至將所有的神祇與太陽相應，說法有待商榷。

（五）上古歷史考證與還原研究

在上古歷史考證還原部分，有俞偉超〈關於楚文化發展的新探索〉、陳夢家〈戰國楚帛書考〉、李學勤〈楚帛書中的古史與宇宙觀〉、江林昌《楚辭與上古歷史文化研究——中國古代太陽循環文化揭秘》等。〔註66〕

（六）天文曆法析論研究

在天文曆法研究方面，有饒宗頤〈楚帛書之內涵及其性質試說〉、曾憲通〈楚月名初探〉、李零〈楚帛書與日書：古日者之說〉、李學勤先生〈論楚帛書中的天象〉及〈長沙楚帛書通論〉、劉信芳〈中國最早的物候曆月名——楚帛書月名及神祇研究〉等，〔註67〕於前文已略述，此外鄭剛〈楚帛書中的星歲紀年和歲星占〉一文對《楚帛書》的曆法背景和占星原理進行探討，認爲：

> 帛書《天象》篇（即〈乙篇〉）的內容是一種在原始星歲紀年法背景
> 下產生的早期歲星占，將曆法缺陷帶來的混亂用神話、宗教的方式
> 加以解釋它的占星原理的主要來源，它是後代歲星占的雛形，但與
> 星歲紀年法的聯繫更密切，歲星的中心地位更突出。……楚帛書的
> 結構中，《天象》（即〈乙篇〉）是一個樞紐，在它的星歲紀年法和歲
> 星占的聯繫下，帛書的廣泛內容才連爲一體，它將《四時》（即〈甲
> 篇〉）的宇宙結構、《天象》（即〈乙篇〉）的天文曆法和《月忌》的
> 選擇聯繫起來。〔註68〕

而馮時〈上古時代的天文與人文——戰國楚帛書創世章釋讀〉及陳久金〈子

〔註66〕俞偉超：〈關於楚文化發展的新探索〉，《江漢考古》第一期，1980 年 1 月；陳夢家：〈戰國楚帛書考〉《考古學報》第二期，1984 年 2 月；李學勤：《簡帛佚籍與學術史》，南昌：江西教育出版社，2004 年；江林昌：《楚辭與上古歷史文化研究——中國古代太陽循環文化揭秘》，山東：齊魯書社出版社，1998 年。

〔註67〕饒宗頤、曾憲通：《楚帛書》，香港：中華書局香港分局，1985 年；饒宗頤、曾憲通：《楚地出土文獻三種研究》，北京：中華書局，1993 年；李零：〈楚帛書與式圖〉《江漢考古》第一期，1991 年 1 月；劉信芳：《子彈庫楚墓出土文獻研究》，台北：藝文印書館，民國 91 年。

〔註68〕鄭剛：〈楚帛書中的星歲紀年和歲星占〉，《簡帛研究》第二輯，北京：法律出版社，1996 年。

彈庫《楚帛書》注譯〉、陸思賢〈楚帛書與二十八宿星圖〉，則從天文學角度對《楚帛書》內容進行析論。〔註69〕

（七）《楚帛書》神話內容研究

　　在神話內容研究方面，有蔡成鼎〈帛書四時篇讀後〉、院文清〈楚帛書與中國創世紀神話〉及〈楚帛書中的神話傳說與楚先祖譜系略證〉、楊寬〈楚帛書的四季神像及其創世神話〉、曾憲通〈楚帛書神話系統試說〉、何新〈長沙楚帛書新考〉、董楚平〈中國上古創世神話鈎沉—楚帛書甲篇解讀兼談中國神話的若干問題〉、陳斯鵬〈楚帛書甲篇的神話構成、性質及其神話學意義〉、高莉芬〈神聖的秩序——《楚帛書・甲篇》中的創世神話及其宇宙觀〉、呂微〈楚地帛書、敦煌殘卷與佛教偽經中的伏羲女媧故事〉等；在日本學者方面有林巳奈夫〈長沙出土楚帛書の十二神の由來〉、池澤優〈子彈庫楚帛書は見る宇宙構造認識：「絕地天通」神話の意味〉及〈中國古代の創世神話はおける水のシソボリズム——「大一生水」〉等。〔註70〕由於研究神話學者眾多，茲將主要探討內容分類敘述如下：

〔註69〕馮時：《中國天文考古學》，（北京：社會科學文獻出版社，2001年），頁12～51；陳久金：《帛書及古典天文史料注析與研究》，（台北：萬卷樓，民國90年），頁73～101；陸思賢：《天文考古通論》，（北京：紫禁城出版社，2005年），頁223～229。

〔註70〕蔡成鼎：〈帛書《四時篇》讀後〉，《江漢考古》第一期，1988年1月；院文清：〈楚帛書與中國創世紀神話〉，《楚文化研究論集》第四輯，鄭州：河南人民出版社，1994年；院文清〈楚帛書中的神話傳說與楚先祖譜系略證〉，《文物考古文集》第九期，武漢大學出版社1997年9月；楊寬〈楚帛書的四季神像及其創世神話〉，《文學遺產》第四期，1997年4月；曾憲通先生〈楚帛書神話系統試說〉《新古典新義》（台北：學生書局，2001年），頁33～44；何新：《宇宙的起源》，（北京：時事出版社，2002年），頁222～264；董楚平：〈中國上古創世神話鈎沉——楚帛書甲篇解讀兼談中國神話的若干問題〉，《中國社會科學》第五期，2002年5月；陳斯鵬：〈楚帛書甲篇的神話構成、性質及其神話學意義〉《文史哲》第六期，2006年6月；高莉芬：〈神聖的秩序——《楚帛書・甲篇》中的創世神話及其宇宙觀〉《中國文哲研究集刊》第30期，2007年3月，頁1～44；呂威：〈楚地帛書敦煌殘卷與佛經偽經中的伏羲女媧故事〉，《文學遺產》第四期，1996年4月；林巳奈夫：〈長沙出土楚帛書の十二神の由來〉《東方學報》第42冊，（京都：京都大學人文科學研究所，1967年），頁1～63；池澤優：〈子彈庫楚帛書は見る宇宙構造認識：「絕地天通」神話の意味〉《宗教研究》第72卷第4輯，（東京：日本宗教學會，1999年），頁210～211；〈中國古代の創世神話はおける水のシソボリズム——「大一生水」〉《宗教研究》第75卷第4輯，（東京：日本宗教學會，2002年），頁1073～1075。

1. 關於神話人物的探討

（1）女媧、伏羲

嚴一萍〈楚繪書新考〉首次指出《楚帛書》八行開頭所述人物爲伏羲與女媧，[註71] 而金祥恆〈楚繪書電虡解〉亦考證帛書所述的頭一位傳說人物爲「伏羲」，[註72] 其後學界普遍承認，自此進行「伏羲、女媧」的各項相關研究，如：蔡成鼎〈帛書四時篇讀後〉認爲八行爲電戲與女媧的傳說，但認爲：

> 首段表明戰國時期南方人民的古史觀及對宇宙萬物的看法，……他們認爲大自然是神秘的，只有雷電之神才能創造人類。所以把人類創始人之一的電戲，說是雷電產生的，並且是住在雷澤。……敘述人類對大自然的認識，是茫茫昧昧，洪荒莫測，萬物無別，對風雨是畏懼的混沌階段，在這時伏羲與女媧結合而生子，傳留了後代。
> [註73]

嘉凌案：蔡成鼎先生以地理及神話角度切入，觀念甚佳，然不一定只有雷電之神才能創造人類，歷來神話故事中的創世神祇，如盤古、女媧均非雷電類神祇，故「只有雷電之神才能創造人類」之說法有待商榷。

呂微〈楚地帛書、敦煌殘卷與佛教僞經中的伏羲女媧故事〉中對「伏羲、女媧」故事的婚配部分有詳細分析，謂：

> 伏羲、女皇（女媧）對偶神的關係可能並不是後來（如漢代）才確立的，而是有著極古老的傳承，在帛書中伏羲、女皇（女媧）雖不是以兄妹相婚配，但考慮到同胞配偶型洪水神話中，男性洪水遺民娶"天女"或"帝女"爲妻乃是兄妹婚的可置換情節，並以此構成其亞類型的標誌，這就使我們進一步論證：婚姻的創造被置於創世之初，或曰婚姻作爲神創工作中的必要程序（神婚具有促成天地結論即創世的巫術功能），是中國洪水創世神話中的原出性和結構性成分，而不是後世附加或拼接上去可有可無的要素。[註74]

嘉凌案：中國的創世神話中，如盤古開天關地、女媧摶土造人，都是由單一

[註71] 嚴一萍：〈楚繪書新考〉（上）《中國文字》第二十六期，1967 年 12 月。

[註72] 金祥恆：〈楚繪書電虡解〉，《中國文字》28 冊，1968 年，頁 9。

[註73] 蔡成鼎：〈帛書四時篇讀後〉《江漢考古》第一期，1988 年 1 月，頁 69～73。

[註74] 呂微：〈楚地帛書、敦煌殘卷與佛教僞經中的伏羲女媧故事〉《女媧文化研究》，（西安：三秦出版社，2005 年），頁 42～47。

神祇創世造人，其後才逐漸演進爲對偶神的婚配或血緣的創世神話，因此呂微先生認爲「婚姻爲創制爲創世工作的必要程序」之說應說明時代爲是。

又認爲：

> 洪水神話通常被神話研究者歸入創世神話，認爲是其中的一種類型。所謂洪水在深層意義上並非實指自然界中的洪水災害，而指的是創世之前或創世之初以原始大水（或稱世界大水）爲象徵的非秩序狀態。在漢語中有一個特指的詞彙，就是：混沌（或寫作渾沌）。洪水神話自身也分爲兩種類型：初創世型和再創世型。所謂"初創世"是說世界起源於一場原始大水；所謂"再創世"是說世界被洪水毀滅以後開始一個新的時代。這也就是一般意義上的洪水神話，即懲罰型洪水神話，有人稱爲末日神話，其實是現實世界在被神毀滅以後，人類遺民重返創世時代，通過模擬神的創世行爲，重新接觸到創世刹那的本源，從而使人類的文化生命由於得到神性的補充而獲得再生的能力。以上兩種類型的洪水神話之間並無不可逾越的障礙，在傳承中二者可以同構並存，成爲略有差異但血緣婚配的主人公同爲創世之神或人類始祖的異文。梅列金斯基根據對神話文本作結構分析後也指出，在神話的深層意義上，族內血緣婚配現象作爲對族外非血緣婚姻制度的破壞，與大洪水一樣是前創世非秩序的象徵，血緣婚的深層結構裡直接蘊含著大洪水。〔註75〕正是以此，大洪水和血緣婚才能在神話中同被置於創造之初，並成爲敘事中可相互置換的創世母題。在神話中，或者大洪水作爲原因而血緣婚作爲結果，或者血緣婚作爲原因而大洪水作爲結果，二者在象徵上並無差別。正是根據上述得自民族學的實證調查和神話學的邏輯分析，我們才推斷：在楚帛書所載初創世型洪水神話之外，當時可能流行著以伏羲、女媧爲洪水遺民的再創世型洪水傳說；而且認定同胞配偶作爲洪水—創世神話情節單元的結構性和原初性。

嘉凌案：帛書中的「再創世」神話爲由「四子、祝融、炎帝、帝俊」所共同創造，與呂微先生所言由「婚姻或血緣關係」的兩人創造新世界的「洪水再創世」神話有別，可見《楚帛書》神話內容不一定屬於此種「洪水神話」類型。

〔註75〕〔蘇〕梅列金斯基，馬昌儀譯：〈論英雄神話中的血緣婚姻原型〉，《民族文學研究》第 3 期，1990 年 3 月。

曾憲通〈楚帛書神話系統試說〉對女媧一段，提出五點看法，謂：

　　一是女媧之上有「某子之子」的字樣，說明女媧所從出，雖因「某」字殘去，不明所出，但它至少說明女媧與包犧所出不同，由此可見，《路史・後紀》卷二引《風俗通》所謂「女媧，伏希之妹」的說法是另有所本的；二是「乃娶」的「娶」字，它表明女媧是包犧正式「娶」來的媳婦，他們兩人不是兄妹關係，而是夫妻關係。傳說包犧「制婦娶之禮」，于此可以得到印證。三是「娶」下的「且徙」二字，它意味著女媧與包犧結爲夫婦之後，有過遷徙活動，這同人類早期的生活環境是密切相關的。四是女媧與包犧結爲夫婦之後還生下四個兒子，並且各有自己的名字，這是過去的記載所沒有的。從帛書可以看到「四子」在包犧、女媧的創世活動中發揮了重大作用。五是「女媧」之名最早見于屈原《楚辭・天問》篇，楚帛書與《楚辭》關于女媧的記載，當屬同源，它反映有關包犧、女媧的神話傳說，在楚國有很深厚的土壤。……《淮南子》女媧補天故事有「四極廢」、「定四極」、「四極正」；《楚帛書》有「奠三天」、「奠四極」。補天故事有「九州裂」、「冀州平」；《楚帛書》有「九州不平」、「山陵備卹」。補天故事有「上際九天，下契黃壚」；《楚帛書》有「非九天則大卹，毋敢冒天靈」，文義和語氣都極其相似。

曾先生對於《武梁祠畫像》又提出三看法：

　　其一，包犧、女媧人身龍尾相互交合的畫像，是戰國秦漢以來普遍流行的神話作品，其同樣畫像應見于戰國時期的楚國。根據有二；一是在戰國早期曾侯乙漆箱上就有包犧女媧人首蛇身的圖飾；二是見于差不多帛書同時的《楚辭》。……其二，從伏戲手執矩尺，女媧手執規形器的圖像來看，他們應是共造天地的創世之神。……伏義、女媧的傳說在楚國流行情況，據古籍所見，戰國早期還不見蹤影，當是戰國中期以後的事，這同楚帛書年代是相吻合的。現在看來，楚帛書吸收苗族的傳說是有所選擇並加以改造的，它把苗族傳說中的伏義、女媧是兄妹結爲夫婦的關係，改爲由不同所出而結成的夫妻關係，顯然是受到漢族傳統思想的影響的。三、……四神分掌春、夏、秋、冬，遞相交替，推步四時以成歲，這可以作爲四神即分至之神的最好注腳。……十三位神秘人物中，有半數來自苗蠻土著的

傳說，是楚人勢力到達兩湖之後吸取本土文化的結果；另半數來自
炎帝的後裔。他們都屬於南方之神。〔註76〕

嘉凌案：曾憲通先生因囿於當時文字考釋尚未精確，故將「虞遐」、「禹契」、
「少昊」、「句龍」等字詞考釋錯誤，以造成說解女媧的「第三點」及「十三
位」神秘人物的統計有誤外，其他看法均是非常正確；而曾先生亦認為楚人
將「伏羲、女媧」的兄妹關係改為夫婦關係，乃是因受漢族思想影響，據此
可知，書寫帛書的時期，楚民族應已具備一定程度的漢化，才能有如此的神
話內容產生。

2. 炎帝、祝融、帝俊、共工

　　蔡成鼎〈帛書四時篇讀後〉對「赤帝、祝融、帝俊、共工」等神話人物
傳說剖析，認為：

　　（一）赤帝：炎帝者，先秦文獻中最早記載是《左傳‧昭公十七年》：
「昔者黃帝以雲紀，故為雲師而雲名；炎帝氏以火紀，故為火師而
為火名」，……根據歷史上記載炎、黃阪泉之戰，綜合起來看，炎帝
和黃帝都是氏族長，其傳說的地點則在陝西、山西、河南一帶，與
南楚傳說中的赤帝是不能合而為一的，而其代表的時間概念也是不
一致的，炎帝這支氏族是被黃帝氏族合并，但其領域並未達到湖南，
且赤帝是南方氏族傳說的天神，《帛書》中的赤帝是敘述古代發生地
震現象時奠三天、奠四極，而中原炎帝則沒有這樣事跡的記述，且
《帛書》中赤與古赤字大致相同，如果有人釋成炎字，則未必是，
即使是炎帝，也不能同中原炎帝劃等號。（二）祝融：我們認為《帛
書》中的祝融就其內容來分析，還更早於其他祝融的傳說。（三）帝
俊：《帛書》中的「帝俊乃為日月之行」，說明帝俊時，南方的人民
已進入以恆星為標誌來觀察日月的運行，並把日月在恆星座標上的
運行確定生產的季節和休息的時令，是用神話說明觀察天象的又進
一步。三、共工運用十日、四時，推出了閏月：共工時期，進一步
以觀察天象中的實踐，採用了十日記月，分清了四時，制訂了閏月，
掌握了自然規律，雖然遇到風雨，看不清星座，仍能以日月記時，
安排作息，有宵有朝，有晝有夕。這裡所記的共工，是南楚人民的

〔註76〕曾憲通：〈楚帛書神話系統試說〉《新古典新義》（台北：學生書局，2001年），
　　　　頁33～44。

神祇，或是他們的祖先：與中原傳說的共工，顯然是不相同的。中原的共工，據《左傳‧昭公十七年》：「共工氏以水紀，故爲水師而水名」，後人考證河南輝縣有洪水，是古代發生洪水傳說的地方。……且共工國在河南境內，與此同時，北方氏族的軍事政治力量，尚未到達湖南長沙及四水區域，從現在湖南長沙附近出土的新石器時代陶器，也可證實它們與中原出土器物的顯然不同。〔註77〕

嘉凌案：神話傳說本是一種「遷徙」的口頭文學，因此神話會隨時間、地點注入新的內容，產生變化，因此時間、地點亦是神話的重要影響因素，但蔡先生據此言「赤帝」、「共工」因傳說地點各異，而有南北人物的不同，此說法稍有不妥，因爲神話的不固定性，確實會使得主角人物在流傳遷徙的過程當中，因新的時間、環境，甚至是人爲等複雜因素產生新的故事內容；或是在不同的地區卻有相同的故事內容，在流傳的過程中，加入當地人民的想像、風俗、文化而產生不同的內容與事蹟是極爲普遍且正常的，因此並不一定如蔡先生所言爲「主角人物不同」，這些都應當再考量之處。

連劭名〈長沙楚帛書與中國古代的宇宙論〉認爲《楚帛書》中共提及「伏羲、女媧、禹、契、炎帝、祝融、帝夋、共工」等八位古史傳說人物，大多與南方楚文化有關，充分反映帛書《神話篇》的地方色彩。另外，亦認爲：

帛書《神話篇》三段故事的中心人物是伏戲、炎帝、共工，伏戲是龍，是形象化的宇宙本體；炎帝與共工是陰陽水火之神。水、火是太陽、太陰之精，是生成萬物的重要元素，因此帛書神話故事突出炎帝與共工的重要地位。〔註78〕

嘉凌案：連先生除將「禹、契」釋爲神話人物有誤外（詳見本論文第二章），其將「伏羲」類比爲「龍」之說法亦無典籍爲證，故說法有待商榷。另外，《楚帛書》內容爲強調「曆法時日」的形成，與「水」、「火」並無太大關聯，且據帛書內容可知，「伏羲」與「女媧」生「四子」後先「初創世」，千百年後再由「帝俊」、「炎帝」、「祝融」、「四子」等諸神「再創世」，其中並未特別突出「炎帝」與「共工」的地位。

楊寬先生〈楚帛書的四季神像及其創世神話〉對於「共工」一詞認爲：

〔註77〕蔡成鼎：〈帛書四時篇讀後〉《江漢考古》第一期，1988 年 1 月，頁 69～73。
〔註78〕連劭名：〈長沙楚帛書與中國古代的宇宙論〉，《文物》第二期，1991 年 2 月，頁 42～43。

據文獻記載，古神話中共工正是造成天地災禍的主角，據說共工曾與顓頊爭爲帝，怒而觸不周之山，折天柱，絕地維（見《列子·湯問篇》等），共工是不可能做調整日月和四時的工作，而且祝融既然以四神下降而　"爲日月之行"，不可能同時又有共工來完成這工作，"共攻"兩字當指祝融率領四神共同努力而言。〔註79〕

嘉凌案：歷來關於《楚帛書》的討論，多將「共工」視爲對人類有益之正面神祇，如饒宗頤〈楚帛書新證〉謂：

> 共工生后土，后土之子生歲十二，故帛書以十日、四時爲共工所出。
> 〔註80〕

李學勤《簡帛佚籍與學術史》謂：

> 章文的中間部分，因爲缺字，不能完全明白，推想總是涉及因四時紊亂而造成災異。共工在帛書裡，似爲正面人物，不同於《淮南子·天文》所言共工觸不周山，天柱折，地維絕的故事。帛書這一章說到共工推步十日，又對日月如何如何（原有缺字，字從"是"，漫漶不清），做到"有宵有朝，有晝有夕"這一形象與《天文篇》的共工是相反的。〔註81〕

而楊寬先生據歷代文獻典籍，認爲「共工」不可能與「日月之行」有關，此意見是相當正確的，但將「共工」解釋爲「共同努力」則亦與帛書文意無法契合。由於《楚帛書》於「共攻（工）」之後緊接風雨、星辰亂作的景象，與共工於典籍中作亂後的「日月晨辰移焉」、「水潦塵埃歸焉」情形〔註82〕相符，因此若將「共工」釋爲正面形象，則與帛書文意相背；且若從楊寬先生之說，釋爲「四子與祝融共同努力」，亦與後文混亂景象不符，故《楚帛書》中的「共工」應仍是與天帝作對的負面人物。〔註83〕

　　據《山海經》記載可知，共工與曆法有極密切之關係，雖然《淮南子》〈天文訓〉、〈原道訓〉中「怒觸不周山、使天柱折，地維絕、天傾西北、日月星

〔註79〕楊寬：〈楚帛書的四季神像及其創世神話〉，《文學遺產》第四期，1997年，頁9～11。

〔註80〕饒宗頤：〈楚帛書新證〉《楚地出土文獻三種研究》，（北京：中華書局，1993年），頁246。

〔註81〕李學勤：《簡帛佚籍與學術史》（南昌：江西教育出版社，2001年），頁52。

〔註82〕〔漢〕劉安：《淮南子》，（台北：臺灣中華書局，1965年），頁1～2。

〔註83〕根據季師意見，於此特致上萬分感謝。

辰移焉」等均爲禍亂天象事跡，但仍與星象曆法有極密切的關係，因此「共工」出現於《楚帛書》的曆法創制過程中，應是相當合理。

2. 關於神話內容的探討

研究學者均主張帛書內容爲創世生殖神話，如阮文清〈楚帛書與中國創世紀神話〉以神話學角度出發，認爲帛書可視爲中國最原始的「生殖神話」；〔註 84〕江林昌〈長沙子彈庫楚帛書《四時》篇宇宙觀新探——兼論古代太陽循環觀念〉認爲帛書是「運用重章疊唱的形式敘述一個關於宇宙生成的神話故事」；〔註 85〕曾憲通〈楚帛書神話系統試說〉總結帛書〈甲篇〉認爲「伏羲、女媧、四神」組成一個神通廣大的「創世家族」；〔註 86〕陳斯鵬〈楚帛書甲篇的神話構成、性質及其神話學意義〉認爲「楚帛書神話作爲現存先秦時代唯一完整的創世神話記錄」；〔註 87〕馮時〈長沙楚帛書研究〉認爲「在先秦典籍中，尚未有一篇文章談及古史形成及宇宙創造的內容較《楚帛書》更有系統且完整」。〔註 88〕

然學者於創世神話的相關問題仍持有不同意見，楊寬〈楚帛書的四季神像及其創世神話〉認爲：

> 帛書所講的創世神話，實質上就是太陽神的創世神話，拙作《丹朱、驩兜與朱明、祝融》（收入《中國上古史導論》，編入《古史辨》第七冊），已詳細證明祝融原是日神與火神，同時又是楚人的祖先之神。炎帝既是出於日神、火神的分化演變，祝融所統率四季之神的夏季之神又是火神的分化。〔註 89〕

嘉凌案：楊寬先生認爲帛書〈甲篇〉爲「太陽神」的創世神話，然就帛書內容而言，關於「伏羲」一系的創世神話應較祝融之太陽神的創世神話更爲關鍵。

〔註 84〕阮文清：〈楚帛書與中國創世紀神話〉，《楚文化研究論集》第四集，河南人民出版社，1994 年。

〔註 85〕江林昌：〈長沙子彈庫楚帛書《四時》篇宇宙觀新探——兼論古代太陽循環觀念〉《長江文化論集》武漢：湖北教育出版社，1995 年。

〔註 86〕曾憲通：〈楚帛書神話系統試說〉，《新古典新義》（台北：學生書局，2001 年），頁 33～44。

〔註 87〕陳斯鵬：〈楚帛書甲篇的神話構成、性質及其神話學意義〉，《文史哲》第六期，2006 年 6 月。

〔註 88〕馮時：《出土古代天文學文獻研究》，（台北：臺灣古籍出版社，2001 年），頁 46。

〔註 89〕楊寬：〈楚帛書的四季神像及其創世神話〉，《文學遺產》，第 4 期，1997 年 4 月，頁 9～11。

　　董楚平〈中國上古創世神話鈎沉—楚帛書甲篇解讀兼談中國神話的若干問題〉贊成帛書〈甲篇〉為「生殖神話」，認為：

> 宇宙像家庭，富有中國文化特徵。〔註90〕

嘉凌案：中國的創世神話多由祖先神開天闢地，並統領自然神祇，《楚帛書》之內容亦如此，因此帛書的宇宙世界如同人類的階級世界，並非如「希臘神話」中的家庭世界。

　　又認為：

> 楚帛書甲篇寫的不是楚國歷史傳說，除了祝融，沒有一個是楚的先人，它寫的是當時的「天下」，是全「天下」的創世神話。另一方面，這個全天下的創世神話是楚人所寫，這使它具有一定程度的楚文化地域特色。〔註91〕

嘉凌案：雖然於楚簡中，僅記載「祝融」一人為楚人先祖，然「炎帝」、「共工」均與楚國有密切關係，因此董楚平先生說法有待商榷。且若如董先生所言是全天下的創世神話，勢必普見全天下，容易流傳後世，然《楚帛書》神話的內容與情節，目前僅獨見於楚地，可知應是楚地所特有的創世、曆法神話。

　　董楚平先生又分析帛書內容第一段寫地，第二段寫天，第三段寫共工制定曆法，據「山」是全篇出現頻率最高的自然物，因此認為創世次序為「先地後天」，神祕而崇高的山是天的根據地，所以「帝都」都在山上。並謂：

> 高山是天地柱，是宇宙的棟樑，當然非穩定暢通不可，山陵安靜，天地才能安靜，山陵暢通，天地才能暢通，帛書甲篇四次寫山，三次贊其暢通（疏），一次贊其穩定安靜（血）。〔註92〕

嘉凌案：「疏」字應改釋為「衛」（詳見本論文第二章）；「血」字雖釋字不明，然應與傾仄之意有關。且《楚帛書》提及山陵時，均有動盪產生，如：

> 〈甲篇〉：乃上下朕（騰）連（升），山陵不蒕（衛），乃命山川四晦（海），熱（熱）既（氣）寒既（氣），以為其蒕（衛），以涉山陵，瀧汨幽溼。未又（有）日月＝，四神相弋（代），

〔註90〕董楚平：〈中國上古創世神話鈎沉——楚帛書甲篇解讀兼談中國神話的若干問題〉，《中國社會科學》第五期，2002 年 5 月，頁 151～163。。

〔註91〕董楚平：〈中國上古創世神話鈎沉——楚帛書甲篇解讀兼談中國神話的若干問題〉，《中國社會科學》第五期，2002 年 5 月，頁 151～163。

〔註92〕董楚平：〈中國上古創世神話鈎沉——楚帛書甲篇解讀兼談中國神話的若干問題〉，《中國社會科學》第五期，2002 年 5 月，頁 151～163。

乃坒（持）以爲歲，是隹（惟）四寺（時）。

〈甲篇〉：千又（有）百歲，日月夋生。九州不坪（平），山陵備觖，

四神乃乍（作），至于邊（復）天旁達（動），攼（扞）戠

（蔽）之，青木、赤木、黃木、白木、墨木之精（槙）。

〈乙篇〉：天埅（地）乍（作）羕（殃），天柝牸（將）乍（作）潒

（傷），降于亓（其）方，山陵亓（其）發（廢），又（有）

朋（淵）厇（厥）汩（漳），是胃（謂）李＝。

據帛書文意可知，「山陵」並無溝通天地的棟樑之責，均爲動亂的根源，需要山川四海或是四神等來平復。

高莉芬〈神聖的秩序——《楚帛書‧甲篇》中的創世神話及其宇宙觀〉在跨文化的比較神話學的視野下，運用母題分析方法，重新檢視《楚帛書‧甲篇》中所具有的創世神話的結構類型、神話思維模式及其宇宙論。又由於創世神話主要講述宇宙的起源，而宇宙存渾沌到分化的過程，也是一種秩序化的過程。因此亦從「秩序」的角度探討《楚帛書‧甲篇》中的創世論及宇宙觀，以見《楚帛書》中所開展出獨有的創世神話思維及其神聖的宇宙秩序圖式，其中亦以子題對《楚帛書》內容進行析論，認爲：

一夢夢墨墨，亡章弼弼：混沌前創世……二電羲娶女媧生子四：配偶始祖神生殖創世，一方面可見楚人以創世神的婚娶說明宇宙生成過程的象徵敘事；另一方面又可見神話敘事中家庭婚姻制度的解釋涉入，……體現較原始的先秦楚人古史觀。……三禹、萬、四神各天步數：創世主步量天地，天地初成，原初宇宙從混沌中而生，分別出天蓋與地輿，天地既成，成然後數，遂由禹、萬「以司堵壤」、「各天步數」，二人步推天周度數，規劃九州，並平治「山陵不疏」的大地無序的亂象。……從神話母題分析，禹、萬之「各天步數」，屬於「大地潛水者創世」此一類型中「創世主丈量大地」的母題，……只有具備創世者或造物主的身分者，才能擁有宇宙天地的測量權，……與世界創世神話相較，創世主所測量者多爲「大地」，在創世的進程中，大都強調「空間」的形成界定……《楚帛書‧甲篇》對「天時」、「天數」的掌握，尤具楚人神話思維之特色，楚人已具備一定的天文觀察知識，並逐步建構天文與人文相應的存在宇宙，楚人的秩序宇宙，是在天行有常，大地合數的相應結構中建立創生。

> 四炎帝、祝融、帝俊、共工：宇宙諸神再創世，原初混沌宇宙自此
> 有了秩序的時間與空間，但創世後的秩序並非恆常不變，初創和諧
> 的宇宙，隨著時間的推移，宇宙又再度失衡，於是又有諸神再創世
> 的神聖事件，諸神參與宇宙的再度重整與再創造。〔註93〕

陳斯鵬〈楚帛書甲篇的神話構成、性質及其神話學意義〉亦認爲《楚帛書》所描述的是整個宇宙的形成及其秩序的確立過程，概括起來主要包含三大階段，即：天地開闢及宇宙秩序的初步確立——宇宙秩序的破壞及其重整和鞏固——宇宙秩序的精密化，是一個包括了原創世和再創世的完整創世神話。〔註94〕

　　另外，陳斯鵬先生除贊同曾憲通先生的「十三」位神話人物外，亦將「禹、卨、相土」亦列入神話人物行列之中。

　　嘉凌案：由於「大禹」、「商契」（卨）、「相土」三位神祇並不存在於《楚帛書》中（詳見本論文第二章），因此高莉芬先生的「創世主丈量大地」母題應重新詮釋爲是；而陳斯鵬先生論及的神話人物數目則尚待商榷。

　　另外，高莉芬〈神聖的秩序——《楚帛書・甲篇》中的創世神話及其宇宙觀〉不同於其他學者僅探討《楚帛書》文本的內容，更於文後提及帛書與葬制的關係，認爲：

> 帛書與墓葬制應有一定的關聯，而楚帛書開篇所述即爲創世神話，
> 是則創世神話的宇宙觀以及楚墓葬制的生死觀中又存在著一定的聯
> 繫，若從神話學的角度來探討，在許多原始初民社會中宇宙開闢神
> 話，時空結構圖式，常伴隨一定的人事活動與儀式進行講述或說
> 明，……，在神話的思維中，講述創世神話不但是宇宙秩序的重新
> 確立，也是個人生命的更新，時間的可逆與空間的再塑，可以通過
> 對古代創世神話，以及古聖先賢的歷史事蹟而重構。……。〔註95〕

嘉凌案：《楚帛書》提及創世神話的目的，乃爲將曆法的創制神聖化，是曆法工作者欲將曆法神聖化及權威化的宣傳工具，因此帛書神話內容、情節與後世流傳之神話情節多有不符，這應是創作者在敘述曆法神話故事時，依其目的性所

〔註93〕 高莉芬：〈神聖的秩序——《楚帛書・甲篇》中的創世神話及其宇宙觀〉《中國文哲研究集刊》第三十期，2007年3月，頁1～44。

〔註94〕 陳斯鵬：〈楚帛書甲篇的神話構成、性質及其神話學意義〉《文史哲》第六期，2006年6月。

〔註95〕 高莉芬：〈神聖的秩序——《楚帛書・甲篇》中的創世神話及其宇宙觀〉《中國文哲研究集刊》第三十期，2007年3月，頁1～44。

作的改造與調整。而眞正與墓葬有密切相關者，乃是後來於子彈庫發現的楚帛書，由於帛畫是葬儀中引導死者靈魂升天的旌幡，因此決定帛畫畫面的特殊性。

第三節　材料與方法步驟

一、材料範圍界定

　　《楚帛書》又稱「第一帛書」，原因是子彈庫楚墓中還隨葬「第二帛書」、「殘帛書」等。

　　「第二帛書」現存三行半，是林巳奈夫先生以弗利爾美術館所拍《楚帛書》彩照爲基礎研究時，在八行文下發現的文字與圖像，1964 年刊布；〔註96〕澳大利亞國立大學巴納先生認爲「第二帛書」是完整帛書經過三次對摺，然後夾在經兩次對摺的另一帛書之間；〔註97〕而李學勤〈長沙子彈庫第二帛書探要〉肯定有另一帛書，爲朱書，字形較完整帛書爲大，性質爲卜辭紀錄。〔註98〕

　　「殘帛書」分朱絲欄殘片與烏絲欄殘片，是盜掘時殘存於《楚帛書》疊置的竹笥底部的殘片，據說是蔡季襄先生送給徐禎立先生，徐禎立先生又將其送給商承祚先生，殘帛中最大的一片最長 4.6 釐米，最寬 2.7 釐米，很可惜的是除此殘帛外，其他十三殘片都已不知下落，只剩下 1964 年由由文物出版社拍攝的照片及商先生所作的摹本，其後，1992 年公布這批資料，〔註99〕1996 年商志䂮先生將目前國內僅存的殘帛捐獻給湖南省博物館；李學勤〈試論長沙子彈庫楚帛書殘片〉、饒宗頤〈長沙子彈庫殘帛文字小記〉、伊世同和何琳儀〈平星考——楚帛書殘片與長周期變星〉有相關專文討論。〔註100〕此外，

〔註96〕〔日〕林巳奈夫：〈長沙出土戰國帛書考〉，《東方學報（京都）》第 36 冊，1964年 10 月。

〔註97〕〔澳〕巴納：《一項中國古文書的科學考察：楚帛書釋讀導論》（英文），坎培拉，1971 年。

〔註98〕李學勤：〈長沙子彈庫第二帛書探要〉，《文物》第十一期，1992 年 11 月，頁58～61。

〔註99〕商志䂮：〈商承祚教授藏長沙子彈庫帛書殘片〉，《文物天地》第六期，1992年 6 月，又〈記商承祚教授藏長沙子彈庫楚國殘帛書〉，《文物》第十一期，1992 年 11 月。

〔註100〕李學勤：〈試論長沙子彈庫楚帛書殘片〉，《文物》第十一期，1992 年 11 月，頁 36～39；饒宗頤：〈長沙子彈庫殘帛文字小記〉，《文物》第十一期，1992年 11 月，頁 34～35；伊世同、何琳儀：〈平星考——楚帛書殘片與長周期變

尚有美國賽克勒美術館所藏殘片尚未刊布。〔註101〕

　　據學者研究可知，子彈庫帛書原數最少有四件，只是大體完整的只有一件。雖然「第二帛書」及「殘帛書」與「第一帛書」同出一處，但由於字體殘缺不明，內容無法勘驗，因此本論文以「第一帛書」──《楚帛書》的文字及相關問題為主要的探討重點。

二、輔助材料

1. 楚簡文字資料

　　《楚帛書》雖是書寫於絲帛上的楚文字資料，但與同地區、同時代之楚簡文字為同一類的書寫方式，因此楚簡文字無疑是研究《楚帛書》文字的最佳比對資料，而竹簡中的大量的祭祀與占卜的記錄，更可作為研究《楚帛書》神話內容的重要旁證，以下以表格簡要說明目前出土之楚簡文字：

出土時間	出土地點墓葬	簡數	內容	字數	備　註
1951	長沙五里牌 M406	37	遣策	約 95	晚期〔註102〕
1953	長沙仰天湖 M25	43	遣策	約 280	晚期〔註103〕
1957	信陽長臺關 M1	2 批/148	遣策	約 1700	早期〔註104〕
1965	江陵望山 M1	207	卜筮、祭禱	1093	中期〔註105〕
1965	江陵望山 M2	69	遣策	925	中期〔註106〕
1973	江陵藤店 M1	24	遣策	47	早期〔註107〕
1978	江陵天星觀 M1	401	卜筮、遣策	約 4500	中期〔註108〕

　　　　　星〉，《文物》第六期，1994 年 6 月。
〔註101〕李零：〈讀幾種出土發現的選擇類占書〉《簡帛研究》第三輯，1998 年 12 月。
〔註102〕湖南博物館：〈長沙五里牌古墓清理簡報〉，《文物》第三期，1973 年 3 月。
〔註103〕史樹青：《長沙仰天湖出土楚簡研究》，群經出版社，1955 年，頁 2。
〔註104〕河南文物所：《信陽楚墓》，北京：文物出版社，1986 年。
〔註105〕湖北省文物考古研究所、北京大學中文系編：《望山楚簡》，（北京：中華書局，1995 年），頁 5；李學勤先生推論年代為公元前 322～321：〈有紀年楚簡年代的研究〉《文物中的古文明》北京：商務印書館，2008 年，頁 442～443。
〔註106〕湖北省文物考古研究所、北京大學中文系編：《望山楚簡》，（北京：中華書局，1995 年），頁 9．
〔註107〕荊州地區博物館：《江陵藤店一號墓發掘簡報》，北京：文物出版社，1973 年 9 月。
〔註108〕荊州地區博物館：〈江陵天星觀一號楚墓〉，《考古學報》第二期，1982 年 2 月；李學勤先生推論年代為公元前 340～339：〈有紀年楚簡年代的研究〉《文

1978	隨縣曾侯乙墓	240	遺策	6696	早期〔註109〕
1981	江陵九店 M56	146	日書	不明	晚期〔註110〕
1981	江陵九店 M621	殘88	古佚書	不明	中期〔註111〕
1983	常德夕陽坡 M2	2	記事	54	中期〔註112〕
1986	江陵秦家嘴 M1	殘7	卜筮、祭禱	不明	中期〔註113〕
1986	江陵秦家嘴 M13	殘18	卜筮、祭禱	不明	中期〔註114〕
1987	江陵秦家嘴 M99	殘7	卜筮、祭禱	不明	中期〔註115〕
1987	荊門包山 M2	3批/448	記事、占禱、遺策	約12500	中期〔註116〕
1992	江陵磚瓦廠 M370	殘6	卜筮祭禱	不明	戰國〔註117〕
1993	荊門郭店 M1	730	先秦佚籍	約16000	中期〔註118〕
1994	上海博物館藏簡	1200	先秦佚籍	約35000	中期〔註119〕
1994	新蔡葛陵楚簡	1571	卜筮祭禱	不明	中期〔註120〕

物中的古文明》北京：商務印書館，2008 年，頁 438～440。

〔註109〕李學勤先生推論年代爲公元前 433 年：〈有紀年楚簡年代的研究〉《文物中的古文明》，（北京：商務印書館，2008 年），頁 430。

〔註110〕湖北省文物考古研究所、北京大學中文系編：《九店楚簡》，（北京：中華書局，2000 年），頁 1。

〔註111〕湖北省文物考古研究所、北京大學中文系編：《九店楚簡》，（北京：中華書局，2000 年），頁 2。

〔註112〕滕壬生：《楚系簡帛文字編》，（武漢：湖北教育出版社，1995 年），頁 4。

〔註113〕荊州鐵路考古隊：〈江陵秦家嘴楚墓發掘簡報〉，《考古學報》第二期，1976 年 2 月；李學勤先生推論年代爲公元前 283 年：〈有紀年楚簡年代的研究〉《文物中的古文明》，（北京：商務印書館，2008 年），頁 460～462。

〔註114〕荊州鐵路考古隊：〈江陵秦家嘴楚墓發掘簡報〉，《考古學報》第二期，1976 年 2 月。

〔註115〕荊州鐵路考古隊：〈江陵秦家嘴楚墓發掘簡報〉，《考古學報》第二期，1976 年 2 月；李學勤先生推論年代爲公元前 340 年：〈有紀年楚簡年代的研究〉《文物中的古文明》，（北京：商務印書館，2008 年），頁 440～441。

〔註116〕湖北省荊沙鐵路考古隊：《包山楚墓上・下》，（北京：文物出版社，1991 年），頁 3～14；李學勤先生推論年代爲公元前 319～316 年：〈有紀年楚簡年代的研究〉《文物中的古文明》，（北京：商務印書館，2008 年），頁 444～452。

〔註117〕滕壬生：《楚系簡帛文字編》，（武漢：湖北教育出版社，1995 年），頁 9。

〔註118〕湖北省荊門市博物館：《荊門郭店一號楚墓》，北京：文物出版社，1997 年 7 月。

〔註119〕馬承源主編：《上海博物館藏戰國楚竹書》（一），（上海：古籍出版社，2000 年），頁 2。

〔註120〕河南省文物考古研究所編著：《新蔡葛陵楚墓》，（鄭州：大象出版社，2003 年），頁 181；李學勤先生推論年代爲公元前 408～404 年：〈有紀年楚簡年代的研究〉《文物中的古文明》，（北京：商務印書館，2008 年），頁 432～438。

　　根據以上表格，楚簡可分爲遣策、卜筮祭禱記錄、日書、記事、佚籍等種類，由於《楚帛書》〈丙篇〉爲曆忌記錄，屬於日書資料，因此除可與九店簡對照外，睡虎地秦簡中所載之忌宜亦是重要的參證資料。

　　而上海博物館藏戰國楚簡雖爲先秦佚籍，但部分內容涉及神話人物及鬼神、祭禱等，如《上海博物館藏戰國楚竹書》（二）之〈子羔〉、〈容成氏〉及《上海博物館藏戰國楚竹書》（五）之〈融師有成氏〉提及神話人物；《上海博物館藏戰國楚竹書》（二）之〈魯邦大旱〉及《上海博物館藏戰國楚竹書》（四）之〈柬大王泊旱〉涉及祭禱；《上海博物館藏戰國楚竹書》（五）之〈鬼神之明〉提及鬼神等，這些都是探討帛書內容時的重要參考資料。

2. 其他相關資料

　　由於《楚帛書》內容廣泛，研究項目涉及楚民族、楚文化、楚藝術、天文曆法、神話傳說、古史等項目，因此本論文在考證帛書文意時，另輔以各項相關之古代典籍文獻資料。

　　另外，由於《楚帛書》除文字資料外，在其四周有形體各異之「十二月神」圖像，這些「神祇圖像」亦是研究《楚帛書》文字內容的重要資料，因此楚地流傳的大量神怪形象，如漆器上的繪畫、帛畫上的神怪等出土文物，亦是研究《楚帛書》內容時的重要佐證。

二、研究方法

　　本論文之研究方法與步驟爲：

1. 蒐集與閱讀

　　廣泛地蒐集與閱讀《楚帛書》的相關研究論著，將歷來學者研究的成果資料分類。

2. 電腦處理

　　以電腦掃瞄《楚帛書》之紅外線照片字形，然後以電腦將文字淡色處理，使文字能較清楚呈現，之後依帛書字形筆畫儘量恢復爲原始字形，並作出新的《楚帛書》摹本。

3. 考釋文字

　　將《楚帛書》文字的各項意見歸納，在電腦的正確摹寫字形基礎下進行分析，與甲骨文、金文、戰國文字字形相較，以偏旁分析法、比較法等，考

證出最正確無誤的字形；其後與楚簡文字及各項文獻典籍之辭例比對，並推勘《楚帛書》前後文意，試圖尋找出較合理且可信之釋讀。然若因帛書殘泐、模糊、拼貼等特殊因素而導致文字無法討論者，則採取客觀介紹、疑者存疑的處理方式。

4. 《楚帛書》文字分析

在新摹本的基礎下，統計出《楚帛書》實存字數，並進行字頻、結構、風格等分析，試圖歸納出《楚帛書》文字的使用習慣及風格特點，以探討帛書文字的時代及地域意義。

5. 未來與展望

立足楚國當時不同於他國的環境，配合中國自古至戰國宗教觀、宇宙觀的概況，合併研析，推演出《楚帛書》文字所透露的戰國楚地的宗教觀與宇宙觀。期望在正確文字的考釋基礎下，能讓《楚帛書》的相關研究有更深入的理解，亦或配合跨學科的研究方法，期待研究《楚帛書》內容的道路更為寬廣且多樣。

凡　例

一、本論文第二、三、四章之文字考釋，由「釋文」、「校注」、「字形圖表」
　　三部分組成。

二、所謂「釋文」，乃根據《楚帛書》原始字形及研究學者中意見較佳者而重
　　新寫定的釋文。

三、所謂「校注」，乃對《楚帛書》原始字形進行校正及注解，並對《楚帛書》
　　字句內容進行疏解及論述。

四、由於《楚帛書》因埋藏時間久遠，因此出土時底色呈深褐色，造成底色
　　與文字混融在一起，雖有紅外線照片參閱，但仍目驗困難，因此本論文
　　除將每一字的出處及釋文列出外，再列出：

　　（一）帛書字形：即《楚帛書》原始字形。

　　（二）復原字形：以電腦將《楚帛書》原始字形之底色淡化，將字形凸
　　　　　顯，使其容易辨識，在電腦處理字形的基礎下，將扭曲變形、斷
　　　　　裂，或其他不明原因而造成的殘泐字形盡量予以恢復，以方便讀
　　　　　者閱讀檢驗及參考。關於字形的出處，以編號顯示，如《楚帛書》
　　　　　甲篇第一行第一字，即為甲 1.1；然由於丙篇分為十二個月份，為
　　　　　方便讀者檢閱，故將丙篇一月第一行第一字，列為丙 1.1.1，並將
　　　　　字形隸定列於後方，圖示說明如下：

出　　處	甲 1.1/曰	丙 1.1.1/取
帛書字形		
復原字形		

五、《楚帛書》文字佈局分爲三部分，本論文以〈甲篇〉稱八行，〈乙篇〉稱
十三行、〈丙篇〉稱周邊文字。

六、原文部分所使用符號說明如下：

（一）每篇篇目及行數，外加【　】號，如《楚帛書》甲篇第一行爲【甲
一】。

（二）字體形殘，依筆畫或文義可釋讀者，以「九」表示；若無法辨識
或未能補釋出之殘缺字，以□表示。

（三）殘缺處若無法估計字數者，以………表示。

（四）某字可讀爲之通假字，於某字後寫出並外加（　）號。

（五）《楚帛書》原作合文或重文者，於某字後加＝號。

（六）分段符號以 ▭ 表示。

七、由於歷來考釋學者眾多，因此文字校注時所提及之學者意見，僅列第一
位提出者，贊成者不列出，若說明未盡或無說明，則再增補其他學者之
意見。

八、本文討論某字之考釋時，若因某字字形殘泐而無法明顯圖示，均以出處
編號指稱，如《甲 1.1》，即甲篇第一行第一字。

第二章 《楚帛書》甲篇文字考釋

第一節 《楚帛書》甲篇之一

壹、釋　文

曰故（古）又（有）龍（熊）霝（雹）虘（戲），出自□（華）霊（胥），尻（處）于（於）霝（雷）□（澤）。聿（厥）□強＝，□□□女，夢＝墨＝，亡章弻＝，□每□□，風雨是於（謁），乃取（娶）【甲一】虘浧□子之子曰女塡（媧），是生子四。□＝是襄，而埈（踐）是各（格），参（三／參）祟（禍）虐（乎）逃（兆），為悤（慍／溫）為萬（厲）。以司堵襄，咎（晷）而毕（持）達，【甲二】乃上下＝朕（騰）遑（升），山陵不衛（衛），乃命山川四晦（海），矞（熱）熙（氣）倉（滄）熙（氣），以為其衛（衛），以涉山陵，瀧汩凼滿。未又（有）日月＝，四神【甲三】相弋（代），乃毕（持）以為歲，是隹（惟）四寺（時）□。

貳、校　注

曰故（古）【1】又（有）龍（熊）【2】霝（雹）虘（戲）【3】，出自□（華）霊（胥）【4】，尻（處）於霝（雷）□（澤）【5】

【1】

出　　處	甲 1.1／曰	甲 1.2／故
帛書字形		
復原字形		

　　《楚帛書》「曰故」，嚴一萍〈楚繪書新考〉釋「曰故」，讀爲「曰古」；〔註1〕李零《長沙子彈庫楚帛書研究》讀「曰古」或「粵古」；〔註2〕饒宗頤〈楚帛書新證〉舉鐘鼎銘文辭例以證，謂：

> 西周微氏史牆盤銘云：「曰古文王，初戮龢于政」；又癲鐘：「曰古文
> 王」。語例正同。曰故之下人名，應指其始祖。〔註3〕

嘉凌案：《爾雅‧釋詁》：「粵、于、爰，曰也」；〔註4〕《說文解字》「爰」字下，段玉裁曰：「《釋詁》粵、于、爰，曰也，爰、粵，于也，爰、粵、那、都、繇，於也，八字同訓，皆引詞也」；〔註5〕「故」古音見母魚部，「古」古音亦見母魚部，〔註6〕故「曰故」讀「曰古」或「粵古」均可。由於第一字明顯爲「曰」，故讀「曰古」即可，下接人名，爲典籍常見之辭例，「曰古」即「遠古之時」。

【2】

出　　處	甲 1.3／囜	甲 1.4／熊
帛書字形		

〔註1〕嚴一萍：〈楚繪書新考〉，（中）《中國文字》27 冊，1968 年，頁 1。

〔註2〕李零：《長沙子彈庫楚帛書研究》，（北京：中華書局，1985 年），頁 64。

〔註3〕饒宗頤：〈楚帛書新證〉《楚地出土文獻三種研究》，（北京：中華書局，1993 年），頁 230。

〔註4〕〔清〕郝懿行：《爾雅義疏》，（台北：藝文印書館，民國 76 年），頁 63。

〔註5〕〔漢〕許慎撰，〔清〕段玉裁注：《說文解字》，（台北：藝文印書館，民國 63 年），頁 162。

〔註6〕郭錫良：《漢字古音手冊》，（北京：北京大學出版社，1986 年），頁 92。

復原字形		

1. 甲1.3／又

《甲1.3》，巴納《楚帛書翻譯和箋注》疑是「天」字，﹝註7﹞饒宗頤〈楚帛書新證〉贊同此說，謂：

> 巴諾（即巴納）假定爲天，近是，天熊即大熊，《易緯‧乾鑿度》云：「黃帝曰：太古百皇辟基，文籀邃理微萌，始有能氏。」（此據《永樂大典》14708，一作有能氏），鄭玄註：「有能氏、庖犧氏，亦名蒼牙，與天同生。」又云：「蒼牙、有能氏、庖犧得易源」。《易緯》以有能爲庖犧，亦稱曰庖氏，證之帛書此語「大能雷虘」與「有熊庖犧」完全吻合。﹝註8﹞

嚴一萍〈楚繒書新考〉釋「黃」；﹝註9﹞劉信芳《子彈庫楚墓出土文獻研究》疑是「又」字殘泐：

> 句讀爲「有熊雹戲」，……「雹戲」號「有熊氏」，饒宗頤先生引《易緯‧乾鑿度》鄭註：「蒼牙、有能氏、庖犧得易源」爲證，其說是也。
> ﹝註10﹞

嘉凌案：帛書此處有一折痕（參見下圖），因而造成折痕附近的部分字形較爲殘泐，故諸家學者據殘形及典籍，推測《甲1.3》有「天」、「黃」、「又」三種可能字形。

﹝註7﹞ 巴納：《楚帛書研究》第二部分〈楚帛書翻譯和箋注〉，（澳洲：堪培拉，1973年），頁69。

﹝註8﹞ 饒宗頤：〈楚帛書新證〉《楚地出土文獻三種研究》，（北京：中華書局，1993年），頁231。

﹝註9﹞ 嚴一萍：〈楚繒書新考〉（中），《中國文字》27冊，1968年，頁1。

﹝註10﹞ 劉信芳：《子彈庫楚墓出土文獻研究》，（台北：藝文印書館，民國91年），頁12。

　　據上方圖示，可知此折痕在「」字上方，因此依同橫行字體間距離推測，《甲1.3》可能是上方字形殘缺，然細審《甲1.3》字上方折痕並不十分嚴重，因此亦有可能爲《甲1.3》字下方筆畫殘渤。故《甲1.3》字有「天」、「黃」字下部，及「又」字上部三種可能。

　　然檢閱饒宗頤先生說法，其所舉典籍之例，明言庖義爲「有能氏」，未言「大熊」或「天熊」，故若據此釋《甲1.3》爲「天」字，恐怕太過牽強。

　　而「天」字楚簡文字作天（郭店簡・老子甲・簡4），下端兩足形分開；或於上方加橫筆作天（上博二・容成氏・簡1）、天（包山簡2.219）；或兩足形爲刀形作天（包山簡2.215）、天（上博二・民之父母・簡二）。〔註11〕而《楚帛書》「天」字作天（甲5.18）、天（甲6.13）、天（甲6.23）、天（甲6.31）、天（乙2.5）、天（乙2.9）、天（乙3.14）、天（乙8.34）、天、天（乙10.14）、天（乙10.25）、天（乙10.31），均爲於上方加橫筆，下端兩筆分開之形，將「天」字字形與《甲1.3》相較，三殘筆可能爲「天」字之兩足及右臂，然「天」字右臂筆畫末端均不與兩足之筆畫爲同一高度，除非右臂筆畫延長至足形筆畫旁，因此以《楚帛書》書手筆法看來，要殘渤成「」是相當困難，故知《甲1.3》釋爲「天」字不可從。

　　楚簡「黃」字作黃（包山簡2.21），〔註12〕而《楚帛書》「黃」字均於中部加橫筆作黃（甲4.24）、黃（甲5.28）、黃（乙7.9），由於帛書空間過小，無法填入「黃」字上半部，且其下部「火」形右三筆之筆法亦與殘形「」有別，故知《甲1.3》釋「黃」非是。

　　楚簡「又」字作又（郭店簡・老子甲・簡1），字體均作爪形向左之傾斜狀，《楚帛書》「又」字作又（甲3.33）、又（甲4.32）、又（甲8.3）、又

〔註11〕張光裕主編，袁師國華合編：《郭店楚簡研究・第一卷・文字編》，（台北：藝文印書館，民國88年），頁142；馬承源主編：《上海博物館藏戰國楚竹書》（二），（上海：古籍出版社，2002年），頁250、156；張光裕主編，袁師國華合編：《包山楚簡文字編》，（台北：藝文印書館，民國81年），頁4。

〔註12〕張光裕主編，袁師國華合編：《包山楚簡文字編》，（台北：藝文印書館，民國81年），頁457。

（甲 8.5）、　（甲 8.7）、　（甲 8.9）、　（乙 1.13）、　（乙 1.18）、　（乙 2.23）、　（乙 3.4）、　（乙 4.22）、　（乙 4.29）、　（乙 4.34）、　（乙 12.3）、　（乙 12.6）、　（乙 12.31）、　（丙 1.3.5）、　（丙 7.2.4），然細審其中的　（乙 1.13）、　（丙 7.2.4），爪形朝上，與其他字形較不同；且「又」字於偏旁時亦偶爲豎直之形，如　（包山簡 2.19 反字所從）、　（包山簡 2.168 作字所從）、　（楚帛書乙 1.12 掌字所從）等，〔註 13〕與《甲1.3》「　」之筆法與筆畫十分接近，然細審《甲 1.3》字下方未有明顯墨跡存留，可能因時間久遠而筆畫淡去，因此由摹本字形及所舉「又」形看來，釋「又」應可從。

由於《甲 1.3》字，下接「靁盧」，「靁盧」即「伏羲」，〔註 14〕故此句應爲說明「靁盧」之世系，而文獻典籍中對「伏羲」的稱號，共有兩種：一爲「黃熊氏」或「雄皇氏」，如《禮記·月令》：「其帝大皥，其神句芒」，孔穎達疏引《帝王世紀》云：

> 大皥帝庖犧氏，風姓也，母曰華胥，遂人之世，有大人之迹出於雷澤中，華胥履之生包犧於成紀，蛇身人首，有聖德，爲百王先，帝出於震，未有所因，故位在東，主春象日之明，是以稱大皥，一號 黃熊氏。〔註 15〕

《太平御覽》七八引《帝王世紀》曰：

> 日之明是謂太昊，制嫁娶之禮，取犧牲以充庖廚，故號曰庖犧皇，後世音謬，故或謂之密犧，一號 雄皇氏，在位一百一十年。〔註 16〕

由於《甲 1.3》字殘筆與「黃」字有別，前文已論述，故雖有文獻典籍爲證，仍排除其爲「黃」字之可能性。二而爲稱「有熊氏」，如《易緯·乾鑿度》：

> 黃帝曰：太古百皇辟基，文籀遝理微萌，始 有熊氏。

鄭玄《注》：

〔註 13〕 張光裕主編，袁師國華合編：《郭店楚簡研究·第一卷·文字編》，（台北：藝文印書館，民國 88 年），頁 97；張光裕主編，袁師國華合編：《包山楚簡文字編》，（台北：藝文印書館，民國 81 年），頁 77、78。
〔註 14〕 金祥恆：〈楚繒書靁盧解〉，《中國文字》28 冊，1968 年，頁 9。
〔註 15〕 〔清〕阮元校勘：《禮記》，十三經注疏本，（台北：藝文印書館，民國 78 年），頁 281。
〔註 16〕 〔宋〕李昉等編撰：《太平御覽》，（台北：大化書局，1977 年），頁 364。

有熊氏、庖犧氏，亦名蒼牙也。〔註17〕

因此據「▓▓」筆畫及文獻典籍例句，《甲 1.3》應可釋爲「又」。疑因《楚帛書》「故」字下因折痕而稍有扭曲，使得「又」字爪形較爲朝上；下部筆畫則因墨跡淡去而消失。

2. 甲 1.4／熊

《楚帛書》「▓▓」字，饒宗頤〈楚帛書新證〉釋「龍」，謂：

從能，上益大旁，蓋能之繁形……楚姓爲熊，此篇楚人所作，溯其先祖，故自稱大熊。〔註18〕

嚴一萍〈楚繒書新考〉釋「能」，謂：

徐灝《說文箋》曰：「能即古熊字，〈夏小正〉能羆則穴，即熊羆也。」「黃熊」伏羲之號。〔註19〕

商承祚〈戰國楚帛書述略〉釋「嬴」，謂：

□嬴爲神名，結構似「能」而與能有別，《楚辭・遠游》：「召黔嬴而見之兮，爲余先乎平路。」嬴上不知缺去何字。〔註20〕

李零《長沙子彈庫楚帛書研究》贊成商承祚先生釋讀，謂：

湖北出土的子季青嬴匜銘，其嬴字所從嬴，從㠯不從卂，正與此同。〔註21〕

嘉凌案：綜合學者意見，共有四種說法：「嬴」、「臝」、「能」、「龍」，由於「嬴」、「臝」兩字以從「女」爲別，且帛書字形明顯未從「女」，故主要爲「臝」、「能」、「龍」三種說法

「臝」字甲文作 ▨（《戩》515）、▨（《巴》15）；金文作 ▨（樊夫人龍嬴匜），於偏旁作 ▨（伯衛父盉・嬴字所從）、▨（季嬴霝德盉・嬴字所從）、▨（嬴霝德鼎・嬴字所從）、▨（榮有司再鼎・嬴字所從）、▨（筍伯盨・嬴字所從）、▨（鑄弔臣・嬴字所從）、▨（京弔盤・嬴字所從）等，字體變化多端；楚簡文字於偏旁作 ▨（包山簡 2.41）、▨（包山簡 2.48）、▨（包山簡

<hr>

〔註17〕 〔漢〕鄭玄：《易緯・乾鑿度》，台北：藝文印書館，民國 58 年，頁 1。

〔註18〕 饒宗頤：〈楚帛書新證〉《楚地出土文獻三種研究》，（北京：中華書局，1993 年），頁 231。

〔註19〕 嚴一萍：〈楚繒書新考〉（中），《中國文字》27 冊，1968 年，頁 1。

〔註20〕 商承祚：〈戰國楚帛書述略〉，《文物》第九期，1964 年，頁 15。

〔註21〕 李零：《長沙子彈庫楚帛書研究》，（北京：中華書局，1985 年），頁 64。

2.18）、（包山簡牘 1），頭部爲「圈」形，足部爲「乞」形；或頭部爲「雙圈」形作 （仰天湖簡 25.36）；或頭部爲「亡」形作 （曾侯簡 157）；或作 （包山簡 269），〔註 22〕頭部變化更爲特別。據此與帛書「」字相較，兩字上部明顯完全不同，故知釋「贏」不可從。

「能」字甲文作 （《屯》2169）；金文作 （能匋尊 5984），象熊屬動物之首足尾之形，楚簡文字作 （望山簡 1.38），或足形簡省作 （望山簡 1.37），〔註 23〕字形承甲、金文，然頭形變爲「厶」形，口部變爲「肉」形，兩足部分與身體分離，與帛書字形僅以「大」形爲別，然亦非「能」字。

「熊」字甲、金文未見，楚簡文字作 （新蔡簡・零・2），字形與《楚帛書》「」字形全同；或「大」形位置變異作 （包山簡 156），而學者多謂「能」爲「熊」之本字，季師旭昇謂：

> 楚文字從大能，似「熊」之本義即爲「大能」。若然，則「熊」從「火」實爲「大」之訛變。秦系文字從「火」，《説文》以爲「炎省聲」，然目前「熊」字並未見從不省之「炎」者。學者或謂「熊」之本義爲「光氣炎盛相焜燿之貌」（《山海經・西山經》「其光熊熊」注），如此又必須説成「從火、能聲」，然「能」與「熊」聲韻都不相近，……因此能、熊只能看成同類動物，以形義俱近，故文獻偶有互用。《説文》誤以頭形爲「㠯」聲，誤以大嘴巴爲「从肉」。〔註 24〕

季師以形音角度分析，説法有據，其説可從，且楚簡「大」字與「火」字偶有互作，如「赤」作 （包山簡 2.168），亦可作 （包山簡 2.276），〔註 25〕故「熊」字從「大」爲「火」之訛變是可信的，因此《楚帛書》「」不能逕

〔註 22〕 甲、金文字形引自季師旭昇：《説文新證》（上），（台北：藝文印書館，民國91 年），頁 338；滕壬生：《楚系簡帛文字編》，（武漢：湖北教育出版社，1995年），頁 346、857；張光裕主編，袁師國華合編：《包山楚簡文字編》（台北：藝文印書館，民國 81 年），頁 119；張光裕、滕壬生、黃錫全主編：《曾侯乙墓文字編》（台北：藝文印書館，民國 86 年），頁 139。

〔註 23〕 甲、金文字形引自季師旭昇：《説文新證》（下），（台北：藝文印書館，民國93 年），頁 107；張光裕、袁師國華：《望山楚簡校錄》，（台北：藝文印書館，民國 93 年），頁 85；

〔註 24〕 季師旭昇：《説文新證》（下），（台北：藝文印書館，93 年），頁 107。

〔註 25〕 張光裕主編，袁師國華合編：《包山楚簡文字編》，（台北：藝文印書館，民國81 年），頁 358。

釋爲「能」，應分析爲从「大」从「能」。〔註26〕故帛書「■」字應从「大」
从「能」，釋「熊」，「又（有）熊」應爲下段文句「靁盧（伏羲）」之稱號。

【3】

出　　處	甲1.5／靁	甲1.6／盧
帛書字形		
復原字形		

　　《楚帛書》「■」字，商承祚〈戰國楚帛書述略〉釋从「雨」从二「見」，
謂爲「神名」；〔註27〕嚴一萍〈楚繒書新考〉同意从「見」，並考證爲「伏羲」。
〔註28〕

　　嘉凌案：「見」字甲文作■（《甲》212）；金文作■（見尊），〔註29〕楚簡
文字承甲、金文作■（包山簡2.208）；〔註30〕或上部目形變化，人形爲站形
作■（郭店・窮達以時・簡23：未尚（嘗）見賢人），〔註31〕然未見「目」形
與「人」形分離者，故《楚帛書》「■」字並非从「見」。

　　由於字形並非从「見」，故金祥恆〈楚繒書靁盧解〉釋「電」，謂：

勹即《說文》勹，象人形，布交切。……■，即《說文》電字之古
文省訛，古文電从晶，段注「象其磊磊之形」，繒書訛成■，猶冥，
《汗簡》作■，日訛作目。小篆从雨包聲，繒書从靁省勹聲。■即

〔註26〕河南省文物考古研究所編《新蔡葛陵楚墓》，（鄭州：大象出版社，2003年），
　　　　頁209及圖版一五四；張光裕主編，袁師國華合編：《包山楚簡文字編》，（台
　　　　北：藝文印書館，民國81年），頁319。
〔註27〕商承祚：〈戰國楚帛書述略〉，《文物》第九期，1964年，頁15。
〔註28〕嚴一萍：〈楚繒書新考〉（中），《中國文字》27冊，1968年，頁1。
〔註29〕中國社會科學院考古研究所：《甲骨文編》，（北京：中華書局，1965年），頁
　　　　367；容庚編：《金文編》（北京：中華書局，1985年），頁618。
〔註30〕滕壬生：《楚系簡帛文字編》，（武漢：湖北教育，1995年），頁706。
〔註31〕張光裕主編，袁師國華合編：《包山楚簡文字編》，（台北：藝文印書館，民國
　　　　81年），頁338；張光裕主編，袁師國華合編：《郭店楚簡研究・第一卷・文
　　　　字編》，（台北：藝文印書館，民國88年），頁367。

「虙」，「」即《易經・繫辭傳》之包犧。〔註32〕

季師旭昇《說文新證》分析「霆」字，謂：

> 甲骨文字，舊或釋霽，沈建華云：「甲骨文霆字作，从雨从，乃會意字，《說文》霆字古文作，形體雖略有改易，但尚基本保留構形原意。……長沙子彈庫帛書摹本伏羲之伏作，……所加的，即聲符包之所从。上古輕重唇不分，包與伏同聲。由再進一步演變了《說文》从雨包聲之霆」（〈甲骨文釋文二則〉），旭昇案：沈說可從，唯甲骨从雨，下象霆形，爲合體象形，似不宜釋爲會意字，楚帛書霆形訛爲「目」形，亦屬變形聲化，霆（並／覺）、目（明／覺）韻同聲近，《說文》古文霆形訛爲「晶」，篆楷則遝从「包」聲。……甲骨文爲合體象形，楚文字以下爲形聲字。〔註33〕

據季師所舉甲、金文可知，帛書「霝」字下方之形，應爲甲骨文「」形訛變爲楚簡「目」形，由於「霝」與「目」形、聲俱近，故產生形體訛變，因此帛書「」字應釋「霝」，讀「霆」；「」字从「虍」从「豆」，應釋爲「虙」。「霝虙」即「包犧」、「伏羲」、「庖犧」、「霆戲」，據此，帛書「又熊霝虙」之「又熊」應爲伏羲名號，並非如饒宗頤先生所言爲楚先祖「大熊」之名號。

【4】

出　　處	甲 1.7／出	甲 1.8／自	甲 1.9／□	甲 1.10／霝
帛書字形				
復原字形				

《甲 1.9》，金祥恆〈楚繒書霆虙解〉，以金文華作「」，疑爲「華」字之殘，讀《甲 1.9》及《楚帛書》「」字爲「華胥」，謂：

> 「」字从走雨聲，其音讀爲雨，雨與胥（段注與胥均在第五部諧

〔註32〕 金祥恆：〈楚繒書霆虙解〉，《中國文字》28 冊，1968 年，頁 9。
〔註33〕 季師旭昇：《說文新證》（下），（台北：藝文印書館，93 年），頁 159。

聲）音近，故華霅即華胥也，爲庖犧之母。傳世文獻無異說，故繪書言「出自華霅（胥）」，與古史傳說相合。〔註34〕

《楚帛書》「霅」字，姜亮夫〈離騷首八句解〉據下字「霍」，而讀此句爲「出自耑霍」，謂《甲1.9》及《楚帛書》「霅」字即「顓頊」，〔註35〕而劉信芳《子彈庫楚墓出土文獻研究》同意姜亮夫先生之說，讀「顓頊」，但認爲《甲1.9》爲「需」字異體，謂：

> 段〈注〉解「需」從「頁」聲是也。今據帛書知「需」本應作「霍」（頁、需、走古音同在侯部，端系精組聲紐），以後多用爲「濡」，假爲「耎」，故字改從「而」，則由侯部字轉入寒部。讀「頁」（需）爲「項」，在音韻上不存在問題，「項」亦侯部字。馬王堆漢墓帛書《形德》九宮圖「顓頊」作「湍玉」，其「湍」與楚帛書「霍」上一字之殘形相近。〔註36〕

饒宗頤〈楚帛書新證〉釋「霍」，謂《甲1.9》及《楚帛書》「霅」字爲炎帝母「有蟜氏」：

> 霍从雨走聲，自可讀爲霍，惟上一字不明，考《御覽·皇王部》引《帝王世紀》：「炎帝神農母曰任似，有蟜氏女。」少典娶于有蟜氏，生黃帝、炎帝。霍即霍，殆即有蟜氏。《大戴禮記·帝繫》：「老童娶於竭水氏，竭水氏之子謂之高蟜氏，產重黎及吳回。」郭註《山海經》引《世本》作老童娶于根水氏，謂之驕福，產重及黎，是爲楚先。……此句主詞承上文而來，當指大熊而非電戲。言楚姓熊氏，自□霍入居于脽。〔註37〕

又謂：

> 以出字連上，大熊指楚姓，謂其爲伏羲所出。伏羲者，生民之始祖，楚之先世亦然，戰國時已有此說，今苗傜洪水神話以伏羲爲祖先，可證也。〔註38〕

〔註34〕金祥恆：〈楚繒書電虛解〉，《中國文字》28冊，1968年，頁9。
〔註35〕姜亮夫：〈離騷首八句解〉，《社會科學戰線》第三期，1979年3月。
〔註36〕劉信芳：《子彈庫楚墓出土文獻研究》，（台北：藝文印書館，民國91年），頁13。
〔註37〕饒宗頤：〈楚帛書新證〉《楚地出土文獻三種研究》，（北京：中華書局，1993年），頁232。
〔註38〕饒宗頤：〈楚帛書新證〉《楚地出土文獻三種研究》，（北京：中華書局，1993年），頁232。

嘉凌案：《甲1.9》左半形殘，筆畫不明，正確字形待考。帛書「䨘」字從「雨」從「走」，可隸定作「䨘」，然由於學者對於此句主語認定不同，因此有據「楚先祖」世系，而讀《甲1.9》、「䨘」二字爲「顓頊」或「有蟜」；或據「伏羲」世系讀爲「華胥」，因此主語到底爲何者，便是判讀的關鍵所在。依帛書「曰故又熊䨘虘，出自□□」之文意，「出自□□」應爲說明「伏羲」之世系爲是。

　　且楚簡「耑」字作灵（望山簡2.9），下部筆畫爲四筆；或下端變異作㤻（包山簡2.274檔字所從）；或下加橫筆爲飾作樌（曾侯簡120檔字所從），〔註39〕與《甲1.9》下之三筆畫完全不同，因此《甲1.9》釋「顓」不可從，故將《甲1.9》與「䨘」釋爲「顓頊」應非是。

　　關於伏羲的出生，文獻典籍多有記載：如《太平御覽》卷七十八所引《詩緯・含神霧》：

　　　　大跡出雷澤，華胥履之，生伏犧。〔註40〕

《帝王世紀》：

　　　　太昊帝庖羲氏，風姓也，母曰華胥，有巨人跡出於雷澤，華胥以足履之有娠，生伏羲，長于成紀。〔註41〕

《太平御覽》卷七十八所引《帝王世紀》：

　　　　太昊帝庖羲氏，……帝出於震，未有所因，故位在東方，主春，象日之明，是稱太昊。〔註42〕

唐・司馬貞《史記・補三皇本紀》：

　　　　太皞庖羲氏，風姓，代燧人氏繼天而王。母曰華胥，履大人之跡于雷澤，而生庖羲于成紀。蛇身人首，有聖德。〔註43〕

《山海經・海內東經》晉・郭璞《注》引《河圖》云：

　　　　大跡在雷澤，華胥履之而生伏羲。〔註44〕

〔註39〕張光裕、袁師國華：《望山楚簡校錄》，（台北：藝文印書館，民國93年），頁38；張光裕主編，袁師國華合編：《包山楚簡文字編》，（台北：藝文印書館，民國81年），頁217；張光裕、滕壬生、黃錫全主編：《曾侯乙墓文字編》，（台北：藝文印書館，民國86年），頁70。

〔註40〕〔宋〕李昉等編撰：《太平御覽》，（台北：大化書局，1977年），頁493。

〔註41〕〔晉〕皇甫謐著：《帝王世紀》，（北京：中華書局叢書集成初編本，1985年），頁2。

〔註42〕〔宋〕李昉等編撰：《太平御覽》，（台北：大化書局，1977年），頁364。

〔註43〕〔唐〕司馬貞：《史記・補三皇本紀》，（吉林：人民出版社，1993年），頁1。

〔註44〕袁珂：《山海經校注》，（台北：里仁書局，民國84年），頁330。

《水經》引《開山圖・注》：

> 伏羲生 成紀 ，徙治陳倉也。〔註45〕

唐・李吉甫《元和郡縣志》：

> 成紀縣，本漢舊縣也，屬天水。伏羲氏母曰 華胥 ，履大人跡，生伏
> 羲於 成紀 ，即此邱也。〔註46〕

緯書《河圖稽命徵》：

> 華胥於 雷澤 履大人蹟，而生伏羲於 成紀 。〔註47〕

另一與伏羲出生相關資料，載於《太平御覽》卷七十八所引《遁甲開山圖》：

> 仇夷山 ，四絕孤立，太昊之治，伏犧生處。〔註48〕

因此據文獻記載，與「伏羲」有關的人名及地名，計有：母為「華胥」、於「雷澤」或「震」受孕、生於「成紀」或「仇夷山」。而文例為「出自」，據文獻典籍用法，為說明後者來自於何人，如《史記・楚世家》：

> 楚之先祖 出自 帝顓頊高陽，高陽者，黃帝之孫，昌意之子也。〔註49〕

故「出自」後為人名或族名，故讀「華胥」較為合理。「霆」字從「走」聲，「走」字古音精母侯部，「胥」古音心母魚部，兩字同為齒音，發音部位相同，侯、魚二部旁轉可通，故兩字可通讀，〔註50〕然由於上字殘泐，故疑讀為「華胥」，因此「出自華胥」即伏羲由華胥所生。

【5】

出　　處	甲 1.11／尻	甲 1.12／于	甲 1.13／爵	甲 1.14／□
帛書字形				

〔註45〕〔漢〕桑欽撰，〔後魏〕酈道元注：《水經注疏》，（南京：江蘇古籍出版社，1989 年），頁 1509。

〔註46〕〔唐〕李吉甫撰，〔清〕孫星衍校：《元和郡縣志》，（北京：中華書局，1985年），頁 1114。

〔註47〕〔日〕安居香山、中村璋八輯：《緯書集成》，（石家莊：河北人民出版社，1994年），頁 1179。

〔註48〕〔宋〕李昉等編撰：《太平御覽》，（台北：大化書局，1977 年），頁 493。

〔註49〕〔日〕瀧川龜太郎：《史記會注考證》，（台北：萬卷樓，1993 年），頁 644。

〔註50〕郭錫良：《漢字古音手冊》，（北京：北京大學出版社，1986 年），頁 175、117。

| 復原字形 |  |  | | |

1. 甲 1.13／雡

　　《楚帛書》「雡」字，饒宗頤〈楚帛書新證〉釋從「脽」從「受」謂：

> 從「脽」，益「受」旁爲繁形。……《墨子‧非攻》下：「昔者楚熊
> 麗始封此睢山之間」，即其地也……何琳儀謂其地即雷澤，不知此首
> 句主詞宜屬之大熊，以指楚姓。〔註51〕

　　高明〈楚繒書研究〉謂此字從「手」從「羽」從「隹」，認爲是「攉」字古體，謂：

> 《史記‧三皇本紀》云：「庖犧氏風姓，繼天而王，母曰華胥，履大
> 人跡於雷澤，而生庖犧於成紀」；《帝王世紀》謂庖犧「長于成紀」，
> 按攉、成古音相同，聲同在定紐，成韻古在耕部，攉在錫部，耕、
> 錫乃一聲之轉，成攉古屬雙聲疊韻，繒書中之「攉□」，即《史記》
> 「成紀」，乃庖犧居處。〔註52〕

　　劉信芳《子彈庫楚墓出土文獻研究》認爲字從「脽」，從「寽」，或謂字從「隹」從「脟」。〔註53〕

　　嘉凌案：《楚帛書》「雡」左部從「肉」從「隹」無疑，然右部偏旁綜合學者意見共有「羽」、「受」、「寽」三種釋讀：楚簡「羽」字作 （包山簡 2.269），或簡省作 （包山簡牘 1）；於偏旁時「羽」形或加撇筆作 （望山簡 2.13），〔註54〕然帛書「雡」字上半筆法明顯與「羽」字不同，故字形並非從「羽」。

　　楚簡「受」字作 （包山簡 2.6），雙手間爲「舟」形；或「舟」形加橫畫作 （包山簡 2.277）；或於舟形尾端加點筆作 （包山簡 2.68）；或從兩

〔註51〕饒宗頤：〈楚帛書新證〉《楚地出土文獻三種研究》，（北京：中華書局，1993
　　　　年），頁 231。

〔註52〕高明：〈楚繒書研究〉，《古文字研究》12 輯，（北京：中華書局，1985 年），
　　　　頁 376。

〔註53〕劉信芳：《子彈庫楚墓出土文獻研究》，（台北：藝文印書館，民國 91 年），頁
　　　　13。

〔註54〕張光裕主編，袁師國華合編：《包山楚簡文字編》，（台北：藝文印書館，民國
　　　　81 年），頁 310；張光裕、袁師國華：《望山楚簡校錄》，（台北：藝文印書館，
　　　　民國 93 年），頁 82。

手作 （包山簡 2.74），〔註55〕然帛書「」字之「爪」形與「又」形間明顯爲「橫筆」，故並非爲「受」字。

楚簡「」字於偏旁作 （曾侯簡 147 騂字所從），〔註56〕字形與帛書「」字右半部僅「爪」形朝向不同，故帛書「」字右半應從「」，左半部從「肉」從「隹」，釋「」，讀法詳見於後文。

2. 甲 1.14／□

《楚帛書》「」字，何琳儀〈長沙帛書通釋校補〉謂：

> 末字原篆作「」，第一橫筆右端甚粗，且與第二橫筆有相連的痕跡，疑本作「尺」形，因縑帛稍有折疊，故致筆畫有損而斷裂，……，典籍「尺」與「斥」實爲一字（詳另文），《爾雅·釋蟲》「蚔蝝」，《周禮·考工記·弓人》作「斥蠖」，《文選·七啓》注：「斥與尺古字通」，銀雀山簡《王兵》「尺鹵」即「斥鹵」（《文物》1976.12），而「斥」亦與「澤」通，《書·禹貢》「海濱廣斥」，《史記·夏本紀》注引徐廣本則作「廣澤」，……「尺」即「雷澤」，（「」讀「雷」，詳〈通釋〉），《帝王世紀》「燧人之世有巨人跡出于雷澤，華胥以足履之，有娠，生伏義」，與帛書載「電義」氏「居于尺」，適可互證。〔註57〕

嘉凌案：「尺」字甲文、金文未見，戰國金文作 （兆域圖），楚簡作 （望山簡 132），秦簡作 （青川木牘），〔註58〕《楚帛書》「」字與秦簡字形稍形似。

而《郭店·六德·簡16》「它」字作「」，其文云：「君子其它（施）也忠」，〔註59〕字形與《楚帛書》「」字略爲相似，然因《楚帛書》「」字形模糊，故是否爲「尺」、「它」，或其他字形則待考。

考查文獻典籍記載與伏義有關的地名，計有伏義母受孕地「雷澤」、誕生地「成紀」及「仇夷山」三處，而《楚帛書》「」字與「成」、「仇」古音均

〔註55〕張光裕主編，袁師國華合編：《包山楚簡文字編》，（台北：藝文印書館，民國81年），頁81。

〔註56〕張光裕、滕壬生、黃錫全主編：《曾侯乙墓文字編》，（台北：藝文印書館，民國86年），頁179。

〔註57〕何琳儀：〈長沙帛書通釋校補〉，《江漢考古》第四期，1989年，頁50。

〔註58〕字形引自季師旭昇：《說文新證》（下），（台北：藝文印書館，93年），頁44。

〔註59〕張光裕主編，袁師國華合編：《郭店楚簡研究·第一卷·文字編》，（台北：藝文印書館，民國88年），頁155。

相距甚遠，唯與「雷」字音近，何琳儀〈長沙帛書通釋〉云：

> 《說文》「孚」下云「讀若律」，「雷」亦讀若「律」(《釋名．釋典藝》：「律」，累也，而「累」从「雷」省聲)。〔註 60〕

何先生說解曲折，或可備一說，因此據文獻典籍與音近之字推測，「爵 」疑可讀爲「雷澤」，故「凥（處）于爵 」指伏羲「居處在雷澤」。

氒（厥）□漁＝【1】，□□□女【2】，夢＝墨＝【3】，亡章弼＝【4】，□每□□【6】，風雨是於（謁）【7】。

【1】

出　處	甲 1.15／氒	甲 1.16／□	甲 1.17／漁
帛書字形	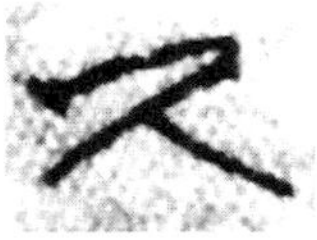	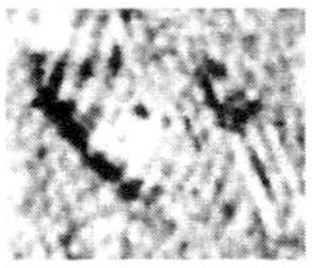	
復原字形		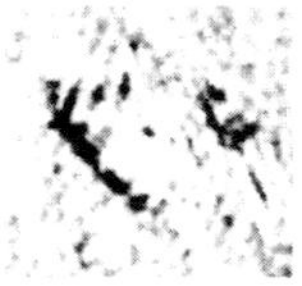	

1. 甲 1.16／□

《甲 1.16》，劉信芳《子彈庫楚墓出土文獻研究》疑爲「田」字，謂：

> 似可復原爲「畋」字，……「漁魚」句，述伏羲賴以生存的生產方式，可知帛書開篇所述，以漁獵爲其時代背景。〔註 61〕

嘉淩案：《甲 1.16》殘泐，劉信芳先生認爲可補爲「田」字。楚簡「田」字作 （包山簡 2.153），雖與《甲 1.16》之殘形接近，然由於《甲 1.16》右半部筆畫不明，因此仍有其他字形之可能，如楚簡「甲」字作 （包山簡 2.16 反），或與「田」同形作 （包山簡 2.185）；〔註 62〕且由於下一句「□□□女」亦僅存一字，因此字形無法由上下文義推知。

〔註 60〕何琳儀：〈長沙帛書通釋校補〉，《江漢考古》第二期，1986 年，頁 77。

〔註 61〕劉信芳《子彈庫楚墓出土文獻研究》，(台北：藝文印書館，民國 91 年)，頁 14。

〔註 62〕張光裕主編，袁師國華合編：《包山楚簡文字編》，(台北：藝文印書館，民國 81 年)，頁 253、255。

　　若此句如劉信芳先生所言，爲承上段文句伏羲而來，用以說明伏羲從事漁獵之生產方式及時代背景，但下段文句卻緊接「夢夢墨墨，亡章弼弼，風雨是於」之初創世混沌不明狀態，似乎將傳說時代產生事物先後之順序倒置，如《太平御覽》卷二引三國吳徐整《三五歷記》：

> 天地混沌如雞子，盤古生其中。萬八千歲，天地開闢，陽清爲天，陰濁爲地。盤古在其中，一日九變，神於天，聖於地。天日高一丈，地日厚一丈，盤古日長一丈，如此萬八千歲，天數極高，地數極深，盤古極長。〔註63〕

《淮南子・精神》：

> 古未有天地之時，惟像無形，窈窈冥冥，芒芠漠閔，澒濛鴻洞，莫知其門。有二神混生，經天營地，孔乎莫知其所終極，滔乎莫知其所止息。於是乃別爲陰陽，離爲八極，剛柔相成，萬物乃形。
> 〔註64〕

在文獻典籍中均是先敘述宇宙混沌，後言萬物或神人之產生，因此《甲1.16》釋「田」仍有待商榷。

2. 甲 1.17／漁

　　《楚帛書》「漁」字，嚴一萍〈楚繒書新考〉釋爲「魚人」合文，謂：

> 王國維曰：「《周禮・天官・廞人》，釋文本作斂，廞、斂同字，知廬、魚亦同字矣。」案《廞人》疏、《禮運》注引廞並作漁。《淮南・時則》：「季夏之月，乃命漁人伐蛟取鼉，登龜取黿。」高《注》：「漁人，掌魚官也，漁讀相語之語。」是漁人及廞人，漁人矣。〔註65〕

　　何琳儀〈長沙帛書通釋〉釋「漁漁」，讀「魚魚」或「吾吾」，謂：

> 《國語・晉語》二「暇豫之吾吾，不如鳥鳥」，注：「吾讀如魚，吾吾，不敢自親之兒也」，所謂「不敢自親」，乃錐魯無知之兒也，這與《列子・黃帝篇》載華胥之民「不知親己，不知疏物，故無愛憎」適可互證。〔註66〕

　　饒宗頤〈楚帛書新證〉釋「漁漁」，讀「俁俁」，謂：

〔註63〕〔宋〕李昉：《太平御覽》，（台北：大化書局，1977年），頁8。。

〔註64〕〔漢〕高誘注：《淮南子注》，（台北：世界書局，1985年），頁99。

〔註65〕嚴一萍：〈楚繒書新考〉（中），《中國文字》27冊，1968年，頁2。

〔註66〕何琳儀：〈長沙帛書通釋〉，《江漢考古》第二期，1986年2月，頁78。

以盧之即吳例之，疑讀爲俁俁，《詩》：「碩人俁俁」，《傳》：「容貌大也」，《集韻》：「俁或作個」，《孟子・萬章》：「圉圉焉」，《註》：「圉圉，魚在水羸劣兒」，儌殆個之本字。〔註67〕

劉信芳《子彈庫楚墓出土文獻研究》釋「儌儌」，讀「漁魚」，謂：

《禮記・月令》季夏之月：「命漁師伐蛟」，又季冬之月：「命漁師始漁」，「漁」謂捕魚。〔註68〕

嘉凌案：《楚帛書》「![字]」字諸家均分析爲从「人」从「魚」，然《楚帛書》「人」字作 ![字]（乙5.27）、![字]（乙12.18），从「人」之「像」字作![字]（乙10.26），細審書手筆法可知，不論單獨書寫或與偏旁組合時，「人」形筆法爲圓滑，與「![字]」字所左半所從之屈折筆法有別，且並無縮小書寫之例，因此帛書「![字]」字左半部可以有其他偏旁之考量。

楚簡中从「弓」之「張」字作![字]（包山簡2.95），「弼」字作![字]（包山簡2.35），〔註69〕其屈折筆法與帛書「![字]」字左半相似，故疑字形可分析爲从「弓」从「魚」，其下方之「合文」或「重文」符號，可讀爲重文「強強」，或爲合文「魚弓」、「弓魚」等可能，依押韻及文義考量，釋「強強」較佳，然由於上下嚴重殘缺，故字義難辨，因此「丕□強＝」句義存疑待考。

【2】

出　　處	甲1.18／□	甲1.19／□	甲1.20／□	甲1.21／女
帛書字形	![字]	![字]	![字]	![字]
恢復字形	![字]	![字]	![字]	![字]

〔註67〕饒宗頤：〈楚帛書新證〉《楚地出土文獻三種研究》，（北京：中華書局，1993年），頁231。

〔註68〕劉信芳：《子彈庫楚墓出土文獻研究》，（台北：藝文印書館，民國91年），頁14。

〔註69〕張光裕主編，袁師國華合編：《包山楚簡文字編》，（台北：藝文印書館，民國81年），頁152。

《楚帛書》「」字，商承祚〈戰國楚帛書述略〉釋「毋」，屬下讀「毋夢夢墨墨」；〔註70〕嚴一萍〈楚繒書新考〉釋「女」，〔註71〕屬上讀「□□□女」；饒宗頤〈楚帛書新證〉斷句從嚴先生，釋「女」，讀「如」；〔註72〕陳茂仁《楚帛書研究》釋「毋」。〔註73〕

嘉凌案：《楚帛書》「   」前三字殘缺，第一字僅存「   」羊角之形；第二字僅存「   」殘形，第三字無法辨識，僅「   」字可辨，由於帛書「   」字「女」形中間筆畫太接近，因此諸家學者有「毋」、「母」、「女」三種釋讀。

帛書中有「母」字作   （甲6.28）、   （甲7.20）、   （乙8.19）、   （乙10.1）、   （乙11.5），於帛書中均讀「毋」，字形中間明顯有兩點筆畫。

楚簡「毋」字作   （包山簡2.247）、   （包山簡2.228），字形中間作橫筆；或與「母」字同形作   （包山簡2.201）；〔註74〕或與「女」字同形作   （包山簡2.199）。

帛書中「女」字作   （甲2.8）、   （乙4.24）、   （丙2.4.1）、   （丙2.1.2）、   （丙2.2.5）、   （丙4.3.3）、   （丙4.2.7）、   （丙8.3.6）；於偏旁或加飾筆作   （包山簡2.146），〔註75〕字形與「毋」、「母」相近。

雖「母」、「毋」、「女」三字於楚簡偶有互作，實有明顯區別，由於「毋」、「母」中須加筆畫，故豎筆之左右空間大致相同，然細審帛書「   」字左半

〔註70〕商承祚：〈戰國楚帛書述略〉，《文物》第九期，1964年，頁15。

〔註71〕嚴一萍：〈楚繒書新考〉（中），《中國文字》27冊，1968年，頁2。

〔註72〕饒宗頤：〈楚帛書新證〉《楚地出土文獻三種研究》，（北京：中華書局，1993年），頁231。

〔註73〕陳茂仁：《楚帛書研究》，國立中正大學中國文學研究所碩士論文，民國85年，頁146。

〔註74〕張光裕主編，袁師國華合編：《包山楚簡文字編》，（台北：藝文印書館，民國81年），頁228、229。

〔註75〕張光裕主編，袁師國華合編：《包山楚簡文字編》，（台北：藝文印書館，民國81年），頁297。

部空間狹窄，無法加入筆畫，此應是書手欲寫「女」字，故未留多餘筆畫空間，又由於上下筆畫太過靠近，而導致略有模糊殘跡，但實際上並非筆畫，故字形應釋爲「女」，「□□□女」句義待考。

【3】

出　　處	甲 1.22／夢	甲 1.23／墨
帛書字形		
恢復字形		

《楚帛書》「」，商承祚〈楚帛書新證〉釋「夢＝墨＝」謂：

墨，讀如昧。「夢夢昧昧」，猶言精神恍惚，如今語懵懵懂懂。〔註76〕

嚴一萍〈楚繒書新考〉釋「夢夢墨墨」，謂：

夢夢，猶芒芒也。《文選》陸士衡〈歎逝賦〉：「何視天之芒芒」，李注：「猶夢夢也」。墨墨，《淮南·俶眞訓》：至伏羲氏，其道昧昧芒芒，高注：「昧昧，純厚也；芒芒，廣大貌也」。〔註77〕

饒宗頤〈楚帛書新證〉，釋「夢＝墨＝」，謂：

夢夢、墨墨，指天地混沌之時，《淮南子·精神訓》：「未有天地，窈窈冥冥。」語意略同。《詩·大雅·抑》：「視爾夢夢」，《小雅·正月》：「視天夢夢」，夢夢，昏亂貌。〔註78〕

高明〈楚繒書研究〉釋「夢夢墨墨」，謂：

夢夢也作瞢瞢，……墨墨猶默默。〔註79〕

嘉凌案：《楚帛書》有「墨」字作（甲四.29）、（甲五.32），與「」

〔註76〕商承祚：〈戰國楚帛書述略〉，《文物》第九期，1964年9月，頁15。

〔註77〕嚴一萍：〈楚繒書新考〉（中），《中國文字》27冊，1968年，頁2。

〔註78〕饒宗頤：〈楚帛書新證〉《楚地出土文獻三種研究》，（北京：中華書局，1993年），頁231。

〔註79〕高明：〈楚繒書研究〉《古文字研究》12輯，（北京：中華書局，1985年），頁376。

殘字相較，上部「黑」形與下部「土」形均相同，滕壬生先生摹字作 ，

〔註80〕字形可從，故「夢夢墨墨」，乃指初創世時瞢昧昏亂，廣大混沌的景象。

【4】

出　　處	甲 1.24／亡	甲 1.25／章	甲 1.26／弼
帛書字形			
恢復字形			

《楚帛書》「」，商承祚〈楚帛書新證〉釋「亡章章弼弼」謂：

> 與上爲偶句，知章下脫重文，當作「亡章＝弼＝」，章爲障蔽之障，
> 弼是乖戾，意志障蔽，則行動乖戾。〔註81〕

嘉凌案：商承祚先生因上句讀「毋夢夢墨墨」，故此句讀「亡章章弼弼」，然細審《楚帛書》「」字下方並無重文符號，故此種釋讀不可從。

嚴一萍〈楚繪書新考〉釋「亡章宿宿」，訓「章」爲「顯」，「宿」讀「肅」，乃肅敬之義。〔註82〕

饒宗頤〈楚帛書新證〉讀「無章弼弼」，謂：

> 「無章者」，章訓「形」，《呂覽・古樂》云：「陰陽變化，一上一下，
> 合而成章，渾渾沌沌」，高誘註：「章猶形也。」亡章義正相反，蓋
> 言宇宙初闢，尚未成形。……《爾雅》：「弼，重也」，《方言》：「弼，
> 高也」。〔註83〕

李零《長沙子彈庫楚帛書研究》讀「無章弼弼」，謂：

> 無章，殆指無法度，弼古通拂，是治的意思。〔註84〕

〔註80〕滕壬生：《楚系簡帛文字編》，（武漢：湖北教育出版社，1995 年），頁 968。

〔註81〕商承祚：〈戰國楚帛書述略〉，《文物》第九期，1964 年 9 月，頁 15。

〔註82〕嚴一萍：〈楚繪書新考〉（中），《中國文字》27 冊，1968 年，頁 3。

〔註83〕饒宗頤：〈楚帛書新證〉《楚地出土文獻三種研究》，（北京：中華書局，1993 年），頁 231。

〔註84〕李零：《長沙子彈庫楚帛書研究》，（北京：中華書局，1985 年），頁 65。

何琳儀〈長沙帛書通釋〉讀「亡章瞖瞖」，謂：

「亡章」即「無別」，《家語・子貢問》：「上下有章」，注「章，別也」。「弻」讀若「秘」，……帛書「弻弻」應讀「瞖瞖」，《廣韻》入聲五質「瞖瞖，不可測量也」，「無章弻弻」意謂洪荒飄渺之時，萬物無別，不可測量。〔註85〕

劉信芳《子彈庫楚墓出土文獻研究》讀「亡章弻弻」，謂：

亡章疊韻，字不單獨爲釋。亡、陽皆陽部字，且夢夢、墨墨、弻弻皆連語，惟獨將亡章理解爲詞組，顯然是不妥的。「亡章」猶「芒芒」，《詩・商頌・玄鳥》：「宅殷土芒芒」，《左傳》襄公四年：「芒芒禹跡」，芒芒，廣遠貌……《淮南子・精神》：「天地未形，馮馮翼翼」，……馮、弻雙聲，是知「弻弻」同「馮馮」，皆爲描寫天地混沌之狀的連綿詞。〔註86〕

嘉凌案：《楚帛書》「」字，綜合學者意見，共有「宿」、「弻」兩種釋讀。楚簡「宿」字未見，甲文從「人」從「西」作（《後》2.2.3），春秋金文作（宿父尊），秦簡作（睡虎地・雜・簡34），〔註87〕字形爲一人之形，與帛書「」字二人之形有別，故字形並非「宿」字。

楚簡「弻」字作（曾侯簡1正）；或「弓」形爲「人」形作（包山簡2.35），〔註88〕其字形與帛書「」字全同，據此「」應釋爲「亡章弻弻」，而綜合諸家所言，「」乃指宇宙天地初創時的情景，如《楚辭・天問》：

遂古之初，誰傳道之？上下未形，何由考之？冥昭瞢闇，誰能極之？

馮翼惟像，何以識之？」〔註89〕

《淮南子・精神》：

〔註85〕何琳儀：〈長沙帛書通釋〉，《江漢考古》第二期，1986年，頁78。

〔註86〕劉信芳：《子彈庫楚墓出土文獻研究》，（台北：藝文印書館，民國91年），頁15～16。

〔註87〕字形引自季師旭昇：《說文新證》（上），（台北：藝文印書館，91年），頁598～599。

〔註88〕張光裕、滕壬生、黃錫全主編：《曾侯乙墓文字編》，（台北：藝文印書館，民國86年），頁51；張光裕主編，袁師國華合編：《包山楚簡文字編》，（台北：藝文印書館，民國81年），頁152。

〔註89〕〔宋〕洪興祖補注：《楚辭補注》，（台北：長安出版社，1991年），頁86。

古未有天地之時，惟像無形，窈窈冥冥，芒芠漠閔。〔註90〕

《馬王堆・道原》：

恆無之初，迵同大虛，虛同爲一，恆一而止，溼溼夢夢，未有明晦。

〔註91〕

據典籍可知，原始先民對宇宙初始的想像與了解乃是混沌無形的狀態，故「夢夢墨墨，亡章弼弼」應爲描述伏羲所處的環境時代，爲天地初始時的混沌莫辨、幽明難分的狀態。而劉信芳先生依語法句型，將「亡章」視爲連綿詞，亦或可從。

【5】

出處	甲 1.27／□	甲 1.28／每	甲 1.29／□	甲 1.30／□
帛書字形				
恢復字形				

1. 甲 1.27／□

《甲 1.27》字，何琳儀〈長沙帛書通釋校補〉釋「啚」，讀「鄙」，謂：

與齊侯鎛之「 」甚近，應釋「啚」，讀「鄙」。遠古自無都鄙之制，此帛書作者以後世觀念的追述之辭。又「鄙」亦可訓「方」，……第二字，饒釋「每」，讀「晦」，甚是。第四字照片不清，……其左似水之殘泐，其右側从「沔」……「啚（鄙）每（晦）水沔」意謂「四方陰晦，大水橫溢」。遠古的洪水神話，遍及世界各民族，我國早在大禹治水很久以前，也發生過一次可怕的洪水，詳見《淮南子・覽冥訓》，然猶未及處戲氏之道也……其中「水浩洋而不息」與帛書「水沔」均指伏羲、女媧時代之洪水。〔註92〕

〔註90〕〔漢〕高誘：《淮南子注》，（台北：世界書局，1985 年），頁 99。

〔註91〕國家文物考古文獻研究室編：《馬王堆漢墓帛書》，（北京：文物出版社，1980 年），頁 87。

〔註92〕何琳儀：〈長沙帛書通釋校補〉，《江漢考古》第四期，1989 年 4 月，頁 51。

劉信芳《子彈庫楚墓出土文獻研究》釋「羉」，讀「彌」，謂：

> 上从网，下殘泑，包山簡 100「羉澤」，「羉」與此字殘畫相合，拙
> 稿舊以爲字讀爲「瀰」，《詩・邶風・新臺》：「河水瀰瀰」。毛《傳》：
> 「瀰瀰，盛貌」，按字應讀「彌」，張衡《西京賦》：「彌皋被岡」。薛
> 綜《注》：「彌，猶覆也。」〔註93〕

嘉凌案：綜合學者意見，《甲1.27》字有「啚」、「羉」兩種說法。楚簡未見「啚」字，甲文作 𣆪（《佚》61），金文作 𣆪（康侯啚簋），春秋金文作 𣆪（斜鎛），漢簡作 𣆪（馬王堆・天文雜占1.3），〔註94〕字形上部爲「圈」形，明顯與帛書「𣆪」字之「又」形有別，故應非「啚」字。

包山簡「羉」字作「𣆪」，〔註95〕字形上部雖與《甲1.27》相似，然楚簡「网」字作「又」兩旁均有明顯的兩撇筆畫，故《甲1.27》字形非爲「羉」字。

細審帛書「𣆪」（筆者摹字：𣆪）之「又」形下方，有明顯「𣎴」形筆畫，「𣎴」形下疑爲「隹」字變形，故疑「𣆪」字從「又」從「雀」，即「蒦」字，而「蒦」字甲、金文未見，戰國晉系中山王文字作 𣆪，〔註96〕與帛書「𣆪」字僅上下偏旁交換，由於上下文義不明，《甲1.27》存疑待考。

2. 甲1.28／每

《楚帛書》「𣆪」字，饒宗頤〈楚帛書新證〉釋「每」，讀「晦」，謂：

> 《莊子・胠篋》：「每每大亂」，李頤曰：「每每猶昏昏也」。〔註97〕

馮時《中國天文考古學》讀「每」爲草木茂盛，謂：

> 《說文・屮部》：「每，艸盛上出也」，段玉裁《注》：「每是艸盛，引
> 申凡盛」，《左傳・僖公二十八年》：「原田每每」，杜預《集解》：「喻
> 晉軍之美盛，若原田之草每每然」，……故帛書是言宇宙之初始，草

〔註93〕劉信芳：《子彈庫楚墓出土文獻研究》，（台北：藝文印書館，民國91年），頁16～17。

〔註94〕字形引自季師旭昇：《說文新證》（上），（台北：藝文印書館，91年），頁461。

〔註95〕劉信芳：《包山楚簡解詁》，（台北：藝文印書館，民國92年），頁417。

〔註96〕張頷：《中山王 器文字編》，（北京：中華書局，1981年），頁69。

〔註97〕饒宗頤：〈楚帛書新證〉《楚地出土文獻三種研究》，（北京：中華書局，1993年），頁231。

木深茂，洪水浩瀚。〔註98〕

嘉凌案：「每」字甲文作 ![字形]（《甲》354）、![字形]（《佚》951），金文作 ![字形]（何尊）、![字形]（天亡簋），下部从「女」或从「母」，楚簡文字作 ![字形]（郭店簡・語叢一・簡34），〔註99〕上端分歧之形變爲「來」形，下部仍作「女」形，據此，帛書「![字形]」字下部爲「女」形無疑，上部殘形與「來」形相近，故《楚帛書》「![字形]」字釋「每」可從。

3. 甲1.29／□

《楚帛書》「![字形]」諸家學者均釋「水」，然帛書「水」字作 ![字形]（丙6.1.7），从「水」字形作 ![字形]（甲3.30）、![字形]（乙11.16）、![字形]（乙5.31）、![字形]（乙2.13）、![字形]（乙2.23），依帛書筆法可知，書手書寫「水」形時，中間豎筆多與旁邊兩豎筆同高度或稍長，因此帛書「![字形]」字體應再考量，故將字形列爲存疑待考。

4. 甲1.30／□

《楚帛書》「![字形]」字殘泐，何琳儀〈長沙帛書通釋校補〉據模糊照片之臆測釋「沔」，〔註100〕由於字形過於殘缺，故將此字存疑待考。

由於「□每□□」上承「夢夢墨墨，亡章弼弼」，下接「風雨是於」，且爲描述遠古初創世之狀態，故疑本句句意或與下段文句「風雨是於」相似，大約與大水橫流景象有關。

【6】

出　　處	甲1.31／風	甲1.32／雨	甲1.33／是	甲1.34／於
帛書字形	![字形]	![字形]	![字形]	![字形]

〔註98〕馮時：《中國天文考古學》，（社會科學文獻出版社，2001年），頁17。

〔註99〕中國社會科學院考古研究所：《甲骨文編》，（北京：中華書局，1965年），頁19；容庚編：《金文編》（北京：中華書局，1985年），頁32；張光裕主編，袁師國華合編：《郭店楚簡研究・第一卷・文字編》（台北：藝文印書館，民國88年），頁264。

〔註100〕何琳儀：〈長沙帛書通釋校補〉，《江漢考古》第四期，1989年4月，頁51。

恢復字形				

1. 甲 1.32／雨

《楚帛書》「」字，商承祚〈戰國楚帛書述略〉釋「帝」。〔註101〕其餘學者均釋「雨」。

嘉凌案：《楚帛書》「帝」字作 ![帝]（甲6.2），下端左右有兩筆，與帛書「」字相較，明顯不同，故釋「帝」不可從。帛書「」二字又見《甲7.24》《甲7.25》，故依字形應釋爲「風雨」。

2. 甲 1.33／是

《楚帛書》「是」字作「」，乃因位居折痕處，故「日」形下方橫筆與「止」形極爲接近。

3. 甲 1.34／於

商承祚〈戰國楚帛書述略〉認爲「於」是「語助詞」；陳邦懷〈戰國楚帛書文字考證〉讀「於」爲「居」，謂：

> 「於」在此都訓居，《廣雅・釋詁》：「於，居也」，帛書上文云「居于□□」，此句云「風雨是於」，謂風雨亦居於此也。〔註102〕

饒宗頤〈楚帛書新證〉讀「於」爲「謁」，謂：

> 《大荒北經》言燭龍「風雨是謁」，郭《註》：「言能請致風雨」，句法相同，於讀爲謁。……以上敘楚國開國之跋涉艱難。〔註103〕

何琳儀〈長沙帛書通釋〉讀「於」爲「謁」，謂：

> 風雨是謁謂「燭龍」，帛書「風雨是於」謂伏羲，二者均有呼風喚雨之神力。〔註104〕

李零《長沙子彈庫楚帛書研究》讀「於」爲「以」，謂：

〔註101〕商承祚：〈戰國楚帛書述略〉，《文物》第九期，1964年9月，頁15。

〔註102〕商承祚：〈戰國楚帛書述略〉，《文物》第九期，1964年9月，頁15；陳邦懷：〈戰國楚帛書文字考證〉《古文字研究》第5輯，（北京：中華書局，1989年），頁239。

〔註103〕饒宗頤：〈楚帛書新證〉《楚地出土文獻三種研究》，（北京：中華書局，1993年），頁235。

〔註104〕何琳儀：〈長沙帛書通釋〉，《江漢考古》第二期，1986年2月，頁78。

是於，猶言是以，「於」作「以」解，參楊樹達《詞詮》卷九。〔註105〕

高明〈楚繒書研究〉讀「於」為「越」，謂：

於假為越，古於越通用，如《尚書·盤庚篇》：「越其罔有黍稷」，孔傳：「越，於也」，《孟子·萬章下》：「殺于人於貨」，趙歧注：「越、于皆於也」，故「風雨是於」，猶言「風雨是越」，《左傳》昭公四年：「風不越而殺」，杜注：「越，散也」；《廣雅·釋詁一》：「越，疾也」；《爾雅·釋言》：「越，揚也」，此謂風雨疾揚發散。〔註106〕

劉信芳《子彈庫楚墓出土文獻研究》讀「於」為「遏」，謂：

天地茫昧之時，無風無雨也。《創世紀》所記伊甸園是一個無雨的世界，與帛書所記類似。〔註107〕

嘉凌案：諸家學者對於「於」字大致有兩種意見：一讀為「謁」，「風雨是謁」即「請致風雨」之意，為「有風有雨」的狀態；二讀「居」或「遏」，認為是「風雨停歇」之意，為「無風無雨」的狀態，兩種解釋恰好相反。而依《楚帛書》前後文義，此處「風雨是於」應指宇宙初創之時混沌不明的大風大雨狀態，於是才有伏羲娶妻生子，將宇宙萬物復歸其位的創世過程。

乃取（娶）虐混□子【1】之子曰女填（媧）【2】，是生子四【3】。□＝是壞【4】，而埈（踐）是各（格）【5】。

【1】

出處	甲1.35／乃	甲1.36／取	甲2.1／虐	甲2.2／混	甲2.3／□	甲2.4／子
帛書字形						
恢復字形						

〔註105〕李零：《長沙子彈庫楚帛書研究》，（北京：中華書局，1985年），頁65。

〔註106〕高明：〈楚繒書研究〉《古文字研究》12輯，（北京：中華書局，1985年），頁376。

〔註107〕劉信芳：《子彈庫楚墓出土文獻研究》，（台北：藝文印書館，民國91年），頁17～18。

1. 甲 1.36／取

《楚帛書》「⿰⿱取」字，嚴一萍〈楚繒書新考〉釋「取」，謂：

> 《禮記褑禮》：「可以冠子取妻」，《左傳》哀十二年：「昭公取于吳」
> 之取，娶也。繒書下文言「生子」，可證。〔註108〕

嘉凌案：《楚帛書》「⿰⿱取」字之「耳」旁略殘，然釋「取」無疑，嚴一萍先生釋讀可從。

2. 甲 2.1／虗

《楚帛書》「■」字，嚴一萍〈楚繒書新考〉釋「虗」，並認為「虗」與「子」間有兩缺字，謂：

> 「虗□□子」為一詞，蓋即生「女皇」之人。〔註109〕

嘉凌案：甲骨文「虗」字作■（《甲》807），金文作■（虗鐘），〔註110〕嚴一萍先生釋字無誤，其後諸家學者均從之。

3. 甲 2.2／逞

《楚帛書》「■」字位居折痕，因此左部「辵」旁殘缺，李零〈長沙子彈庫戰國楚帛書研究補正〉釋「逞」，然無說明。〔註111〕何琳儀〈長沙帛書通釋校補〉釋「徙」之古文，讀「乃娶且徙」，謂：

> 「乃取且逞」應讀「乃娶且徙」，「乃」猶「方」（王引之《經傳釋詞》
> 卷六），「且」猶「又」（《經傳釋詞》卷八），均為虛詞……意謂「才
> 娶妻有遷徙」。遠古的氏族經常遷徙，帛書所記這次遷徙顯然與上文
> 「鄙晦水沔」有關。〔註112〕

劉信芳《子彈庫楚墓出土文獻研究》評論何琳儀先生說法不可從，而釋「虗逞」，讀為「夙沙」，並認為「逞」與「子」字間有缺字，謂：

> 若按如此釋讀，「娶」、「徙」與下文「女媧」、「生子四」等內容脫節，……
> 伏羲與女媧乃夫婦，「娶」自是娶女媧為妻，「生子四」應指伏羲與

〔註108〕嚴一萍：〈楚繒書新考〉（中），《中國文字》26 冊，1967 年 2 月，頁 3。
〔註109〕嚴一萍：〈楚繒書新考〉（中），《中國文字》26 冊，1967 年 2 月，頁 3。
〔註110〕中國社會科學院考古研究所：《甲骨文編》，（北京：中華書局，1965 年），頁 118；容庚編：《金文編》，（北京：中華書局，1985 年），頁 187。
〔註111〕李零：〈長沙子彈庫戰國楚帛書研究補正〉《古文字研究》，第 20 輯，（北京：中華書局，2000 年），頁 170。
〔註112〕何琳儀：〈長沙帛書通釋校補〉，《江漢考古》第四期，1989 年 4 月，頁 51。

女媧生子四，如此則「女媧」之前的七字應是交代女媧之族姓與家
世。……「虞遷」乃女媧之族姓，「□子」乃女媧考妣之名。……則
「虞遷」應讀爲「夙沙」，……「夙沙」後殘失之字應是「瞿」字……
帛書所記女媧乃「夙沙瞿子之子」。夙沙乃齊地遠古氏族，以煮鹽爲
生。傳說女媧爲風姓，有傳說多謂伏羲與女媧爲兄妹，今既釋出帛
書「夙沙瞿子」，則伏羲與女媧各有居處之地，各有姓氏。〔註113〕

嘉凌案：細審《楚帛書》「遷」字之「尾」形下方並無「少」形三筆畫，而是
爲明顯的「止」形，故字形應隸作「遷」字爲是。而《楚帛書》「遷」下有明
顯折痕，或可補一殘字。

　　《楚帛書》「遷」字於楚簡習見，讀爲「徙」，如（包
山簡2.250），或從「邑」，讀作「沙」，如（包山簡2.78），
〔註114〕故《楚帛書》「遷」字有讀「徙」或「沙」兩種可能，
由於「乃娶且徙」無法與下文「子之子曰女填」連貫，故讀
「徙」於文義不合；因此劉信芳先生據「沙」之音讀，釋「虞
遷」爲遠古部落「夙沙」，而依帛書文義可知，「虞遷□子之
子曰女填」爲說明「女填」之世系，然「夙沙」見於《呂氏
春秋‧用民》：「夙沙之民，自攻其君而歸神農」，高誘《注》：
「夙沙，大庭氏之末世也」，〔註115〕與「女媧」並無任何關
聯，因此應非指「夙沙氏」，然文獻典籍亦未有女媧世系之記
載，因此「虞遷」爲何族姓，仍須待考，「乃取（娶）虞遷□
子」，即（伏羲）於是娶虞遷□子之子爲妻。

【2】

出　處	甲2.5／之	甲2.6／子	甲2.7／曰	甲2.8／女	甲2.9／填
帛書字形					

〔註113〕劉信芳：《子彈庫楚墓出土文獻研究》，（台北：藝文印書館，民國91年），頁19。
〔註114〕張光裕主編，袁師國華合編：《包山楚簡文字編》，（台北：藝文印書館，民國81年），頁379、404。
〔註115〕〔秦〕呂不韋：《呂氏春秋》，（台北：藝文印書館，民國63年），頁547。

恢復字形					

《楚帛書》「」字，嚴一萍〈楚繒書新考〉釋「皇」，謂：

> 《路史・後紀・太昊紀》下「女皇氏」注引盧仝云：「女媧本是伏義婦」。〔註116〕

嘉凌案：楚簡「皇」作 （包山簡 2.226）；或光芒之形簡省作 （信陽簡 2.025）；或上部與「古」形相似作 （郭店簡・忠信之道・簡 3），於偏旁或作 （曾侯簡 166），〔註117〕與帛書「」字相較，明顯有別，故知釋「皇」不可從。

安志敏、陳公柔〈長沙戰國繒書及其有關問題〉釋「童」，謂：

> 女童，或即母童，即傳說中之老童。〔註118〕

嘉凌案：帛書有「童」字作 臺（乙 8.20），字形亦與「」字明顯不同，故釋「童」非是。

因此，何琳儀〈長沙帛書通釋〉釋「瑁」，謂：

> 上從出，中從曰，乃裝飾符號，無義，下從玉，……以聲韻求之即珛（《集韻》「珛，玉名」），「出」或「屈」可讀若「骨」……，「凸」也可讀若「骨」……，然則帛書「女珛」應讀女瑉……「女瑉」即女媧。〔註119〕

李學勤《簡帛佚籍與學術史》否認爲「女媧」，認爲：

> 讀媧、皇均無確據，包犧、女媧兄妹相婚之説，在載籍中出現較晚，多數記載不以女媧爲包犧之妻，帛書作者認爲包犧所娶是另一人，不是女媧。〔註120〕

〔註116〕嚴一萍：〈楚繒書新考〉（中），《中國文字》26 冊，第二期，1967 年 2 月，頁 4。

〔註117〕張光裕主編，袁師國華合編：《包山楚簡文字編》，（台北：藝文印書館，民國 81 年），頁 268；河南省文物研究所：《信陽楚墓》，（北京：文物出版社，1986 年），圖版 127；張光裕主編，袁師國華合編：《郭店楚簡研究・第一卷・文字編》，（台北：藝文印書館，民國 88 年），頁 93；張光裕、黃錫全、滕壬生主編：《曾侯乙墓竹簡文字編》，（台北：藝文印書館，民國 86），頁 180。

〔註118〕安志敏、陳公柔：〈長沙戰國繒書及其有關問題〉，《文物》第九期，1963 年 9 月。

〔註119〕何琳儀：〈長沙帛書通釋〉，《江漢考古》第二期，1986 年 2 月。

〔註120〕李學勤：《簡帛佚籍與學術史》，（南昌：江西教育出版社，2001 年），頁 48。

李先生後又贊同何琳儀先生說法，認爲上方從「出」，下方從「土」，中間爲「圣」字，圣讀若窟，窟從屈聲，屈從出聲，出爲疊加聲旁，屈、骨音近可通，故可讀媧。〔註121〕

　　嘉凌案：上部爲「出」形無疑，楚簡「曰」字作█（包山簡 2.131），或上筆彎曲作█（包山簡 2.125），〔註122〕與「█（█）」中間上橫筆「全包」式有別，且中間兩旁明顯有筆畫，故字形並不從「曰」；李學勤先生認爲「圣」字爲兩手相交之形，然於楚簡中，手形相交之筆畫作█（包山簡 2.12 尹字），〔註123〕與帛書「█」字明顯有別，故「█」字中間非從「曰」或「圣」。因此，劉信芳《子彈庫楚墓出土文獻研究》提出不同的看法，謂：

> 該字下部作「立」而中間部分填實，可以與包山簡249、250「立」之字形比較，故字形應分析爲從「出」從「昱」，……出是附加聲符。
> 〔註124〕

嘉凌案：劉信芳先生雖注意到帛書「█」字中間部分字形非爲「曰」字，然亦並非「曰」形，楚簡「曰」字作█（包山簡 2.15），爲圓弧形筆法，亦與左右上揚之筆法有別；且下部亦與「立」形不同，楚簡「立」字作█（望山簡 1.22），於偏旁或上端加橫筆作█（天星觀卜筮簡位字），〔註125〕細觀「█（█）」字下部，左右兩撇筆明顯於中間字體兩側，非爲「大」形兩臂相交於中央筆畫之形，兩字判然有別，故劉信芳先生釋形非是。

　　李零《長沙子彈庫戰國楚帛書研究》依帛書內容，疑是「媧」之本字，謂：

〔註121〕李學勤先生於台大演講，題目：「楚簡三題」，2006 年 11 月 4 日。後收入李學勤：《文物中的古文明》〈釋楚帛書中的女媧〉，（北京：商務印書館，2008 年），頁 489～491。

〔註122〕張光裕主編，袁師國華合編：《包山楚簡文字編》，（台北：藝文印書館，民國81 年），頁 198。

〔註123〕張光裕主編，袁師國華合編：《包山楚簡文字編》，（台北：藝文印書館，民國81 年），頁 135。

〔註124〕劉信芳：《子彈庫楚墓出土文獻研究》，（台北：藝文印書館，民國 91 年），頁20。

〔註125〕張光裕主編，袁師國華合編：《包山楚簡文字編》，（台北：藝文印書館，民國81 年），頁 188；張光裕、袁師國華：《望山楚簡校錄》，（台北：藝文印書館，民國 93 年），頁 71；滕壬生：《楚系簡帛文字編》，（武漢：湖北教育出版社，1995 年），頁 560。

《帝王世紀》所說女希、女皇，希和皇可能都是此字的誤寫，另外，我們還注意到《古文四聲韻》卷一第三八頁所收完字作 ⚊、⚊、⚊，與此字有些類似，或許帛書就是借完字為媧。〔註126〕

而數年後，李零《中國方術考》對女媧之說又有保留，〔註127〕之後《李零自選集》又改釋為「塡」。〔註128〕

陳斯鵬〈戰國楚帛書甲篇文字新釋〉從李零先生之說，補證《曾侯簡》61、122、123 眞字及簡 10「⚊」塡字，謂與帛書「⚊（⚊）」字字形一致，由於帛書字形明顯從「出」，因此又引上端為「出」形之《上博三·周易》簡 25「逍」字作⚊、簡 24「逍」字作⚊，〔註129〕以證帛書「⚊」字為「塡」，認為「⚊⚊」讀為「女登」，為女媧氏之女；或讀為「女塡」，認為神話傳說人物以事蹟或職司命稱，因此女媧塡補蒼天、塡塞洪水，故有「女塡」之稱號。〔註130〕

嘉凌案：陳斯鵬先生所舉《曾侯簡》字形，「⚊」字上為「之」形，中間為「鼎」形，與帛書「⚊（⚊）」筆法明顯不同，且「⚊」字下部為鼎足，左右各有兩筆，鼎身中為「二橫筆」，與帛書「⚊」左右各一筆，鼎身中為「一橫筆」，因此兩字明顯不同，故若據此立據，實難從之。

而《曾侯簡》簡 61「眞」字作「⚊」，〔註131〕其鼎身為「甘」形筆法，鼎足為火形，與「⚊」字僅上部及鼎身中橫筆之差別；而《上博七·鄭子家喪（甲本）》簡 4「逍」字作「⚊」，〔註132〕鼎身為「一橫筆」，鼎足為火形，僅上部略有不同；而《上博三·周易》簡 24、25「逍」字「⚊」「⚊」可知，

〔註126〕李零：《長沙子彈庫戰國楚帛書研究》，（北京：中華書局，1985 年），頁 66。

〔註127〕李零：《中國方術考》，（北京：人民中國出版社，1993 年），頁 176。

〔註128〕李零：《李零自選集》，（廣西：廣西師範大學出版社，1998 年），頁 68、254。

〔註129〕馬承源主編：《上海博物館藏戰國楚竹書》（三），（上海：古籍出版社，2003 年），頁 169。

〔註130〕陳斯鵬：〈戰國楚帛書甲篇文字新釋〉《古文字研究》26 輯，（北京：中華書局，2006 年），頁 343。

〔註131〕曾侯簡共出現十八例，僅一例作此形。張光裕、黃錫全、滕壬生主編：《曾侯乙墓竹簡文字編》，（台北：藝文印書館，民國 86），頁 91。

〔註132〕馬承源主編：《上海博物館藏戰國楚竹書》（七），（上海：古籍出版社，2008 年），頁 36。

「眞」字上部亦可從「出」，因此帛書「」字應爲「眞」字之鼎足訛爲「火」形者，而書手在下加「土」旁時，因筆畫太接近，故形成下方筆畫重疊，故帛書「」字形爲「塡」字無疑，且由於文獻僅見伏羲與女媧相配，故「女塡」應可指「女媧」。

而劉彬徽〈楚帛書"女媧"字釋考論〉認爲：

> 此字應從「鼎」，鼎字下有"⊥"形裝飾符號，也可能是簡化的「土」字，在楚系金文和楚簡中，有的字形下也多添加"⊥"形者，何琳儀稱之爲"增繁無義偏旁"（《戰國古文字》通論，頁 215～216），楚簡據"員"字下部之字形就是"鼎"字，……字從鼎出聲，讀爲女媧。〔註133〕

其實「鼎」、「眞」兩字本爲一字，季師旭昇以《曾侯簡 61》與《包山簡 2.265》之文句已證之。〔註134〕故將帛書「」字形分析爲從「眞」或從「鼎」均可。然「塡」字應如何通讀爲「媧」？陳劍先生分析《上博三‧周易》字形，認爲簡 24、簡 25 原釋爲「遺」的兩個字是從「古文祇」得聲，「祇」與今本和帛書本的「顚」字是音近相通的關係，「祇」是章母脂部；「顚」之聲符「眞」是章母眞部；聲母相同，韻部脂眞陰陽對轉。〔註135〕

侯乃鋒〈楚帛書"女媧"問題補議——兼論楚文字中的"眞"字〉據陳劍先生之說，謂：

> "塡"亦從"眞"得聲。結合陳劍先生文中所說"祇"與"顚（眞）"字是音近相通的關係的說法，以及郭店楚簡《老子》"祇"與今本《老子》"大音希聲"的"希"字（古音曉母微部）互爲異文的情況，毫無疑問，楚帛書中的"女（塡）"就可以讀爲"女希"。而從陳斯鵬先生文中，我們知道，傳世古籍中"女媧"之異名有作"女希"者。如晉人皇甫謐撰《帝王世紀》卷一：女媧氏，亦風姓也。承庖犧制度，亦蛇首人身，一號女希，是爲女

〔註133〕中國古文字形研究會，吉林大學古文字研究會：《古文字研究》第 27 輯，（北京：中華書局，2008 年 9 月），頁 368～369。

〔註134〕季師旭昇：《說文新證》（下），台北：藝文印書館，民國 93 年，頁 12。

〔註135〕陳劍：《上博竹書異文選釋（六則）》《出土簡帛文獻與古代學術國際研討會論文集》，臺灣政治大學中文系，2005 年 12 月 2～3 日。又見於《文史》，2006 年第 4 輯（總第 77 輯）頁 5～20。

皇。又如唐人司馬貞補《史記‧三皇本紀》：女媧氏亦風姓，蛇身人首，有神聖之德，代宓犧立，號曰女希氏。"女媧"又名"女希"之説還輾轉引用見於其它古籍，如唐初歐陽詢等編纂的《藝文類聚》卷十一"帝女媧氏"條下，唐人徐堅等撰修的《初學記》卷九"帝王部"下，宋人羅泌撰《路史》卷十一"女皇氏"條下，宋代類書《太平御覽》卷七十八"女媧氏"條下，明人董斯張撰《廣博物志》卷九"女皇氏"下，清人馬驌撰《繹史》卷三"太皥紀"下等。此外，《全唐文》卷二百八十二王適《體元先生潘尊師碣》"煌煌女希，繼天而立"，卷二百九陳子昂《大周受命頌》"有皇女希，造天立極"，卷一百三十六長孫無忌《請封禪表》"則女希憨其創制，軒后歸其正名矣"等文中所説的"女希"顯然是指"女媧"而言。唐人阿諛武則天，將之比作"女媧"，所以詩文中多稱引之，而多用異名"女希"。看來"女媧"又名"女希"在古代幾為常識。……古音"塡"在眞部，"四"在質部，眞質陽入對轉。而且很明顯地，"子四"即"四子"，楚帛書是有意倒文以求諧韻。楚帛書中"塡"讀為"希"，古音在微部，與"四"也是諧韻的。〔註136〕

嘉凌案：侯乃鋒先生於音理外並配合典籍説明，釋讀可從。《楚帛書》「之子曰女塡」，即「虙浧□子的女兒名叫女塡」。「女塡」讀「女希」，「女希」即「女媧」

關於女媧的名稱，首見於《楚辭‧天問》：

> 登立為帝，孰道尚之？女媧有體，孰匠制之？」王逸〈注〉：「傳言女媧人頭蛇身，一日七十化，其體如此，誰所制匠而圖之乎？〔註137〕

王逸認為〈天問〉中屈原的提問，乃根據楚先王廟及公卿祠堂中所繪的山川神靈、古聖賢及神怪行事的圖畫所提出的疑問，由此可推知，屈原的時代已有女媧為創世神的説法。另外，關於女媧造人的神話有，見於《太平御

〔註136〕侯乃鋒：〈楚帛書"女媧"問題補議——兼論楚文字中的"眞"字〉，侯文蒙季師惠賜，特為感謝。

〔註137〕舊注以為，前二句是指伏羲事蹟，但只是後人根據伏羲、女媧傳説並列所作的推測，並不足為信，清代學者則根據《天問》的文法認為前二句仍然是指女媧的事蹟，參見游國恩主編：《天問纂義》，（北京：中華書局，1982年），頁 279～284。

覽》卷七十八引《風俗通》：

> 俗說天地開闢，未有人民，女媧搏黃土作人。劇務，力不暇供，乃
> 引繩於泥中，舉以爲人。故富貴者，黃土人；貧賤凡庸者，引絙人
> 也。〔註138〕

袁珂《中國神話選》分析此神話，認爲「富貴貧賤」應是這個神話流傳至階
級社會以後所產生的階級觀念，〔註139〕此說可從。而女媧除造人外，亦是造
神者，《淮南子・說林》：

> 黃帝生陰陽，上駢生耳目，桑林生臂手，此女媧所以七十化也。」
> 高誘〈注〉：「黃帝，古天神也，始造人之時，化生陰陽，上駢、桑
> 林皆神名。〔註140〕

《山海經・大荒西經》：

> 有神十人，名曰女媧之腸，化爲神，處粟廣之野，橫道而處」。郭璞
> 《注》：「女媧，古神女而帝者，人面蛇身，一日中七十變，其腹化
> 爲此神。」〔註141〕

既然「十神」爲女媧的腸子所變化，因此女媧身軀的其他部分，當然也可以
變化成其他東西。因此許愼《說文解字》：

> 媧，古之神聖女，化萬物者也。〔註142〕

可見女媧似乎與「垂死化生」的盤古一樣，也是創造世界的大神。但女媧與
盤古又有不同，她雖然變化，但卻不死亡，在神話中，她不僅時時刻刻關注
自己創造的世界，並且不斷地加以保護和整修，爲它添加新的內容，如關於
女媧的補天神話，《淮南子．覽冥》：

> 往古之時，四極廢，九州裂，天不兼覆，地不周載。火爁焱而不滅，
> 水浩洋而不息。猛獸食顓民，鷙鳥攫老弱。於是女媧煉五色石以補
> 蒼天，斷鰲足以立四極，殺黑龍以濟冀州，積蘆灰以止淫水。蒼天
> 補，四極正，淫水涸，冀州平，狡蟲死，顓民生。〔註143〕

〔註138〕〔宋〕李昉：《太平御覽》，（台北：大化書局，1977年），頁365。
〔註139〕袁珂：《中國神話選》，（北京：人民文學出版社，2005年），頁10。
〔註140〕〔漢〕劉安：《淮南子》卷十七，（台北：臺灣中華書局，1965年），頁4。
〔註141〕袁珂：《山海經校注》，（台北：里仁書局，民國84年），頁389。
〔註142〕〔漢〕許愼撰，〔清〕段玉裁注：《說文解字注》，（台北：黎明文化事業股份
　　　　有限公司，民國63年），頁623。
〔註143〕〔漢〕劉安撰，高誘注：《淮南子》，（台北：世界書局，1955年），頁95。

然古籍記女媧補天，又牽連於共工神話中，《論衡・談天篇》：

> 共工與顓頊爭爲天子，不勝，怒而觸不周之山，使天柱折，地維絕，
> 女媧銷煉五色石以補蒼天，斷鼇足以立四極，天不足西北，故日月
> 移焉，地無足東南，故百川注焉。〔註144〕

其後，司馬貞《史記・補三皇本紀》因之：

> 當其末年也，諸侯有共工氏，任智刑，以強霸不王，以水乘木，乃
> 與祝融戰，不勝而怒，乃頭觸不周山，崩，天柱折，地維缺，女媧
> 乃鍊五色石以補天，斷鼇足以立四極，聚蘆灰以止淫水，以濟冀州，
> 於是，地平天成，不改舊物。〔註145〕

只不過易共工所爭之對象由「顓頊」爲「祝融」，因此袁珂《山海經校注》認
爲：

> 二文若非譌傳，即係誤記，實未得古神話本貌。古神話蓋以女媧補
> 天爲一事，共工觸山又爲一事，二者並不相涉。女媧所補之天，乃
> 洪古時代，由於今已不能詳悉之某種原因——自然界大變動或神國大
> 擾亂——所導致之「四極廢，九州裂」之天地大殘毀之「天」，故有「鼇
> 足以立四極」等語。而共工觸山所造成之毀壞，則局面較小，僅「天
> 傾西北，地不滿東南」，且毀壞以後，至今未聞修復，故始日月西移，
> 百川東注，不周壞而不匝。且不周，天柱也，共工觸山「折天柱」
> 者，折天之一柱也，又何用女媧「鼇足以立四極」爲？則觸山與補
> 天之不相涉明矣。〔註146〕

袁珂先生所言可從，然除譌傳、誤記外，神話本爲口傳，原始先民在流
傳時，逐一添加刪改，因此造成故事內容版本不盡相同，但據理來說，文字
產生後故事內容應已固定，然典籍間的記載，不論是人物或是情節等仍有許
多不同處，更可見神話變異性之大。

而女媧神除造人、補天，是創造宇宙萬物、人類及拯救世界的英雄外，
亦是文化制度創造的神祇，《路史・後紀二》注引《風俗通義》：

〔註144〕〔漢〕王充著，蔡鎮楚注釋：《新譯論衡讀本》，（台北：三民書局，1997年），
　　　　頁533。
〔註145〕〔唐〕司馬貞：《史記・補三皇本紀》，戴逸主編《二十六史》，（吉林：人民
　　　　出版社，1993年），頁2。
〔註146〕袁珂：《山海經校注》，（台北：里仁書局，民國84年），頁390～391。

女媧禱祠神，祈而爲女媒，因置婚姻，行媒始此明矣。〔註147〕

這是女媧爲婚姻之神於古書中的正式記載。然在這些典籍中均未提及女媧的另一件——「伏羲」，因此這些神話應屬人類早期母系社會「只知其母，不知其父」的文化遺留。

而伏羲又稱太皞伏羲氏，「太皞」（又稱太昊）和「伏羲」在秦以前的古書裡還沒有連起來稱呼，這是秦漢之際《世本》的作者給予的稱號。從此，「太皞」和「伏羲」就合而爲一，成爲一個人。

在神國「五方帝」中，伏羲是東方的天帝，《淮南子・天文》：

東方木也，其帝太皞，其佐句芒，執規而治春，其神爲歲星，其獸蒼龍，其音角，其日甲乙。〔註148〕

《淮南子・時則》：

東方之級，自碣石山，過朝鮮，貫大人之國，東至日出之次，榑木之地，青土樹木之野，太皞、句芒之所司者萬二千里。〔註149〕

這就是東方天帝太皞與句芒所管理的地方，《呂氏春秋・孟春紀》：「其帝太皞，其神句芒」下，高誘《注》：

太皞伏羲氏，以木德王天下，死，祀于東方，爲木德之帝。句芒，少皞之裔子曰重，佐木德之帝，死爲木官之神。〔註150〕

而伏羲除爲東方天帝外，亦有所以創造發明之功：如 1.畫卦（《說文》）、2.結繩（《說文》）、3.音樂：琴、瑟（《世本》）、樂曲《駕辨》（《楚辭・大招》）4.婚姻制度（《古史考》），由於這些創造與發明，使他在中國古史上有個不亞於女媧的顯著地位，也代表著原始社會已逐漸進入父系社會。

然於秦以前的典籍均未言兩人關係，而正式有關於二神開天闢地的神話，是記載於漢初《淮南子・精神》：

古未有天地之時，唯象無形，窈窈冥冥，有二神混生，經天營地，於是乃別爲陰陽，離爲八極。」高誘注：「二神，陰陽之神也。」〔註151〕

〔註147〕〔宋〕羅泌撰，羅苹注：《路史》，（台北：臺灣中華書局，四部備要本，民國72年），頁1。

〔註148〕〔漢〕劉安：《淮南子》，（台北：臺灣中華書局，1965年），頁12。

〔註149〕〔漢〕劉安：《淮南子》，（台北：臺灣中華書局，1965年），頁16。

〔註150〕〔秦〕呂不韋：《呂氏春秋》，（台北：臺灣中華書局，1965年），頁1。

〔註151〕〔漢〕劉安撰，高誘注：《淮南子》，（台北：世界書局，1955年），頁98。

據典籍可看出剛創世時，天地混沌不明的狀態。而《淮南子》中又有「二皇」、「二神」做為創世神祇的記載，《淮南子・原道》：

> 泰古二皇，得道之柄，立於中央，神與化游，以撫四方。是故能天運地滯，輪轉而無廢，水流而不止，與萬物終始。〔註152〕

《淮南子・精神》：

> 古未有天地之時，惟像無形，窈窈冥冥，芒芠漠閔，澒濛鴻洞，莫知其門。有二神混生，經天營地，孔乎莫知其所終極，滔乎莫知其所止息。於是乃別為陰陽，離為八極，剛柔相成，萬物乃形。〔註153〕

聞一多先生於〈伏羲考〉一文中，即以「二皇」與「二神」為「伏羲、女媧」。〔註154〕然而在傳世文獻中，伏羲、女媧二神並列首見於漢代《淮南子・覽冥》：

> 伏羲女媧 不設法度，而以至德遺於後世。〔註155〕

《淮南子・覽冥》：

> 者黃帝治天下，……然猶未及 虙戲 （案：即伏羲）氏之道也。往古之時，四極廢，九州裂，天不兼覆，地不周載。火爁焱而不滅，水浩洋而不息。猛獸食顓民，鷙鳥攫老弱。於是 女媧 煉五色石以補蒼天，斷鰲足以立四極，殺黑龍以濟冀州，積蘆灰以止淫水。蒼天補，四極正，淫水涸，冀州平，狡蟲死，顓民生，背方州，抱圓天。和春、陽夏、殺秋、約冬。枕方、寢繩。陰陽之所壅沈不通者竅理之；逆氣戾物，傷民厚積者絕止之。〔註156〕

其後更將兩人同列為遠古三皇五帝之列，《列子・黃帝篇》：

> 庖犧 氏、 女媧 氏、神農氏、夏后氏，蛇身人面，牛首虎鼻，此有非人之狀，而有大聖之德。〔註157〕

應劭《風俗通義・皇霸篇》：

> 春秋運斗樞說：伏羲、女媧、神農是三皇也。〔註158〕

王符《潛夫論・五德志》：

〔註152〕〔漢〕劉安撰，高誘注：《淮南子》，（台北：世界書局，1955年），頁1。
〔註153〕〔漢〕劉安撰，高誘注：《淮南子》，（台北：世界書局，1955年），頁99。
〔註154〕聞一多：《聞一多全集》，（台北：里仁書局，民國89年），頁3～68。
〔註155〕〔漢〕劉安撰，高誘注：《淮南子》，（台北：世界書局，1955年），頁95。
〔註156〕〔漢〕劉安撰，高誘注：《淮南子》，（台北：世界書局，1955年），頁95。
〔註157〕〔漢〕列子：《列子》，（台北：臺灣中華書局，1965年），頁21。
〔註158〕應邵：《風俗通義》，（台北：台灣商務印書館，民國57年），頁8。

世傳三皇五帝，多以爲 伏義 神農爲二皇，其一者或曰燧人，或曰祝
融，或曰 女媧 ，其是與非未可知也。〔註159〕

可見「女媧」與「伏義」關係甚密，然據前文典籍均是「伏義」於前，可見
男女之尊卑已漸產生。考諸「伏義、女媧」姓氏，《古三墳》：

伏犧 燧人子也，因風而生，故 風姓 。〔註160〕

《太平御覽》七八引《帝王世紀》：

太昊（案：即太皞）帝 庖犧 氏也 風姓 也，蛇身，首有聖德，都陳，
作瑟三十六絃。隧人氏沒，庖犧氏代之，繼天而生，首德於木，爲
百王先。帝出於震，未有所因，故位在東方，主春，象日之明，是
稱太昊。制婦娶之禮。取犧牲以充庖廚，故號曰庖犧。〔註161〕

《禮記‧明堂》：

女媧之笙簧，鄭注：「《帝王世紀》云：女媧氏 風姓 ，承庖義制度，
始作笙簧。〔註162〕

唐‧司馬貞《史記‧補三皇本紀》：

女媧 氏，亦 風姓 ，蛇身人首，有神聖之德，代 宓犧 立，號曰女希氏，
無革造，惟作笙簧，故易不戴，不承五運。一曰：女媧亦 木德 ，代
宓犧立，蓋犧之後，已經數世，金木輪環，周而復始，特舉女媧，
以其功高而充三皇，故稱木王也。〔註163〕

可見兩人同爲「風姓」亦同爲「木德」，足證二人本出於同氏族，因此雖然初
期的文傳典籍中，伏義神話與女媧神話似乎分屬兩系統，但因兩人關係甚爲
密切，故兩者所屬之神話傳說逐漸結合，最後產生女媧、伏義爲兄妹，兄妹
締婚而繁衍人類的故事內容。

　　而眞正開始將伏義、女媧結合爲夫妻的記載與遺蹟，目前最早見於漢代，
據楊利慧先生整理，從漢代到明代的宮殿、畫像石、壁畫、石棺等上，有伏
義與女媧的形象，且大多爲人首蛇身，或交尾，或持規矩、日月、靈芝、玉

〔註159〕〔漢〕王符：《潛夫論》，（台北：臺灣中華書局，1965年），頁34。
〔註160〕〔宋〕佚名：《古三墳》，台北：成文書局，1976年。
〔註161〕〔宋〕李昉：《太平御覽》，（台北：大化書局，1977年），頁364。
〔註162〕〔清〕阮元校勘：《禮記》，十三經注疏本，（台北：藝文印書館，民國78年），
　　　　頁582。
〔註163〕〔唐〕司馬貞：《史記‧補三皇本紀》，（吉林：人民出版社，1993年），頁
　　　　2。

璧、扇等，〔註164〕可見伏羲與女媧的合婚觀念在漢代之後已非常流行，《文選》卷十一王文考〈魯靈光殿賦〉云：

> 伏羲鱗身，女媧蛇軀。〔註165〕

其記載的形象與漢代石刻畫像內容完全相符。至東漢時期，文獻中亦開始出現伏羲、女媧二人爲兄妹關係的記載，這才確定兩人的兄妹關係，如《風俗通義》：

> 女媧，伏羲之妹。〔註166〕

《通志》卷一《三皇本紀》第一引《春秋世譜》：

> 華胥生男子爲伏羲，女子爲女媧。〔註167〕

至唐代，盧仝《與馬異結交詩》：

> 女媧本是伏羲婦，恐天怒，搗煉五色石，引日月之針，五星之縷把天補。補了三日不肯歸婿家。〔註168〕

已表明他們的夫妻關係。然中國典籍中有明確女媧兄妹合婚故事的記載，則始見於唐代李冗《獨異志》卷下：

> 昔宇宙初開之時，只有女媧兄妹二人，在崑崙山，而天下未有人民。議以爲夫妻，又自羞恥。兄即與妹上崑崙山，咒曰：「天若遣我兄妹二人爲夫妻，而煙悉合；若不，使煙散。」於煙即合，其妹即來就兄。乃結草爲扇，以障其面。今時人取婦執扇，象其事也。〔註169〕

據此典籍記載可知，如今流傳西南地區少數民族如苗、瑤等中的女媧伏羲兄妹結婚神話，早在千年多前的漢代地區已有流傳，這說明了二者是同出一源。而袁珂《中國神話通論》認爲其情節有矛盾處：

> 一「宇宙初開之時」，兄妹關係何來？二「天下未有人民」，應責無旁貸，何來羞恥？〔註170〕

可見這則傳說應爲封建社會禮俗習慣下的產物，記錄者只是爲說明「今時取婦

〔註164〕楊利慧：《女媧溯源》，（北京：北京師範大學出版社，1999年），頁61～69。

〔註165〕〔梁〕蕭統：《文選》，（台北：臺灣中華書局，1965年），頁12。

〔註166〕〔宋〕羅泌撰，羅苹注：《路史》，（台北：臺灣中華書局，四部備要本，民國72年），頁1。

〔註167〕〔清〕梁玉繩：《漢書人表考》卷二引，（北京：中華書局，1985年），頁36。

〔註168〕〔唐〕盧仝：《玉川子集》，（台北：臺灣商務書局，57年），頁11。

〔註169〕〔唐〕李冗：《獨異志》卷下，（北京：中華書局，1985年），頁51。

〔註170〕袁珂：《中國神話通論》，（四川：巴蜀書社，1993年），頁83。

執扇」風俗的由來。然在李冗《獨異志》中並未明言兄爲「伏羲」，只稱「女媧
兄妹」，說明這時的神話仍以女媧爲中心，尚保存原始社會母系社會的思想意
識，而《楚帛書》的神話則以伏羲爲主，女媧爲輔，且現今的漢、苗民間傳說，
亦多已以伏羲爲主要的角色，這更說明社會制度已由母系社會至父系社會。

而抄寫於五代後漢的敦煌殘卷《天地開辟已（以）來帝王記（紀）》中，
才有正式的明確記載「伏羲」名號，與「女媧」在洪水後，由於天神授意，
兄妹合婚、傳衍人類的故事。敦煌殘卷中有三處提到伏羲、女媧於洪水後婚
配繁衍人類的情節，敘述內容亦較《獨異志》更豐富完整：

> ……複至（遝）百劫，人民轉多，食不可足，遂相欺奪，強者得多，
> 弱者得少，……人民飢國（困），遞相食噉，天之（知）此惡，即卜
> （布）洪水，湯（蕩）除萬人殆盡，唯有伏羲、女媧有得（德）存
> 命，遂稱天皇，……」（p.4016、P.2562、s.5505）
>
> ……爾時人民死〔盡〕，維（唯）有伏羲、女媧兄妹二人，衣龍上天，
> 得布（存）其命，恐絕人種，即爲夫婦……」（p.4016、p.2652）
>
> ……伏羲、女媧……人民死盡，兄妹二人，〔衣龍〕上天，得在（存）
> 其命，見天下荒亂，唯金崗天神，教言可行陰陽，遂相羞恥，即入
> 崑崙山藏身，伏羲在左巡行，女媧在右巡行，契許相逢，則爲夫婦，
> 天遣和合，亦爾相知，伏羲用樹葉覆面，女媧用蘆花遮面，共爲夫
> 妻，今人交禮，□昌妝花，目此而起，懷娠日月充滿，遂生一百二
> 十子，各認一姓，六十子恭慈孝順，見今日天漢也，六十子不孝義，
> 走入□野之中，羌故六巴蜀是也，故曰：得續人位（倫？）……。
>
> （p.4016）〔註171〕

郭鋒〈敦煌寫本《天地開闢以來帝王紀》成書年代諸問題〉據卷末「乾
佑」年號，考證其應爲「五代後晉隱帝劉承佑的年號」，故可知此卷殆抄寫於
後晉隱帝乾佑三年，相當於西元 950 年。〔註172〕因此若考證確實，則伏羲與
女媧兄妹婚在文獻中明確出現的時代便可提前至六朝，但仍是較漢代畫像石
等遺址爲遲。

〔註171〕黃永武：《敦煌寶藏》，（台北：新文豐出版社，1986 年），43 冊，頁 195：123
　　　　冊，頁 138，132 冊，頁 490。

〔註172〕郭鋒：〈敦煌寫本《天地開闢以來帝王紀》成書年代諸問題〉，《敦煌學輯刊》
　　　　第一期，1988 年 1 月、第二期 1988 年 2 月。

　　然爲何伏羲、女媧兩個各自流傳的神話，後來會開始合稱，據鍾敬文〈馬王堆漢墓帛畫的神話史意義〉觀察以爲：

> 伏羲大概是漁獵時期部落酋長形象的反映，而女媧卻似是農業階段女族長形象的反映，所以他們被說成相接續的人皇，被說成爲兄妹，被說成爲夫婦。〔註173〕

孫作雲《美術考古與民俗研究》亦認爲：

> 伏羲、女媧本來是夷、夏兩部族各自的祖先，只是因爲部族融合，所以后人才把他們二人配成夫婦，並說成人類共同的祖先。伏羲女媧交尾圖，是中華民族第一次大融合在藝術上的表現。〔註174〕

而楊利慧《女媧溯源》據實地考查後亦認爲：

> 應是兩者同爲人首蛇身形象，且都爲部族或氏族崇拜的始祖神或文化英雄的原故。〔註175〕

然亦有持不同意見者，如李子賢〈試論雲南少數民族洪水神話〉認爲：

> 從古文獻中關於女媧、伏羲的神話來看，女媧應是母系氏族的神祇，伏羲是父系氏族公社的神祇，二者代表兩個不同社會發展階段的神，是不大可能成爲兄妹或夫妻的。……關於女媧、伏羲爲兄妹或夫妻的文字和圖畫，可能是後人的穿鑿附會，也可能是受西方少數民族神話的影響。〔註176〕

然不論女媧、伏羲神話合稱與內容變異的原因爲何，至漢代兩人合稱已是固定習語，且文獻典籍中未見伏羲與其他女性相配，據此，《楚帛書》「𥄎」字讀爲「媧」，是可以的。

　　《楚帛書》內容爲說明伏羲與女媧生四子後，如何制定時日，建立文化的過程，依時代順序來看，應爲現今流傳伏羲、女媧兄妹神話之源頭，而此故事類型不見於任何典籍或其他地區，爲屬於楚地獨有的神話，對於富有浪漫想像的楚國人而言，其獨特性是不難想見的。

〔註173〕鍾敬文：〈馬王堆漢墓帛畫的神話史意義〉，《中華文史論叢》第二期，1979年2月。

〔註174〕孫作雲：《美術考古與民俗研究・孫作雲文集・第四卷》，（開封：河南大學出版社，2002年），頁117。

〔註175〕楊利慧：《女媧溯源》，（北京：師範大學出版社，1999年），頁128。

〔註176〕李子賢：〈試論雲南少數民族洪水神話〉，《思想戰線》第一期，1980年1月，頁43。

　　由於伏羲與女媧本爲人類文化的創造神，因而《楚帛書》將〈乙〉、〈丙〉兩篇所強調之曆法時日的創造源頭歸於伏羲與女媧，使《楚帛書》創作者所注重的時間曆法內容更加神聖化，這應是帛書作者有目的地刻意創造，因而伏羲與女媧「生四子（四時）」的情節未見於其他典籍當中。

　　但特別值得注意的是，在所有的文獻典籍中，均言「伏羲、女媧」同出華胥，兩人爲兄妹，然《楚帛書》卻言二神屬不同姓氏，曾憲通〈楚帛書神話系統試說〉對女媧一段，提出五點看法，謂：

　　　一是女媧之上有「某子之子」的字樣，說明女媧所從出，雖因「某」字殘去，不明所出，但它至少說明女媧與包犧所出不同，由此可見，《路史·後紀》卷二引《風俗通》所謂「女媧，伏希之妹」的說法是另有所本的；二是「乃娶」的「娶」字，它表明女媧是伏羲「娶」來的媳婦，他們兩人不是兄妹關係，而是夫妻關係。傳說包犧「制婦娶之禮」，于此可以得到印證。三是「娶」下的「且徙」二字，它意味著女媧與包犧結爲夫婦之後，有過遷徙活動，這同人類早期的生活環境是密切相關的。四是女媧與包犧結爲夫婦之後還生下四個兒子，並且各有自己的名字，這是過去的記載所沒有的。從帛書可以看到「四子」在包犧、女媧的創世活動中發揮了重大作用。五是「女媧」之名最早見于屈原《楚辭·天問》篇，楚帛書與《楚辭》關于女媧的記載，當屬同源，它反映有關包犧、女媧的神話傳說，在楚國有很深厚的土壤……《淮南子》女媧補天故事有「四極廢」、「定四極」、「四極正」；《楚帛書》有「奠三天」、「奠四極」。補天故事有「九州裂」、「冀州平」；《楚帛書》有「九州不平」、「山陵備卹」。補天故事有「上際九天，下契黃壚」；《楚帛書》有「非九天則大卹，毋敢冒天靈」，文義和語氣都極其相似。〔註177〕

關於曾憲通先生的五項看法，除第三點的「且徙」並非指「遷徙」外，〔註178〕其他均可成立。神話的內容會隨社會型態、婚姻制度產生變異，因此伏羲、女媧由「兄妹」變爲「夫妻」。

〔註177〕曾憲通：〈楚帛書神話系統試說〉《新古典新義》（台北：學生書局，2001年），頁33～44。
〔註178〕詳見本論文第二章甲篇之一部分考釋說明。

　　婚姻是形成家庭制度的基本條件，婚姻制度的發展，更顯示倫理觀念逐漸奠立的軌跡，從古至今，婚姻制度大致有三階段，最初爲「雜婚制」，男女配偶無定，所以只知其母不知其父，因此此時期的神話沒有明顯的性別觀念，或皆以母性爲主，故「女媧造人」神話爲此時期產生；之後爲「內婚制」，係本族中男女，甚或兄妹自行通婚，故李冗《獨異記》所載「伏羲、女媧兄妹合婚」神話爲此時產生；內婚制的進一步發展，才產生「外婚制」，此時期的神多爲兩不同之氏族，故《楚帛書》的「伏羲、女媧夫妻合婚」神話爲此時期產生，可見神話的情節與人類的生活制度、習慣有關，當人類的生活形態改變，神話的內容亦隨之改變。因此曾憲通〈楚帛書神話系統試說〉謂：

> 伏羲、女媧的傳說在楚國流行情況，據古籍所見，戰國早期還不見蹤影，當是戰國中期以後的事，這同楚帛書年代是相吻合的。現在看來，楚帛書吸收苗族的傳說是有所選擇並加以改造的，它把苗族傳說中的伏羲、女媧是兄妹結爲夫婦的關係，改爲由不同所出而結成的夫妻關係，顯然是受到漢族傳統思想的影響的。〔註179〕

神話是一種原始思維，而人類的思維是不斷在變易，且愈趨複雜，因此就原始簡易的思維與後起的複雜思維而言，一則可設爲「原型」，一則可視爲「變易」，傅師錫壬《中國神話與類神話研究》認爲「變易」是：

> 神話的變異，係指某一類神話的內容、主題或意義，在受到不同文化背景的影響，或文字技巧的增飾、刪減後，所產生的改變而言。而所謂的「變異」，又可分爲「自然變異」和「人爲變異」的不同。因爲初民的神話，原本是口耳相傳的，在傳播與記憶中，難免會有所遺忘或增飾。加之，我國古代，又缺乏一本完整記錄神話的書，這些神話資料最早都分見於各種載籍的引用與著錄，所以當口傳神話形諸於文字時，又會有一些遺忘或潤飾，不過，這種改變的痕跡並不明顯，如果不是傳述者刻意的營造，我們仍可以目之爲「自然的變易」。……如果是由於社會形態或人爲刻意明顯促使它改變的，則稱之爲「人爲變異」。〔註180〕

〔註179〕曾憲通：〈楚帛書神話系統試說〉《新古典新義》（台北：學生書局，2001年），頁33～44。

〔註180〕傅師錫壬：《中國神話與類神話研究》，（台北：文津出版社，2005年），頁246～247。

又言「人為變異」，可分為因社會型態而變、因婚姻制度而變、因宗教成份而變、因文人增飾而變、因歷史家引用而變五類。〔註181〕因此神話會隨著時代不斷地注入新的內容而產生變異。故《楚帛書》神話反映的是人類進步的婚姻制度，所以帛書創作者為因應時代背景需求而作了部分改造。

【3】

出　處	甲2.10／是	甲2.11／生	甲2.12／子	甲2.13／四
帛書字形				
恢復字形				

諸家學者讀此句為「是生子四」，唯李學勤《簡帛佚籍與學術史》認為「四」字應屬下讀，謂：

　　下面兩句是「四□是裏，天埈是各（格）」，是四字對偶句，就語法而言，「四」字是不能連上讀的，《四時》這一章的主體是包犧，不是四子。〔註182〕

嘉凌案：細察《楚帛書》，「四」字與下一字距離甚遠，似乎可再容納一字形，且有殘留之筆跡，故應可補一缺字。因此文句有讀「四□是裏，天埈是各（格）」或是讀「是生子四，□是裏，天埈是各（格）」的兩種可能，而李零《長沙子彈庫戰國楚帛書研究》謂：

　　四子也就是下文的「四神」。〔註183〕

　　由於「四子」與帛書下段文句之「四神」文義可連繫，故本文讀「是生子四」，即於是生了四個孩子。

〔註181〕傅師錫壬：《中國神話與類神話研究》，（台北：文津出版社，2005年），頁247～261。

〔註182〕李學勤：《簡帛佚籍與學術史》，（南昌：江西教育出版社，2001年），頁48。

〔註183〕李零：《長沙子彈庫戰國楚帛書研究》，（北京：中華書局，1985），頁66。

【4】

出　　處	甲 2.14／□=	甲 2.15／是	甲 2.16／襄
帛書字形			
復原字形			

《楚帛書》「襄」字，饒宗頤〈楚帛書新證〉釋「壤」，讀「襄」，謂：

　　壤從土，於此爲動詞，讀作襄或攘，《爾雅・釋言》：「襄，除也」，

　　除訓治。〔註 184〕

　　高明〈楚繒書研究〉認爲「襄」字屬下，讀爲「是襄天埈」，以《左傳》訓「襄」爲「成」，謂：

　　　「埈」爲「地」之別體，此句猶言「天地是成」。〔註 185〕

　　劉信芳《子彈庫楚墓出土文獻研究》釋「襄」讀「禳」，謂：

　　　《說文》：「禳，磔禳，祀除厲殃也。」〔註 186〕

嘉凌案：楚簡「襄」字作（包山簡 2.170），兩旁爲「土」形與「又」形，

帛書字形即爲此類；或「又」形爲「攴」形作（包山簡 2.103）；或「土」

形爲「采」形作（包山簡 2.155）；或上端變化作（仰天湖簡 25.25），

〔註 187〕而信陽簡 2.012 有字作，滕壬生《楚系簡帛文字編》釋「囊」，何

琳儀《戰國古文字典》釋「襄」，讀「囊」，〔註 188〕據楚簡「襄」字字形，

〔註 184〕饒宗頤：〈楚帛書新證〉《楚地出土文獻三種》，（北京：中華書局，1993 年），
　　　　頁 236。

〔註 185〕高明：〈楚繒書研究〉《古文字研究》12 輯，（北京：中華書局，1885 年），頁
　　　　377。

〔註 186〕劉信芳：《子彈庫楚墓出土文獻研究》，（台北：藝文印書館，民國 91 年），頁
　　　　21。

〔註 187〕張光裕主編，袁師國華合編：《包山楚簡文字編》，（台北：藝文印書館，民國
　　　　81 年），頁 337；滕壬生：《楚系簡帛文字編》，（武漢：湖北教育出版社，1995
　　　　年），頁 683。

〔註 188〕河南省文物研究所：《信陽楚墓》，（北京：文物出版社，1986 年），圖版 122；

信陽簡 2.012「⬛」字，從「襄」從「衣」省無疑。因此，帛書「⬛」字應釋爲「襄」，由於「□是襄」前文殘失，且《楚帛書》句法多四字，故疑「□是襄」之殘字爲合文或重文，文義待考。

【5】

出　　處	甲 2.17／而	甲 2.18／埈	甲 2.19／是	甲 2.20／各
帛書字形				
復原字形				

1. 甲 2.16／而

　　《楚帛書》「⬛」字，嚴一萍〈楚繒書新考〉釋「而」，謂：

　　　諸家皆釋天，誤，此爲而字。〔註189〕

嘉凌案：《楚帛書》「⬛」字諸家學者多釋爲「天」，嚴一萍先生首釋爲「而」。「天」字與「而」字於楚簡中，字形相近，然實有分別。「而」字甲文作⬛（《粹》260），西周金文作⬛（夨敖簋），〔註190〕楚簡「而」字多變化，以下端四筆形狀爲分類：

　　一中間左右兩筆向內作：

　　　《包山簡 2.137》：連狩⬛逃

　　　《上博二・從政甲・簡 14》：有所有餘⬛不敢盡之

　　　《上博二・子羔・簡 1》：昔者⬛殁世也

　　二中間兩筆爲彎曲之形作：

　　　《上博二・民之父母・簡 6》：不可得⬛聞也

　　　　滕壬生：《楚系簡帛文字編》（武漢：湖北教育出版社，1995 年），頁 511；何琳儀：《戰國古文字典》，（北京：中華書局，1998 年），頁 690。

〔註189〕嚴一萍：〈楚繒書新考〉（中），《中國文字》26 冊，1967 年，頁 4。

〔註190〕甲文字形引自季師旭昇：《說文新證》（下），（台北：藝文印書館，93 年），頁 90；容庚編：《金文編》，（北京：中華書局，1985 年），頁 668。

三中間左右兩筆向外作：

《信陽簡 1.02》：[圖]欲貴

四左內筆略長作：

《包山簡 2.2》：亘宜命之於王大子[圖]以份人

《上博二・容成氏・簡 1》：[圖]上愛

五右內筆略長作：

《上博二・從政甲・簡 4》：是故君子慎言[圖]不慎事

六筆畫變異爲「內」形作：

《郭店簡・語叢一・簡 57》：[圖]不可不爲也

七簡省爲三筆：

《郭店簡・語叢二・簡 53》：又（有）行[圖]不由

八簡省爲二筆：

《郭店簡・成之聞之・簡 4》：古（故）亡乎其身[圖]民（泯）乎其詞

〔註 191〕

而「天」字甲文作[圖]（《甲》3960）、[圖]（《乙》6857）、[圖]（《拾》5.14），金文作[圖]（天鼎）、[圖]（頌鼎），〔註 192〕楚簡「天」字亦以下端四筆分類，一中間兩筆向外分作：

1. 《郭店簡・老子甲・簡 4》：[圖]下樂進而弗厭

《包山簡 2.219》：二[圖]子

《上博二・容成氏・簡 1》：[圖]下也

《上博二・子羔・簡 9》：[圖]子也歟

2. 或手臂處筆畫橫直，與楷書相仿：

《郭店簡・語叢一・簡 2》：又（有）[圖]又（有）命

二中間兩筆爲「刀」形作：

《上博二・民之父母・簡 6》：君子以此橫于[圖]下

〔註 191〕張光裕主編，袁師國華合編：《包山楚簡文字編》，（台北：藝文印書館，民國 81 年），頁 315；馬承源主編：《上海博物館藏戰國楚竹書》（二），（上海：古籍出版社，2002 年），頁 227、184、163、250、218；張光裕主編，袁師國華合編：《郭店楚簡研究・第一卷・文字編》，（台北：藝文印書館，民國 88 年），頁 336、337。

〔註 192〕中國社會科學院考古研究所：《甲骨文編》，（北京：中華書局，1965 年），頁 2；容庚編：《金文編》，（北京：中華書局，1985 年），頁 3。。

三或於「大」形下端加飾筆作：

《范家坡2》：上 〔註193〕

李零〈讀《楚系簡帛文字編》〉區別「天」、「而」兩字謂：

> 楚文字"天"、"而"二字極易混淆，差別只是"而"字最下面的兩筆或向左或向右曲，並且有時同上面的筆畫分離（參看739～740頁：而），但有時書寫草率，就連這種差別也沒有，必須參考文例才能確認。〔註194〕

嘉凌案：據以上所舉兩字字形可知，「而」字內部兩筆多爲朝「內」之形；而「天」字內部兩筆則多爲朝「外」之形，雖所舉「而」字第三、六、七、八形略有不同，但然仍與「天」形有明顯差別，因此李零先生謂極易混淆，然仍有分辨之依據。且楚簡中若同見「天」、「而」兩字，書手會書寫成不同方式，以示區別，例子甚多：

《上博二·民之父母·簡6》：「天」字作 ；「而」字作「」

《上博二·容成氏·簡1》：「天」字作「」；「而」字作「」

《上博二·子羔·簡9》：「天」字作「」；「而」字作「」

《上博七·君人者何必安哉（甲本）·簡5》：「天」字作「」；「而」字作「」

《上博七·凡物流形（甲本）·簡5》：「天」字作「」；「而」字作「」

《上博七·凡物流形（甲本）·簡15》：「天」字作「」；「而」字作「」

《上博七·凡物流形（甲本）·簡17》：「天」字作「」；「而」字

〔註193〕張光裕主編，袁師國華合編：《包山楚簡文字編》，（台北：藝文印書館，民國81年），頁4；馬承源主編：《上海博物館藏戰國楚竹書》（二），（上海：古籍出版社，2002年），頁250、192、163；張光裕主編，袁師國華合編：《郭店楚簡研究·第一卷·文字編》，（台北：藝文印書館，民國88年），頁142、143；滕壬生：《楚系簡帛文字編》，（武漢：湖北教育出版社，1995年），頁16。

〔註194〕李零：〈讀《楚系簡帛文字編》〉《出土文獻研究》第5輯，（北京：科學出版社，1999年），頁139，第1條下說明。

作「」

《上博七・凡物流形（甲本）・簡 29》：「天」字作「 」；「而」字

作「 」

〔註195〕

而《上博二・子羔》中其他簡之「而」字均作「 」（簡1、簡10），與同簡中的「天」字（ ）極爲形近，僅以「彎」、「直」筆爲別，因此於同時出現時即以一長足形（ ）爲別，如簡9。

細審《楚帛書》「 」字中間兩筆均朝「內」，與「天」字有別，爲「而」字的第一型。而《楚帛書》「天」字屢見，作 （甲5.18）、 （甲6.13）、 （甲6.23）、 （甲6.31）、 （乙2.5）、 （乙2.9）、 （乙3.14）、 （乙8.34）、 （乙10.14）、 （乙10.14）、 （乙10.25）、 （乙10.31），中間兩筆均朝「外」，兩字明顯有別，故帛書「 」字應釋爲「而」。

2. 甲2.17／垗

《楚帛書》「 」字，饒宗頤〈楚帛書新證〉釋「垗」，謂：

垗者，即乙篇云：「卉木民人，以□四淺之尚（常）」，《大戴禮》：「履時以象天」，是垗猶踐土之義。〔註196〕

李零《長沙子彈庫戰國楚帛書研究》，釋「垗」，謂：

天垗，即下文「天步」，指星曆推步。〔註197〕

劉信芳《子彈庫楚墓出土文獻研究》釋「垗」，讀「殘」，謂：

殘即碎割，或稱作「磔」，……帛書「殘」用與「磔」同。〔註198〕

嘉凌案：《楚帛書》「 」字位於折痕處，上部略有殘泐，然依字形應釋爲「垗」；下一字「 」字上部亦殘泐，然筆畫仍可辨析，釋「是」可從，兩字讀法詳見後文。

〔註195〕馬承源主編：《上海博物館藏戰國楚竹書》（二），（上海：古籍出版社，2002年），頁 22、93、42；馬承源主編：《上海博物館藏戰國楚竹書》（七），（上海：古籍出版社，2008年），頁 57、79、92、94、106。

〔註196〕饒宗頤：〈楚帛書新證〉《楚地出土文獻三種》，（北京：中華書局，1993年），頁 236。

〔註197〕李零：《長沙子彈庫戰國楚帛書研究》，（北京：中華書局，1985），頁 66。

〔註198〕劉信芳：《子彈庫楚墓出土文獻研究》，（台北：藝文印書館，民國91年），頁22。

3. 甲 2.19／各

　　《楚帛書》「各」字，嚴一萍〈楚繒書新考〉釋「高」；〔註 199〕高明〈楚繒書研究〉釋「吝」，假借爲「鄰」，認爲在此爲輔弼之義；〔註 200〕李零《長沙子彈庫戰國楚帛書研究》釋「各」，讀「格，格致」，〔註 201〕劉信芳《子彈庫楚墓出土文獻研究》認爲應釋「各」，謂：

　　　　帛書乙 4、5「吝」字二例，其右上二捺均等長，與此字形不同。

〔註 202〕

嘉凌案：由於《楚帛書》「各」字右部筆畫殘缺，因此諸家學者有「高」、「吝」、「各」三種看法。楚簡「高」字作高（包山簡 2.237），於偏旁上部或爲「口」形作口（曾侯簡 54 獝字所从）；或於「口」形上加橫筆作高（曾侯簡 26 獝字所从），〔註 203〕而帛書「各」字作「文」形交叉筆畫與「高」字「冂」形筆畫明顯有別，故釋「高」非是。

　　楚簡「吝」字作吝（上博二・容成氏・簡 53 正）、吝（上博三・周易・簡 1），上半部爲「文」形，左右兩斜筆大致等長；楚簡「各」字作各（包山簡 2.140），〔註 204〕右上筆明顯較右下筆爲短，故兩字形以右上筆筆法爲別。而劉信芳先生以《楚帛書》其他「吝」字作吝（乙 4.23）、吝（乙 5.1），認爲右上兩筆等長爲「吝」，不等長爲「各」，故認爲帛書「各」字應爲「各」字。

　　其實此字確實爲「各」，然非以等長、不等長爲別，細審《楚帛書》从「各」之字形，作各（乙 10.11）、咨（甲 2.33 咨字所从）、咨（丙 1.3.6），

〔註 199〕嚴一萍：〈楚繒書新考〉（中），《中國文字》26 冊，1967 年，頁 4。

〔註 200〕高明：〈楚繒書研究〉《古文字研究》第 12 輯，（北京：中華書局，1985），頁 377。

〔註 201〕李零：《長沙子彈庫戰國楚帛書研究》，（北京：中華書局，1985），頁 66。

〔註 202〕劉信芳：《子彈庫楚墓出土文獻研究》，（台北：藝文印書館，民國 91 年），頁 22。

〔註 203〕張光裕主編，袁師國華合編：《包山楚簡文字編》，（台北：藝文印書館，民國 81 年），頁 454；張光裕、黃錫全、滕壬生主編：《曾侯乙墓竹簡文字編》，（台北：藝文印書館，民國 86），頁 83。

〔註 204〕馬承源主編：《上海博物館藏戰國楚竹書》（二），（上海：古籍出版社，2002 年），頁 292；馬承源主編：《上海博物館藏戰國楚竹書》（三），（上海：古籍出版社，2003 年），頁 136；張光裕主編，袁師國華合編：《包山楚簡文字編》，（台北：藝文印書館，民國 81 年），頁 86。

書手習慣書寫轉折時略爲凸出，而「⿱」字正好在轉折處殘泐，故造成右斜筆略比應連接的筆畫凸出，因此帛書「⿱」字應釋爲「各」，或可讀「格」，《爾雅・釋詁》：「格，至也」，意爲糾正，如《尙書・冏命》：「繩愆糾謬，格其非心」，或引申爲標準，如《禮記・緇衣》：「言有物而行有格也」，〔註205〕而「埁」讀「踐」，爲「依循、遵守」之意，如《論語・先進》：「不踐迹，亦不入室」，何晏《集解》：「孔曰：踐，循也」，〔註206〕因此「而埁（踐）是各（格）」大約是指天地萬物於是依循標準、正位，然因前後文義不明，故確切句義待考。

嵾（三／參）祡（禍）唬（乎）逃（兆）【1】，為惥（慍／溫）為萬（厲），【2】以司堵襄（壤）【3】，各（晷）而峕（持）達【4】，乃上下朕（騰）遄（升）【5】

【1】

出　　處	甲 2.21／嵾	甲 2.22／祡	甲 2.23／唬	甲 2.24／逃
帛書字形				
復原字形				

　　《楚帛書》「嵾祡」二字，學者均釋「參祡」讀「參化」。《楚帛書》「逃」字，商承祚〈戰國楚帛書述略〉釋「灋」；〔註207〕饒宗頤〈楚帛書新證〉承其說釋「嵾祡灋逃」，讀「參化法兆」，謂：

> 參作動詞用，祡从化从示甚明，逃字以《汗簡》𨑊證之，正是从兆，此處逃讀爲兆，中山王兆域圖「逃乏」讀「兆法」，借逃爲兆（《文物》1979.1.頁 44）帛書言「法兆」與「逃（兆）乏（法）」語有正言倒言之異。《春秋元命苞》：「顓頊幷幹（按指十榦，十干也），上

〔註205〕王力：《王力古漢語字典》，（北京：中華書局，2000 年），頁 481～482。
〔註206〕王力：《王力古漢語字典》，（北京：中華書局，2000 年），頁 1365。
〔註207〕商承祚：〈戰國楚帛書述略〉，《文物》第九期，1964 年 9 月，頁 15。

法月參。集威成紀，以理陰陽。」語意略近。《易・乾鑿度》：「大化，行天地也。」鄭註以「玄化」說之。《列子・天地篇》：「人自生至終，大化有四。」柴指大化、玄化，化从示者，如鬼字亦作魂（《說文》古文）之例。〔註208〕

李零《長沙子彈庫戰國楚帛書研究》釋「參柴濾逃」，讀「參化廢逃」。〔註209〕

嘉凌案：《楚帛書》「　　　」字，「虎頭」處略有折痕，滕壬生《楚系簡帛文字編》摹作「　　」，〔註210〕將虎齒前兩筆畫誤摹爲「大」形，與「口」形組合，遂致諸家學者誤釋爲「濾」字，細審帛書「　　」字形之「口」形上並未有筆畫，故釋「濾」非是。

何琳儀〈長沙帛書通釋〉據善鼎、秦公鐘釋「參柴唬逃」，讀「參化唬咷」；〔註211〕劉信芳《子彈庫楚墓出土文獻研究》釋「參柴虘逃」，讀「參化虐逃」，謂：

> 四字互文，「參」是星宿名代凶癘，《史記・天官書》：「參爲白虎」，「虐」爲「虐鬼」，「柴」讀「變化」之化，此句爲指既行「禳」、「殘」（磔）逐疫之儀後，諸凶神虐鬼紛紛變化逃亡。〔註212〕

嘉凌案：《楚帛書》「　　　　」，依字形應隸定爲「參柴虘逃」。楚簡「參」字除於《楚帛書》中這類寫法外，或省略「日」形中橫筆作　　（郭店簡・語叢三・簡67）；或下部爲交叉形並加左右兩旁飾筆作　　（上博六・用曰・簡1）、　　（上博五・姑成家父・簡1）；或簡省其下部作　　（信陽簡1.03）、　　（上博二・子羔・簡9），〔註213〕李家浩先生謂戰國文字多以「晶」爲「參」，例

〔註208〕饒宗頤：〈楚帛書新證〉，《楚地出土文獻三種》（北京：中華書局，1993年），頁236。

〔註209〕李零：《長沙子彈庫戰國楚帛書研究》，（北京：中華書局，1985），頁66。

〔註210〕滕壬生：《楚系簡帛文字編》，（武漢：湖北教育出版社，1995年），頁763。

〔註211〕何琳儀：〈長沙帛書通釋〉，《江漢考古》，第2期，1986年2月，頁79。

〔註212〕劉信芳：《子彈庫楚墓出土文獻研究》，（台北：藝文印書館，民國91年），頁22～23。

〔註213〕張光裕主編，袁師國華合編：《郭店楚簡研究・第一卷・文字編》，（台北：藝文印書館，民國88年），頁97；馬承源主編：《上海博物館藏戰國楚竹書》（六），（上海：古籍出版社，2007年），頁286；馬承源主編：《上海博物館藏戰國

如信陽楚墓竹簡「參歲」，「參」字原文皆寫作「」，〔註214〕林師清源〈說參〉亦將楚簡「參」字分爲四型，並分析其形構，認爲：

> 筆者主張「參」字（）就是「三」字（）的異體，文字編在處理此字時，最好直接將之隸屬於「三」字條下，「三」字此體，目前僅見於戰國楚系簡帛，很可能是楚系文字特有寫法。至於在信陽簡的同一段簡文中，「參歲」和「三歲」二者所以共存並見，或許是書手爲了避免書寫單調，刻意變換用字所造成的結果。〔註215〕

檢閱楚簡中將「」、「」兩型字均讀作「三」，〔註216〕林師清源之說應可從。據此，帛書「」字應可讀爲「三」；然帛書〈乙篇〉亦有同樣字形，讀「參」，見「不得參職」一條，因此帛書此處應有「三」與「參」兩種釋讀之可能。

楚簡「祟」字亦見於《郭店簡‧尊德義‧簡2》：「（禍）福之羿（基）也」、《上博二‧容成氏‧簡16》：「（禍）才（災）去亡」、《上博六‧競建內之‧簡8》：「此能從善而去（禍）者」，〔註217〕故帛書「祟」字可讀爲「禍」。

「虍」字多見於楚簡，共有四種讀法，舉隅如下：

1. 讀「虐」：
   《上博五‧姑成家父‧簡1》：屬公無道，（虐）於百鐌

2. 讀「乎」：
   《郭店簡‧老子甲‧簡5》：罪莫厚（乎）甚欲

3. 讀「呼」：

〔註214〕湖北省文物考古所、北京大學中文系編：《九店竹簡》，（北京：中華書局，2005年），頁60，注11。
〔註215〕林師清源：〈說參〉《古文字研究》第24輯，（北京：中華書局，2002年），頁289。
〔註216〕見張光裕主編，袁師國華合編：《郭店楚簡研究‧第一卷‧文字編》，（台北：藝文印書館，民國88年），頁97。
〔註217〕張光裕主編，袁師國華合編：《郭店楚簡研究‧第一卷‧文字編》，（台北：藝文印書館，民國88年），頁306；馬承源主編：《上海博物館藏戰國楚竹書》（二），（上海：古籍出版社，2002年），頁262；馬承源主編：《上海博物館藏戰國楚竹書》（五），（上海：古籍出版社，2005年），頁174。

楚竹書》（五），（上海：古籍出版社，2005年），頁240；河南省文物研究所：《信陽楚墓》，（北京：文物出版社，1986年），圖版113；馬承源主編：《上海博物館藏戰國楚竹書》（二），（上海：古籍出版社，2002年），頁192。

《郭店簡・老子甲・簡2》：或命之或（呼）豆（屬）

4. 讀「號」：

《上博二・容成氏・簡20》：禹然句（後）始爲之（號）旗〔註218〕

故帛書「虖」字有讀爲「乎」、「呼」、「虐」、「號」等可能，然據文意，疑可讀「平」或「虐」。而「逃」字於楚簡均讀如本字，舉隅如下：

《包山簡144》：小人（逃）至州巷

《包山簡156》：（逃）命

《郭店簡・語叢2・簡18》：（逃）生於惡〔註219〕

然據帛書文義，「逃」字或可讀爲「兆」，爲「預兆」之意，如《戰國策・秦策一》：「襄主錯龜，數策占兆」；《漢書・谷永傳》：「畏此上天之威怒，深懼危亡之徵兆」。〔註220〕因此帛書「參祟虖逃」可讀爲「參／三」「禍」「乎／虐」「兆」，大約是指各種的禍害於是顯現。

【2】

出　　　處	甲2.25／爲	甲2.26／禹	甲2.27／爲	甲2.28／萬
帛書字形				
復原字形				

1.甲2.26／禹

《楚帛書》「」字，陳邦懷〈戰國楚帛書文字考證〉釋「禹」：

《說文解字》：「禹，蟲也」，段玉裁云：「夏王以爲名，學者眛其本

〔註218〕馬承源主編：《上海博物館藏戰國楚竹書》（五），（上海：古籍出版社，2005年），頁174；張光裕主編，袁師國華合編：《郭店楚簡研究・第一卷・文字編》，（台北：藝文印書館，民國88年），頁359；馬承源主編：《上海博物館藏戰國楚竹書》（二），（上海：古籍出版社，2002年），頁265。

〔註219〕張光裕主編，袁師國華合編：《包山楚簡文字編》，（台北：藝文印書館，民國81年），頁371；張光裕主編，袁師國華合編：《郭店楚簡研究・第一卷・文字編》，（台北：藝文印書館，民國88年），頁390。

〔註220〕王力：《王力古漢語字典》，（北京：中華書局，2000年），頁54。

義」，字象爬蟲之形，〔辛鼎〕、禹聊𪓐作〔形〕，禹鼎省變作〔形〕，因禹字用爲夏王之名，故古文禹有作人首形者，瘋鐘「用𡥈（竊）光瘋身」（〔泉〕泉編鐘「用寓光我家」可爲參證），竊（讀作宇，訓大）字所从即作人首形之〔形〕。《史記‧五帝本紀》：「禹者黃帝之玄孫，而帝顓頊之孫也。」〔註221〕

嚴一萍〈楚繒書新考〉釋「禺」，謂：

> 禺邦王壺之禺作〔形〕，與此形近，字當釋禺。《説文》：「禺，母猴屬」；《山海經‧南山經》：「招搖之山，有獸焉，其狀如禺」，注：「禺似獼猴而大，赤目長尾。」〔註222〕

李零〈長沙子彈庫戰國楚帛書研究補正〉經目驗帛書謂應釋爲「思」，〔註223〕但未分析形構。何琳儀〈長沙帛書通釋〉釋「虫」：

> 戰國文字「虫」作〔形〕或〔形〕，頭呈尖形，這與〔形〕（見《説文》蝨古文蚰之所从）或〔形〕，頭呈圓形，應是平行演變關係，另外《古文四聲韻》引王存乂《切韻》獨作〔形〕，其右下作〔形〕，與帛書正合，尖形和圓形「虫」亦見於甲骨文和金文，在斜筆上加贅畫是晚周文字的通例，「禹」雖亦「虫」字之分化，（禹，匣紐，虫，曉紐，均屬喉音）但二者形體在晚周判然有別，《廣韻》上聲尾部「虫，鱗介總名」，《説文》：「萬，蟲也」，以古文字驗之，虫屬蛇類，萬屬蝎類，後來均由專名轉爲泛稱。「爲虫爲萬」是上文「參化」的結果，嚴謂：「似言萬物化生之意」，近是，《説文》：「媧，古之神聖女，化萬物者也」，《淮南子‧説林訓》：「黃帝生陰陽，上駢生耳目，桑林生臂手，此女媧之所以七十化也」，《山海經‧大荒西經》注：「女媧，古神女而帝者，人面蛇身，一日七十變」，《路史‧後紀》二注又謂女媧：「七十二化處其位」。帛書「參化㖶㖶，爲虫爲萬」指女媧化育萬物，與典籍均言變化之多（參聞一多《神話與詩七十二》）。〔註224〕

〔註221〕陳邦懷：〈戰國楚帛書文字考證〉，《古文字研究》第5輯，（北京：中華書局，1989年），頁239。

〔註222〕嚴一萍：〈楚繒書新考〉（上），《中國文字》，第26冊，1967年，頁4。

〔註223〕李零：〈長沙子彈庫戰國楚帛書研究補正〉，《古文字研究》第20輯，（北京：中華書局，2000年），頁170。

〔註224〕何琳儀：〈長沙帛書通釋〉，《江漢考古》第二期，1986年，頁79。

劉信芳《子彈庫楚墓出土文獻研究》認爲从「虫」从「㠯」，爲「蛇」字：

該字所從之「虫」有添加裝飾筆畫，正似所謂畫蛇添足者，而字從
虫則無疑。而「㠯」作爲字符，又見於下例：鄀君（包143）、鄀君
（曾65）、鄀君（曾201），鄀君封地即《漢書・地理志》南郡「杞」
縣。「鄀」字從邑從「柤」之異寫，「㠯」、「巳」古本一字，《說文》
解「㠯」字「從反巳」，蓋本同源字之故也。如是則該字從虫巳聲甚
明，無疑是「蛇」字。〔註225〕

嘉凌案：綜合以上諸家考釋，共有「禹」、「禺」、「思」、「虫」、「蛇」五種說
法，然證諸古文字字形，諸家之說都難以成立。

「禹」字甲文未見，金文作 （禹方鼎）、（禹鼎）、（秦公簋），
〔註226〕楚簡字形承金文，但均加「土」形〔註227〕作「」：

《郭店簡・緇衣》簡12：（禹）立三年

《郭店簡・唐虞之道》簡10：（禹）勾（治）水

《郭店簡・成之聞之》簡33：（禹）曰：

《郭店簡・尊德義》簡5：（禹）以人道詞（治）其民

《郭店簡・尊德義》簡6：桀不易（禹）民而句（後）亂之

《郭店簡・尊德義》簡6：（禹）之行水

《上博二・容成氏》簡17：見（禹）之賢也

《上博五・君子爲禮》簡15：?與（禹）篙（孰）臤（賢），子贛
（貢）曰（禹）紉（治）天下之川

《上博五・鬼神之明》簡1：昔者堯舜（禹）湯〔註228〕

《說文》：「禹，蟲也。从厹，象形。，古文禹。」楚簡「禹」字字形
與《說文》古文同形，而與《楚帛書》「」字形完全不同，故知陳邦懷先生

〔註225〕劉信芳：《子彈庫楚墓出土文獻研究》，（台北：藝文印書館，民國91年），頁
24。

〔註226〕容庚編：《金文編》，（北京：中華書局，1985年），頁958。

〔註227〕季師旭昇謂東周或加「土」，爲無義偏旁：《說文新證》（下）（台北：藝文印
書館，民國93年），頁269。

〔註228〕張光裕主編，袁師國華合編：《郭店楚簡研究・第一卷・文字編》，（台北：藝
文印書館，民國88年），頁135；馬承源主編：《上海博物館藏戰國楚竹書》
（二），（上海：古籍出版社，2002年），頁263；馬承源主編：《上海博物館
藏戰國楚竹書》（五），（上海：古籍出版社，2005年），頁95、151。

釋「禺」非是。

「禺」字甲文未見；金文作 ![字] （趙孟壺）；〔註229〕楚簡「禺」字共有三型，一為承金文，作「![字]」：

《五里牌406》簡26：也一![字]（禺）〔註230〕

《郭店簡・語叢四》簡10：佀（匹）婦![字]（禺）夫不智（知）向（鄉）

之小人君子〔註231〕

二為頭形與下方交接處作「Ч」形：

《望山二遺策簡》：![字]（禺）純

《上博五・三德》簡4：女（如）反之，必![字]（遇）凶央（殃）

〔註232〕

三或於頭部為「×」形：

《郭店簡・老子乙》簡12：大方亡![字]（隅），大器晚成

《郭店簡・窮達以時》簡7：![字]（遇）秦穆〔註233〕

以上「禺」字三型，與《楚帛書》「![字]」字完全不同，可證嚴一萍先生釋「禺」，不可從。

「思」字甲、金文未見，楚簡字形从「心」从「囟」作「![字]」：

《包山簡》簡129：恆![字]（思）少司馬

《楚帛書・甲》6.15：![字]（使）敚（擇）奠四亟（極）

《楚帛書・甲》7.21：母（毋）![字]（使）百神風雨晨（辰）禕（緯）

亂乍（作）

《楚帛書・甲》8.2：![字]（使）又（有）宵又（有）朝〔註234〕

〔註229〕容庚編：《金文編》，（北京：中華書局，1985年），頁654。

〔註230〕五里牌簡406.14有字作「![字]」，滕壬生先生釋「禺」：《楚系簡帛文字編》，（武漢：湖北教育出版社，1995年），頁727。嘉凌案：字形與帛書字形相似，唯上部有別，然與其他楚簡「禺」字有別，故是否為禺字，存疑待考。

〔註231〕滕壬生：《楚系簡帛文字編》，（武漢：湖北教育出版社，1995年），頁727；張光裕主編，袁師國華合編：《郭店楚簡研究・第一卷・文字編》，（台北：藝文印書館，民國88年），頁308。

〔註232〕張光裕、袁師國華：《望山楚簡校錄》，（台北：藝文印書館，民國93年），頁70；馬承源主編：《上海博物館藏戰國楚竹書》（五），（上海：古籍出版社，2005年），頁130。

〔註233〕張光裕主編，袁師國華合編：《郭店楚簡研究・第一卷・文字編》，（台北：藝文印書館，民國88年），頁308、135。

或頭形變化爲「乂」形：

　　《郭店簡・尊德義》簡 18：👤（思）則□□〔註235〕

　　故「👤」字與「思」字亦有別，李零先生以目驗認爲是「思」字，並不可從。

　　「虫」字甲文作👤（《乙》8718）、👤（《鐵》46.2）；金文👤（甲虫爵）、👤（虫舀鼎）、👤（魚顚匕）；楚簡文字於偏旁作👤（望山 1 卜筮簡・蚤字所从），字形承甲、金文，或頭部兩旁撇筆變爲橫筆作👤（上博一・孔子詩論・簡 18・蟁字所从）。〔註236〕然「虫」字字形明顯與《楚帛書》「👤」字不同，故知何琳儀先生釋「虫」，不可從。

　　劉信芳先生認爲《楚帛書》「👤」字从「目」，「目」字甲文作👤（《鐵》188.3），或簡省人形作👤（《甲》1268）、👤（《後》2.36.3）；金文作👤（毛公鼎）；楚簡文字作👤（包山簡 2.2），〔註237〕字形承襲甲、金文，明顯與《楚帛書》「👤」字有別，故知劉信芳先生釋「目」，無法成立。

　　以上五說，與《楚帛書》「👤」字（筆者摹字：👤）均不合，細觀《楚帛書》此字下部从心，但「心」字最後一筆墨色已淡，故剩餘筆畫看起來有點像「十」字形。上部「◯」形中應爲「人」形加橫畫飾筆而形成之「千」形，與《郭店簡・語叢二》簡 30「👤」應爲同字，隸定當作「㤈」（舊皆隸定作「恩」，並不適當，說見後文），從「心」、「囟（蘊之初文）」聲，即「慍」字異體。此字在已往楚文字材料中並不罕見，依「人」形結構，可以分成三類：

〔註234〕張光裕主編，袁師國華合編：《包山楚簡文字編》，（台北：藝文印書館，民國 81 年），頁 157；饒宗頤、曾憲通：《楚帛書》（香港：中華書局香港分局，1985 年），分段圖版頁 21、22、23。

〔註235〕張光裕主編，袁師國華合編：《郭店楚簡研究・第一卷・文字編》，（台北：藝文印書館，民國 88 年），頁 192。

〔註236〕中國社會科學院考古研究所：《甲骨文編》，（北京：中華書局，1965 年），頁 509；容庚編：《金文編》（北京：中華書局，1985 年），頁 873；張光裕、袁師國華：《望山楚簡校錄》，（台北：藝文印書館，民國 93 年），頁 89；馬承源主編：《上海博物館藏戰國楚竹書》（一），（上海：古籍出版社，2001 年），頁 30。

〔註237〕中國社會科學院考古研究所：《甲骨文編》，（北京：中華書局，1965 年），頁 525；容庚編：《金文編》，（北京：中華書局，1985 年），頁 995；張光裕主編，袁師國華合編：《包山楚簡文字編》，（台北：藝文印書館，民國 81 年），頁 40。

一爲人形下加橫筆，變成「千」形：

《郭店簡‧語叢二》簡30：🀄（慍）生於性，憂生於🀄

《上博六‧競公瘧》簡5：🀄（慍）聖（聲），外內不發（廢）〔註238〕

此字原整理者隸作「思」，屬下讀爲「思聖」，〔註239〕然楚簡「思」字不作此形，前面已有詳述，故字形並非「思」字。何有祖先生釋「恩」，讀爲「慍」，謂：

> "溫"，原釋爲"思"，但簡文上部"口"內實爲"千"，楚簡千、人作爲偏旁多可互作……。簡文此字或可直接釋爲"慍"，指含怒。
>
> 《詩‧邶風‧柏舟》："憂心悄悄，慍于群小。"毛傳："慍，怒也。"
>
> 《論語‧學而》："人不知而不慍，不亦君子乎。"《後漢書‧馮衍傳下》："憤馮亭之不遂兮，慍去疾之遭惑。"李賢注："慍，怒也。"
>
> "聖"讀作"聲"。"慍聲"指含怒的聲音。此當是由于景公的弊政招致頗多怨聲。〔註240〕

嘉凌案：何說可從。二爲橫畫爲點筆：

《郭店簡‧語叢二》簡7：🀄（慍）生於憂〔註241〕

三爲未加飾筆：

《郭店簡‧性自命出》簡35：🀄（慍）之終也

《郭店簡‧性自命出》簡34：🀄（慍）旲（斯）恿（憂）

《上博二‧昔者君老》簡3：🀄（慍）於外，不見於內

《上博二‧從政乙》簡4：🀄（溫）良而忠敬〔註242〕

「恩」字甲、金文未見，其所从「㐫」偏旁，甲文作🀄（戬 46.14）；金文作🀄（㐫弗生甗）、🀄（王孫鄦鐘）；楚簡文字作🀄（包山簡 2.260），字形承甲、金文，省略「㐫」形上部提手之形，季師旭昇謂：

〔註238〕張光裕主編，袁師國華合編：《郭店楚簡研究‧第一卷‧文字編》，（台北：藝文印書館，民國 88 年），頁 195；馬承源主編：《上海博物館藏戰國楚竹書》（六），（上海：古籍出版社，2007 年），頁 22。

〔註239〕馬承源主編：《上海博物館藏戰國楚竹書》（六），（上海：古籍出版社，2007），頁 175。

〔註240〕何有祖：〈讀上博六札記〉，武漢大學簡帛網 2007 年 7 月 11 日。

〔註241〕張光裕主編，袁師國華合編：《郭店楚簡研究‧第一卷‧文字編》，（台北：藝文印書館，民國 88 年），頁 195。

〔註242〕張光裕主編，袁師國華合編：《郭店楚簡研究‧第一卷‧文字編》，（台北：藝文印書館，民國 88 年），頁 195；馬承源主編：《上海博物館藏戰國楚竹書》（二），（上海：古籍出版社，2002 年），頁 244、236。

酓（盦），上古音在影紐文部合口一等，酓上古音在匣紐侵部開口一等，二字聲近，主要元音相同，韻尾則有舌尖與雙唇的不同，文侵旁轉，典籍有例證，因此「酓」可以當「盦」的聲符。〔註243〕

嘉凌案：季師於音理說解字形，可從，因此此字形前人隸定爲「囚」，〔註244〕然實應隸作「函」。故《楚帛書》「❀」字「△」形中所从與上舉三形中之第一形相同，故釋爲「愳」字當無可疑。因此舊釋爲「禹」字是無法成立的，故「禹」這位神話傳說人物並不見於《楚帛書》當中。由於文字考釋的謬誤，造成之後學者在解讀本段文字時，多附會爲「大禹」治水，丈量天地的功績，據此，帛書與此字之相關內容均應重新詮釋爲是。

2. 甲2.28／萬

《楚帛書》「❀」字，商承祚〈戰國楚帛書述略〉釋「离」，認爲是商之先公「契」；〔註245〕嚴一萍〈楚繒書新考〉釋「萬」，謂：

> 《說文》：「萬，蟲也」，「爲禹爲萬」，似言萬物化生之意。〔註246〕

饒宗頤〈楚帛書新證〉釋「萬」，讀「冥」，謂：

> 萬與冥皆明母，字可通，《國語‧魯語》及《禮記‧祭法》，皆言：「商人郊冥而宗湯。」冥爲殷先神，故與禹駢列。古代傳說，以冥代表北方之神，爲顓頊佐。……帛書以萬配禹，禹屬夏而萬（冥）指商，以冥當之，尚無不合。〔註247〕

劉信芳《子彈庫楚墓出土文獻研究》釋「萬」，讀此句「爲蛇爲萬」，謂：

> 諸凶神虐鬼幻化逃亡，變成了蟲蛇之類。〔註248〕

嘉凌案：「萬」字甲文作 ❀（《前》3.30.5），羅振玉先生釋「萬」，謂字象蠍形；〔註249〕商代金文作 ❀（萬鼎），西周早期或下加「一」形飾筆作 ❀（仲簋），

〔註243〕甲、金文字形引自季師旭昇：《說文新證》（上），（台北：藝文印書館，民國91年），頁414～415；劉信芳：《包山楚簡解詁》，（台北：藝文印書館，民國92年），頁505。

〔註244〕如滕壬生：《楚系簡帛文字編》，（武漢：湖北教育出版社，1995年），頁513。

〔註245〕商承祚：〈戰國楚帛書述略〉，《文物》第九期，1964年，頁15。

〔註246〕嚴一萍：〈楚繒書新考〉（中），《中國文字》26冊，1967年12月，頁5。

〔註247〕饒宗頤：〈楚帛書新證〉《楚地出土文獻三種》，（北京：中華書局，1993年），頁237。

〔註248〕劉信芳：《子彈庫楚墓出土文獻研究》，（台北：藝文印書館，民國91年），頁24。

〔註249〕羅振玉：《增訂殷虛書契考釋》中，（台北：藝文印書館，1959年），頁3。

西周中晚期，飾筆變化作 （追簋）、（史宜父鼎），下部變與「内」形相似，劉釗先生謂爲「内性飾筆」，〔註250〕故《說文》謂从「内」；楚簡文字作承甲、金文，然頭形省略，前足變與「臼」形相似，下部從金文爲「内」形作 （郭店簡・老子甲・簡13）。〔註251〕

　　據此，《楚帛書》「」字釋「萬」無疑，然由於《楚帛書》本節內容爲伏羲、女媧初創世時代之事，距夏禹、商契時期甚遠，因此釋「离」不可從，可見「离（契）」這位商代先祖人物未出現於《楚帛書》中，是相當明白的；而饒宗頤先生將「萬」字讀「冥」，僅據聲母相同，亦是不可從。

　　由「爲恩爲萬」句法來看，二字於此應爲類似的含義，因此學者據誤釋爲「禹」、「禺」的「恩」字，而將「萬」釋讀爲「蟲蛇」之義，現在看來，應非如此。「萬」字於楚簡有「萬」或「厲」兩種讀法，舉隅如下：

　　一讀爲「萬」：

　　　　《郭店簡・老子甲・簡13》：而 （萬）物將自化

　　二讀爲「厲」：

　　　　《郭店簡・性自命出・簡10》：或 （厲）之〔註252〕

　　據此，帛書「萬」字可讀「厲」，爲嚴正之意，《論語・述而》：「子溫而厲」，《論語・陽貨》：「色厲而內荏」，《論語・子張》：「聽其言也厲」。〔註253〕因此《楚帛書》「爲恩爲萬」據前後文義，可讀爲「爲慍爲厲」，《詩・邶風・柏舟》：「憂心悄悄，慍於羣小」，《毛傳》：「慍，怒也」，〔註254〕指各種禍害顯示後所呈現的慍怒暴厲景象；或與《論語》「子溫而厲」文句相似，讀「爲溫爲厲」，指禍害顯示後，有時溫和，有時暴厲，確切文意待考。

〔註250〕中國社會科學院考古研究所：《甲骨文編》，（北京：中華書局，1965年），頁544；容庚編：《金文編》，（北京：中華書局，1985年），頁951；劉釗：《古文字構形研究》，（福州：福建人民出版社，2006年），頁29。

〔註251〕張光裕主編，袁師國華合編：《郭店楚簡研究・第一卷・文字編》，（台北：藝文印書館，民國88年），頁137。

〔註252〕張光裕主編，袁師國華合編：《郭店楚簡研究・第一卷・文字編》，（台北：藝文印書館，民國88年），頁137。

〔註253〕宗福邦、陳世鐃、蕭海波：《故訓匯纂》，，（北京：商務印書館，2003年），頁294。

〔註254〕王力：《王力古漢語字典》，（北京：中華書局，2000年），頁327。

【3】

出　　處	甲 2.29／以	甲 2.30／司	甲 2.31／堵	甲 2.32／壤
帛書字形				
復原字形				

《楚帛書》「堵」字，饒宗頤〈楚帛書新證〉釋「堵」，謂：

《廣韻》十姥「堵」訓「垣堵」，司堵壤與平水土有關。〔註255〕

劉信芳《子彈庫楚墓出土文獻研究》釋「堵」，謂：

《說文》：「堵，垣也，五版爲堵，從土者聲。」，「司堵壤」即管理
城垣。〔註256〕

何琳儀〈長沙帛書通釋校補〉釋「堵」，謂：

《管子·版法解》：「眾勞而不得息，則必有崩弛堵壤之心」，所謂「堵
壤」應指房屋和土地而言。〔註257〕

高明〈楚繒書研究〉釋「域」，謂：

「以司域壤」，猶言治理土地。〔註258〕

嘉凌案：《楚帛書》「堵」字，其偏旁共有「或」、「者」兩種釋讀：「或」字
甲文未見，商代金文作 或（或作癸方鼎），金文作 或（保卣），楚簡文字承
金文作 或（包山簡 120），或簡省「口」形下方橫筆作 或（包山簡 135 反），
〔註259〕據此，《楚帛書》「堵」字右旁並非從「或」，故釋「域」不可從。

〔註255〕饒宗頤：〈楚帛書新證〉《楚地出土文獻三種》，（北京：中華書局，1993 年），
　　　　頁 237。
〔註256〕劉信芳：《子彈庫楚墓出土文獻研究》，（台北：藝文印書館，民國 91 年），頁
　　　　25。
〔註257〕何琳儀：〈長沙帛書通釋校補〉，《江漢考古》第四期，1989 年 4 月。
〔註258〕高明：〈楚繒書研究〉《古文字研究》第 12 輯，（北京：中華書局，1985 年），
　　　　頁 377。
〔註259〕中國社會科學院考古研究所：《甲骨文編》，（北京：中華書局，1965 年），頁
　　　　489；容庚編：《金文編》，（北京：中華書局，1985 年），頁 825；張光裕主編，
　　　　袁師國華合編《包山楚簡文字編》，（台北：藝文印書館，民國 81 年），頁 166。

「者」字甲文作 Ⅴ（《甲》167）、Ⅴ（《林》2.9.9），劉釗先生〈釋Ⅴ〉釋「者」，謂字與金文「者」字Ⅴ（者婀爵），形體相近，〔註260〕其說可參；楚簡文字作 者（包山簡 2.27），承甲、金文，然上部變作似「之」或「止」之形，或於「口」形下端加橫筆作 者（包山簡 2.227），字形下方遂與楚簡「皿」字相似，《楚帛書》「者」字即爲此形；或下部變爲「土」形作 者（上博一・孔子詩論・簡 3）；或上部變化與「丰」形相似作 者（郭店簡・唐虞之道・簡 28）；或下部爲「衣」形作 者（郭店簡・五行・簡 19），〔註261〕字形較爲特別。

故帛書「者」字，從「土」從「者」，應釋爲「堵」。由於《楚帛書》內容爲初創世的過程，因此「以司堵襄（壤）」乃因禍害顯現，造成災難，於是讓伏羲或四子治理禍患，管理土地，使混亂的大地秩序回歸正常。

【4】

出　　處	甲 2.33／咎	甲 2.34／而	甲 2.35／峑	甲 2.36／達
帛書字形				
復原字形				

1. 甲 2.32／咎

《楚帛書》「咎」字，嚴一萍〈楚繒書新考〉釋「咎」，〔註262〕無說明；饒宗頤〈楚帛書新證〉釋「咎」，讀「晷」，謂：

　　《釋名・釋天》：「晷，規也，如規畫也。」〔註263〕

〔註260〕劉釗：〈釋Ⅴ〉《古文字研究》第 15 輯，（北京：中華書局，1988 年），頁 229～234；容庚編：《金文編》（北京：中華書局，1985 年），頁 247。

〔註261〕張光裕主編，袁師國華合編：《包山楚簡文字編》，（台北：藝文印書館，民國 81 年），頁 315；馬承源主編：《上海博物館藏戰國楚竹書》（一），（上海：古籍出版社，2001 年），頁 15；張光裕主編，袁師國華合編：《郭店楚簡研究・第一卷・文字編》，（台北：藝文印書館，民國 88 年），頁 330、332。

〔註262〕嚴一萍：〈楚繒書新考〉（中），《中國文字》26 冊，1967 年 12 月，頁 5。

〔註263〕饒宗頤：〈楚帛書新證〉《楚地出土文獻三種》，（北京：中華書局，1993 年），頁 237。

高明〈楚繒書研究〉釋「咎」，謂：

> 咎乃晷之省，即古代測日影定時刻的儀器，晷天步，猶言測量天體
> 之運行。〔註264〕

嘉凌案：帛書「（字形）」字釋「咎」無疑，讀「晷」可從，然由於《楚帛書》爲
初創世過程，因此並非指「日晷」，應爲「規整」之意爲是。

2. 甲 2.33／而

《楚帛書》「（字形）」字，嚴一萍〈楚繒書新考〉釋「而」，〔註265〕依形可
從，詳見本論文《楚帛書》甲篇之一「而埈是含」一條說明。曾憲通〈楚帛
書文字新訂〉則認爲亦有可能爲「天」之形訛，謂：

> 簡本《老子》「天」、「而」兩字亦每有相混之例，如甲組：「古（故）
> 不可得天（而）新（親）」，「人多智天（而）奇勿（物）慈（滋）起」
> 二句，二「天」字皆爲「而」字之訛混。郭店簡《五行》篇：「德，
> 而（道也）」（簡20）；「聖人知而道也」（簡26、27）；「〔文王在上，
> 于昭〕于而」（簡30）。三「而」字皆爲「天」之誤書。由此推測帛
> 書此處的「而」字亦有可能是「天」字的寫訛。從上下文來看，咎
> 下一字仍釋「天」爲長。所謂「咎（晷）天步達」，就是說通過規測
> 周天度數，制定曆法，推步達致神明之境。這種溝通人神的方式，
> 反映的是創世時期，混沌初開的狀況，與「絕地天通」、「神人異業」
> 的情形有別。〔註266〕

嘉凌案：楚簡「而」、「天」二字本形近，於文義釋「天」或「而」均可通讀，
故曾憲通先生認爲「而」或爲「天」之訛，其說可參，然依字形，釋「而」
較佳。

3. 甲 2.34／步

《楚帛書》「（字形）」字，嚴一萍〈楚繒書新考〉釋「步」，無說明〔註267〕；
饒宗頤〈楚帛書新證〉從之，謂：

〔註264〕高明：〈楚繒書研究〉《古文字研究》第12輯，（北京：中華書局，1985），頁
377。

〔註265〕嚴一萍：〈楚繒書新考〉（中），《中國文字》26冊，1967年12月，頁4。

〔註266〕曾憲通：〈楚帛書文字新訂〉《古文字與出土文獻叢考》，（廣州，中山大學出
版社，2005年），頁51。

〔註267〕嚴一萍：〈楚繒書新考〉（中），《中國文字》26冊，1967年12月，頁5。

《尚書大傳・洪範五行傳》：「帝令大禹步于上帝。」鄭註：「步，推也。」此指推步，《五帝紀》所謂「數日月星辰也」。〔註268〕

曾憲通《長沙楚帛書文字編》釋「步」，謂：

> 帛書步字凡三見，上三文从 ，與涉字帛文作 ，天星觀楚簡作 同例。古璽文齒字从止作 ，又从之作 亦屬同類現象。〔註269〕

嘉凌案：曾憲通《長沙楚帛書文字編》「步」字頭下收有三字形，兩字作「 」（甲二・三五、甲四・四），一字作「 」（甲七・九），前者上部从「之」，後者上部从「止」，故兩組字形實爲不同之字，从「之」字形應予以分出。季師旭昇釋「 」爲「峑」，謂：

> 曾先生所舉天星觀楚簡，因爲還沒有看到照片摹本，無法判斷，但是《楚系簡帛文字編》頁813收了三個天星觀的「涉」字，都从水从「二」止，並沒有从「之」聲的，何琳儀先生的《戰國古文字典》51頁收了十六個「齒」字，其中十四個都是从「之」聲，只有秦系的兩個字形，因爲隸化的關係，簡化爲从「止」聲，何琳儀先生的說明文字已經很清楚地指出了這一點，同樣的，《古璽文編》44頁所收「齒」字六形，其中2239、2288、0912、3583、5411等五形都是从「之」聲的，而曾先生所舉2296一形，印文稍嫌模糊，以之作爲「之」、「止」互作的證據，並不是很理想。再說，即使古文字中「之」「止」可以互作，也應該是有限制的，即在不會造成混淆的情況下，二者或可互作，但是在「峑」、「步」這種極易混淆的字形上，二者應該是沒有互作的可能。（某些互作，其實是後人誤會造成的錯誤，如《古璽文編》二・八「止」字條下所收第一形作「 」（0327，璽文爲「君之棗」），無論從字形或文例來看，都應該是「之」字，不應該收在「止」字條下）。〔註270〕

嘉凌案：季師說解可從，且《楚帛書》中从「步」之「涉」字作「 」，上

〔註268〕饒宗頤：〈楚帛書新證〉《楚地出土文獻三種》，（北京：中華書局，1993年），頁237～238。

〔註269〕曾憲通：《長沙楚帛書文字編》，（北京：中華書局，1993年），字頭100步下云。

〔註270〕季師旭昇：〈古璽雜識二題壹、釋「峑」、「徙」、「遷」；貳、姜枼〉，《中國學術年刊》22期，95年，頁87。

部「止」形明顯，與帛書「⿱之止」字上部「之」形有別，與下方「止」形同形，故帛書「⿱之止」字上部从「之」，下部从「止」，與「步」字有別。與帛書「⿱之止」同樣字形於楚簡共八例：

《郭店簡・太一生水・簡 4》：「成歲而 ⿱之止（止）」

《郭店簡・緇衣・簡 8》：「非其 ⿱之止（止）之，共唯王恭。」

《郭店簡・緇衣・簡 32》：「叔慎而 ⿱之止（止），不侃于義。」

《郭店簡・緇衣・簡 34》：「穆穆文王，於緝熙敬 ⿱之止（止）。」

《郭店簡・五行・簡 42》：「君子集大成，能進之爲君子，弗能進也，各 ⿱之止（止）於其里。」

《郭店簡・尊德義・簡 20》：「可教也，而不迪其民，而民不可 ⿱之止（止）也。」

《郭店簡・五行・簡 10》：「既見君子，心不能悅，亦既見 ⿱之止（之），亦既觀 ⿱之止（之），我心則悅。」

《郭店簡・五行・簡 35》：「貴貴，其 ⿱之止（等）尊賢，義也。」〔註271〕

故帛書「⿱之止」字於楚簡中有「之」、「止」、「等」等可能之讀法，於此可讀爲「持」，「持」古音定紐之部，與「之」、「止」古音照紐之部，〔註272〕韻部相同，聲母發音部位相近，《說文》：「持，握也」，《莊子・秋水》：「莊子持竿不顧」，《論語・季氏》：「危而不持，顛而不扶，則將焉用彼相矣？」；《韓非子・五蠹》：「夫仁義辯智，非所以持國也」，爲扶持、主持、保持之意。

4. 甲 2.35／達

《楚帛書》「⿳達」字形殘，馮時〈楚帛書研究三題〉釋「數」；〔註 273〕滕壬生《楚系簡帛文字編》釋「造」。〔註274〕

嘉凌案：楚簡「婁」字作 ⿰ （郭店簡・語叢一・簡 90：數不盡也），〔註275〕

〔註271〕張光裕主編，袁師國華合編：《郭店楚簡研究・第一卷・文字編》，（台北：藝文印書館，民國 88 年），頁 257～258。

〔註272〕郭錫良：《漢字古音手冊》，（北京：北京大學出版社，1986 年），頁 49、50、53。

〔註273〕馮時：〈楚帛書研究三題〉《于省吾教授百年誕辰紀念文集》，（吉林：吉林大學出版社，1996 年），頁 190～191。

〔註274〕滕壬生：《楚系簡帛文字編》，（武漢：湖北教育出版社，1995 年），頁 138。

〔註275〕張光裕主編，袁師國華合編：《郭店楚簡研究・第一卷・文字編》，（台北：藝文印書館，民國 88 年），頁 149。

讀爲「數」；或中間爲「角」形作 （包山簡 2.161），〔註276〕其字形與《楚帛書》「」字形相去甚遠，故釋「數」不可從。

楚簡「造」字作 （包山簡 2.137 反），〔註277〕字形與帛書「」字相似，然「」字右上部偏旁中間明顯爲橫筆，與「造」之偏旁「」有別，因此並非「造」字。

李家浩《九店竹簡》最早指出「」字爲「達」，謂：

> 包山楚墓竹簡一一一號、一一二號有人名 ，一一三有人名 ，一一九有人名 。第二個字跟第一個字比較，唯「全」旁中間一豎與其下二橫相連。第三個字跟第一個字比較，唯「全」旁下多一「口」。戰國文字从「口」與不从「口」往往無別，因此，這三個字當是同一個字的不同寫法。《古文四聲韻》卷五曷韻「達」字引《古老子》作 ， 與之十分相似，可見上引包山竹簡文字都應當是古文「達」。〔註278〕

曾憲通〈楚帛書文字新訂〉同意李家浩先生之說，釋「達」謂：

> 郭店楚簡此字多見，簡本《老子》甲組有「非溺玄 」，馬王堆帛書乙本正作「微眇玄達」。《古文四聲韻》引《古老子》達字作 ，簡文乃其所本。〔註279〕

劉信芳《子彈庫楚墓出土文獻研究》釋「達」，謂：

> 帛書「達」謂營建道路以相通達，《爾雅・釋天》：「一達謂之道路，二達謂之歧旁……九達謂之逵」，凡是道路相通皆可謂之達。古人以步爲測量單位，「步達」引申爲推步之意。「晷而步達」合上句觀之，謂以晷測日影以定方位，推步測量以建立交通網路。下文言及陸路與水路交通，知「達」兼指陸上道路與水上通航。〔註280〕

〔註276〕張光裕主編，袁師國華合編《包山楚簡文字編》，（台北：藝文印書館，民國 81 年），頁 117。

〔註277〕張光裕主編，袁師國華合編《包山楚簡文字編》，（台北：藝文印書館，民國 81 年），頁 373。

〔註278〕湖北省文物考古研究所、北京大學中文系編：《九店竹簡》，（北京：中華書局，2000 年），頁 87。

〔註279〕曾憲通：〈楚帛書文字新訂〉《古文字與出土文獻叢考》，（廣州：中山大學出版社，2005 年），頁 51。

〔註280〕劉信芳：《子彈庫楚墓出土文獻研究》，（台北：藝文印書館，民國 91 年），頁 26。

嘉淩案：《郭店簡・老子甲・簡 8》「達」字作：「非溺玄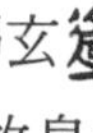」，若將帛書「」字筆畫增補，則兩字應同形，因此釋「達」可從，故帛書本句可讀爲「晷而持達」，即四子或伏羲規整土地，使天地各種運作通順暢達。

而包山簡 2.112 有字作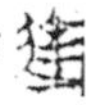，其文例爲人名，張光裕《包山楚簡文字編》未釋，滕壬生《楚系簡帛文字編》釋从「齊」，李零〈讀《楚系簡帛文字編》〉釋「達」，〔註 281〕然楚簡「齊」字作（包山簡 2.7），或於偏旁上部並列之形變化爲楚簡「昔」形作（天星觀卜筮簡），〔註 282〕與包山簡 2.112「」字明顯有別，故釋从「齊」非是，依字形應爲「達」字簡省「口」形者。

另外，包山簡 2.121 有字作，張光裕《包山楚簡文字編》釋「適」，李零〈讀《楚系簡帛文字編》〉以古璽文認爲是「達」字另一種寫法，謂：

> 這種寫法的達字也見於古璽文，如《古璽文編》397 頁第 3 行（但 0263 是另一字）。〔註 283〕

由於李零先生說解有據，因此《包山簡》2.121 字亦應釋爲「達」字。

【3】

出　處	甲 3.1／乃	甲 3.2／上下＝	甲 3.3／朕	甲 3.4／逿
帛書字形	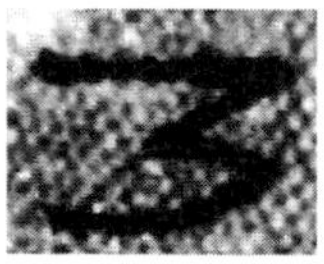	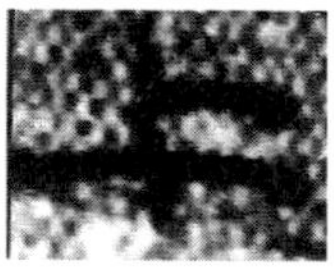	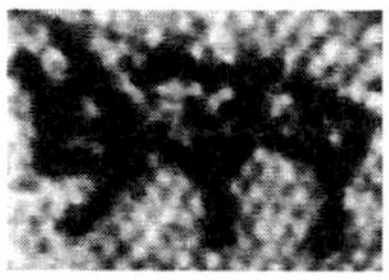	
復原字形				

1. 甲 3.2／上下＝

〔註 281〕張光裕主編，袁師國華合編《包山楚簡文字編》，（台北：藝文印書館，民國 81 年），頁 483；滕壬生：《楚系簡帛文字編》，（武漢：湖北教育出版社，1995 年），頁 157；李零：〈讀《楚系簡帛文字編》〉《出土文獻研究》第 5 輯，（北京：科學出版社，1999 年），頁 142 第 36 條。

〔註 282〕張光裕主編，袁師國華合編《包山楚簡文字編》，（台北：藝文印書館，民國 81 年），頁 462；滕壬生：《楚系簡帛文字編》，（武漢：湖北教育出版社，1995 年），頁 588。

〔註 283〕張光裕主編，袁師國華合編《包山楚簡文字編》，（台北：藝文印書館，民國 81 年），頁 382；李零：〈讀《楚系簡帛文字編》〉《出土文獻研究》第 5 輯，（北京：科學出版社，1999 年），頁 142 第 28 條。

嘉凌案：細審《甲 3.2》下方，明顯有豎筆之跡，因此確有另一字形。由於《甲 3.2》與下方「朕」字中間有折痕，故造成「上」字下部隱沒，而「朕」字上方殘泐，因此帛書「」字應爲「上下」之合文，而帛書中同一合文，有加合文符號者，如（甲 7.32），或未加合文符號者，如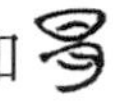（乙 1.21），由於目前未能確知是否有「合文」符號，故不增補。

2. 甲 3.3／朕

「朕」字楚簡未見，其偏旁「关」字作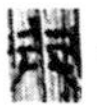、（信陽簡 2.015），或於偏旁中間橫筆變爲點形作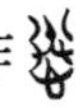（上博一・緇衣・簡 13）。〔註 284〕據此，帛書「」字右上部應可補「」形。

3. 甲 3.4／遈

《楚帛書》「」字，陳邦懷〈戰國楚帛書文字考證〉釋「遫」，謂：

> 「朕遫」即「騰傳」。《說文解字》：「騰，傳也，从馬，朕聲」，帛書作朕省馬，主聲不主形也。「遫」，傳之異體，又見於龍節，「騰傳」爲同義連文，在此騰有上升之意，傳有下遞意」。《洪範・五行傳》：「天者，轉於下而運於上」，帛書「乃上下騰傳」，其義與上句「□咎天步□」正相應也。〔註 285〕

其後，諸家學者均從之無疑，並以陳邦懷先生考釋釋讀文句。

嘉凌案：「遫」字未見於甲、金文中，其所从偏旁「叀」，甲文作（《鐵》12.1）、（《後》1.19.7）、（《後》1.25.2）、（《前》2.18.2）、（《前》5.1.5）、（《後》2.9.7）、（《掇》1.436）、（《甲》2496），或簡省下部作（《佚》711；金文作（禹鼎），或簡省作（鬲攸比鼎）、（同簋），〔註 286〕楚簡文字依字體繁簡共有二大型：

〔註 284〕河南省文物研究所：《信陽楚墓》，（北京：文物出版社，1986 年），圖版 123；馬承源主編：《上海博物館藏戰國楚竹書》（一），（上海：古籍出版社，2001 年），頁 57。

〔註 285〕陳邦懷：〈戰國楚帛書文字考證〉《古文字研究》第 5 輯，（北京：中華書局，1989 年），頁 240。

〔註 286〕中國社會科學院考古研究所：《甲骨文編》，（北京：中華書局，1965 年），頁 193～194；容庚編：《金文編》，（北京：中華書局，1985 年），頁 271。

一為簡省下方「圈形」：

1. 「△」中作「一」形：

《郭店簡·忠信之道》簡 5：口 ![惠] （惠）而實弗从（從）

《郭店簡·緇衣》簡 41：厶（私）![惠]（惠）不裹惪（德） 〔註287〕

2. 「△」中作「十」形：

《天星觀·卜筮簡》：![惠]（惠）公首以豻 〔註288〕

3. 「△」中作「×」形：

《郭店簡·尊德義》簡 32：依![惠]（惠）則民材足 〔註289〕

二為未簡省下部「圈形」：

1. 「圈形」為交叉之形，「△」中為「×」形：

《包山簡 2.16》：新佶迅尹不為懂![剚]（剚）

2. 交叉之形變異為「口」形，「△」中為「×」形：

《包山簡 2.137》：舒煋執未又![剚]（剚）逵㝉而逃

3. 交叉之形變異為「口」形，「△」中為「十」形：

《包山簡 2.123》：未至![剚]（剚） 〔註290〕

4. 或上端「屮」形消失：

《天星觀遣策簡》：兩馬之革![轡]（轡） 〔註291〕

故《楚帛書》「![字]」字與「重」字完全不同，因此陳邦懷先生釋「迿」，並不可從。且《楚帛書》甲篇有「迿」字作「![迿]」（甲 7·34），與![字]字除「辶」形相同外，其餘筆畫明顯有別，故釋「迿」非是。

雖然《楚帛書》「![字]」字形因墨跡擴散略有不明，然其筆畫仍清晰可辨，若將帛書模糊處去除，則帛書字形與《包山簡 2.128 反》「![字]」同形，《包山簡 2.128》文云：「![字]門有敗」，張光裕《包山楚簡文字編》釋「陸」，〔註292〕

<hr>

〔註287〕張光裕主編，袁師國華合編：《郭店楚簡研究·第一卷·文字編》，（台北：藝文印書館，民國 88 年），頁 558、204。

〔註288〕滕壬生：《楚系簡帛文字編》，（武漢：湖北教育出版社，1995 年），頁 328。

〔註289〕張光裕主編，袁師國華合編：《郭店楚簡研究·第一卷·文字編》，（台北：藝文印書館，民國 88 年），頁 204。

〔註290〕張光裕主編，袁師國華合編：《包山楚簡文字編》，（台北：藝文印書館，民國 81 年），頁 65。

〔註291〕滕壬生：《楚系簡帛文字編》，（武漢：湖北教育出版社，1995 年），頁 946。

〔註292〕張光裕主編，袁師國華合編：《包山楚簡文字編》，（台北：藝文印書館，民國

劉信芳《包山楚簡解詁》釋「遄」。〔註293〕

　　嘉凌案：此字左半爲「彳」形，下爲「止」形，故劉信芳先生隸定作「辶」旁爲是，而右部「𢆶」形多見於楚簡中：

　　　　《包山簡 2.137 反》：陰之正既爲之盟 （證）

　　　　《包山簡 2.138》：陰人舒𦩻命 （證）

　　　　《包山簡 2.138 反》：由（使）𦩻之戕（仇）敓於𦩻之所 （證）

　　　　《包山簡 2.138 反》：與其戕（仇），又有怨，不可 （證）

　　　　《包山簡 2.138 反》：同社、同里、同官（館），不可 （證）

　　　　《包山簡 2.138 反》：匿（暱）至從父兄弟不可 （證）

　　　　《包山簡 2.139 反》：以爲 （證）

　　　　《包山簡 2.149》：將 （證）之於其尹、敓（令）

　　　　《郭店簡·性自命出》簡 22：所以爲信與 （證）也

　　　　《上博二·容成氏》簡 41：湯於是虖（乎）（徵）九州之帀（師）

　　　　《上博三·周易》簡 33：（登／厥）宗噬肤（膚）

　　　　《上博四·采風曲目》簡 3：訐 （徵）牧人〔註294〕

　　由於「𢆶」字形見曾侯乙墓鐘磬銘文作「」〔註295〕、《上博四》采風曲目作「」，均用爲音階名「徵」，故「𢆶」字形應爲「耑」字，當無可疑。「耑」字甲文作 （《粹》1008），裘錫圭先生釋「耑」，〔註296〕以爲「象刀背有脾子之耑刀」；何琳儀先生以爲「疑从刀（刀背有脾子爲飾），斜筆表示刀刃所

〔註293〕劉信芳：《包山楚簡解詁》，（台北：藝文印書館，民國 92 年），頁 117。

〔註294〕張光裕主編，袁師國華合編：《包山楚簡文字編》，（台北：藝文印書館，民國 81 年），頁 426；張光裕主編，袁師國華合編：《郭店楚簡研究·第一卷·文字編》，（台北：藝文印書館，民國 88 年），頁 375；馬承源主編：《上海博物館藏戰國楚竹書》（二），（上海：古籍出版社，2002 年），頁 282；馬承源主編：《上海博物館藏戰國楚竹書》（三），（上海：古籍出版社，2003 年），頁 45；馬承源主編：《上海博物館藏戰國楚竹書》（四），（上海：古籍出版社，2004 年），頁 19。

〔註295〕裘錫圭、李家浩指出與《說文》古文、《汗簡》所从大體相同：《曾侯乙墓·附錄 2 曾侯乙墓鐘、磬銘文釋文考釋》，（北京：文物出版社，1989 年），頁 553。

〔註296〕裘錫圭：〈古文字釋讀三則〉《古文字論集》，（北京：中華書局，1992 年），頁 399～402。

畫，……懲之初文」，〔註297〕二位先生說法可從。商代金文於偏旁作 ![img]（![img]鼎・![img]字所從），周代金文作 ![img]（公史徵簋・徵字所从），或刀形略有變異作 ![img]（克鼎），〔註298〕故楚簡文字上部保留甲、金文刀背有胼子處，然變化爲「屮」形，而下部則加橫筆變化作「![img]」形，與甲、金文略有不同。

而「升」字甲文作 ![img]（《甲》550）；金文省柄旁二點作 ![img]（友簋）、![img]（秦公簋）；楚簡未見單字，於偏旁作 ![img]（包山簡 2.36），或省下方橫筆作 ![img]（包山簡 2.19），〔註299〕字形與「![img]」形相似，僅以上部「屮」形爲別，故前賢學者將「![img]」釋爲「屵」，其實應爲「峀」字。

「![img]」字於《包山簡 2.128 反》文例爲：「![img]門有敗」，同樣文例亦見：

《包山簡 2.20》：![img]門有敗

或省下方橫筆作

《包山簡 2.19》：![img]門有敗

或從「阜」從「止」作

《包山簡 2.22》：![img]門有敗〔註300〕

可見「![img]」與「![img]」字於此處應指相同之字，季師旭昇云：

> 楚系文字從「峀」（或隸作屵）之字或訛從「升」，如包山簡「阩」
> 字於簡 128 作「遅（遡）」，「屵（峀、徵）」、「升」形音義俱近，可
> 以互用。〔註301〕

嘉凌案：依包山簡文例，季師所言甚是，「徵」字古音端紐蒸部，「升」字書紐蒸部，〔註302〕故兩字音近而互作。據此，《楚帛書》「![img]」與《包山簡 2.128》「![img]」二字，可分析爲從「辶」從「峀」，隸定爲「遅」，讀「升」，據此，《楚

〔註297〕何琳儀：《戰國古文字典》，（北京：中華書局，1998 年），頁 140。

〔註298〕甲、金文字形引自季師旭昇：《說文新證》（下），（台北：藝文印書館，民國 93 年），頁 23。

〔註299〕中國社會科學院考古研究所：《甲骨文編》，（北京：中華書局，1965 年），頁 531；容庚編：《金文編》（北京：中華書局，1985 年），頁 929；張光裕主編，袁師國華合編：《包山楚簡文字編》，（台北：藝文印書館，民國 81 年），頁 425。

〔註300〕張光裕主編，袁師國華合編：《包山楚簡文字編》，（台北：藝文印書館，民國 81 年），頁 425、426。

〔註301〕季師旭昇主編、陳惠玲、連德榮、李綉玲：《上海博物館藏戰國楚竹書（三）》讀本，（台北：萬卷樓，2005 年），頁 88。

〔註302〕郭錫良：《漢字古音手冊》，（北京：北京大學出版社，1986 年），頁 265、267。

帛書》文句可改釋爲「乃上下朕遑」，讀爲「乃上下騰升」，「騰」字定紐蒸部，「升」書紐蒸部，〔註303〕兩字韻母相同、發音部位相近外，亦爲同義詞，如《漢書・禮樂志》：「騰天歌」，《揚雄傳上》：「騰清宵而軼浮景兮」，〔註304〕「騰」，即「升」也。由於「乃上下騰升」之主語爲承前文而來，因此應爲「四子」或「伏羲」，且文獻中有言「伏羲上下」之例，如《禮含文嘉》：

> 伏羲德洽上下，天應之以鳥獸文章，地應之以龜書。伏羲乃則象作
> 易卦。〔註305〕

故「乃上下騰升」指「伏羲」或「四子」爲規整天地，於是上天下地。

山陵不嵡（衛）【1】，乃命山川四晦（海）【2】，熱（熱）㷉（氣）倉（滄）㷉（氣）【3】，以為其嵡（衛）【4】，以涉山陵【5】，瀧汨凼滿【6】。

【1】

出　　處	甲 3.5／山	甲 3.6／陵	甲 3.7／不	甲 3.8／嵡
帛書字形				
復原字形				

1. 甲 3.7／不

　　《楚帛書》「𣎴」字，諸家皆讀「不」，僅董楚平〈楚帛書"創世篇"釋文釋義〉讀「丕」，釋此句謂：

> 戰國文字不丕同形，本篆下部有二橫，比一般不、丕字多一橫，似
> 特意表示其爲丕字，疏，通也。山陵丕疏，即山陵暢通。古人認爲
> 山陵連接天地，是天地的通道，星斗升落有序，當與山陵暢通有關，
> 諸家讀丕爲不，釋"山陵不通"爲顓頊"絕天通地"，不使"民神

〔註303〕郭錫良：《漢字古音手冊》，（北京：北京大學出版社，1986 年），頁 267、268。
〔註304〕宗福邦、陳世鐃、蕭海波：《故訓匯纂》（北京：商務印書館，2003 年），頁 2550。
〔註305〕〔清〕黃奭：《禮含文嘉》，台北：藝文印書館，民國 61 年。

雜揉"。此説與上下文義不符，且與創世神話精神相悖。帛書此篇只談宇宙初創過程，未涉後來對天地的修理改造，更未涉及宗教改革。〔註306〕

嘉淩案：《楚帛書》「**苯**」字確實於下方橫筆右旁有一小橫筆，與一般常見的「不」字略有不同，然由於未見於左旁有對稱之筆畫，故亦有可能爲書寫者誤書或其特有筆法，如《楚帛書》乙篇1.7「不」字作「**苯**（**苯**）」，下方橫筆明顯有一曲筆向下，因此有可能書手將曲筆拉長至豎筆處作「**苯**」，後曲筆殘渺，故造成兩橫筆之跡。

且於字形下方加一橫或二橫爲飾筆，常見於楚簡文字，故「不」字之兩橫筆亦可能爲此類情形，如楚簡「與」字作「**与**」（郭店簡・唐虞之道・簡15），或作「**牟**」（郭店簡・語叢一・簡109）；「相」字作「**枏**」（郭店簡・老子甲・簡16）或作「**檉**」（郭店簡・六德・簡49）；「愴」字作「**壽**」（包山簡2.143），或作「**壽**」（包山簡2.68），〔註307〕其飾筆並不影響文字的釋讀，因前後文義應爲初創世時的混亂的回復過程，因此《楚帛書》「**苯**」字釋「不」可從。

2. 甲3.8／戔

《楚帛書》「**戔**」字，學者釋讀各別，嚴一萍先生〈楚繒書新考〉疑爲「茂」之別構。〔註308〕

嘉淩案：楚簡「茂」字未見，其所从「戊」旁作**戊**（包山簡2.95），或於斧鉞處加橫筆作**戊**（包山簡2.125），〔註309〕字形與《楚帛書》「**戔**」字明顯有別，故釋「茂」不可從。

饒宗頤〈楚繒書疏證〉讀爲「疏」，謂：

斌字从爻从武，爲斑之異構，《説文》：「斑，通也，从爻从疋，疋亦聲。武亦步武，與疋爲足，形義正相近。下文「以爲亓斑」，《周語》：「歸物於下，疏爲川谷，以導其氣」，又云：「疏川導滯」，是山陵不

〔註306〕董楚平：〈楚帛書"創世篇"釋文釋義〉，《古文字研究》第24輯，（北京：中華書局，2002年），頁348。

〔註307〕張光裕主編：《郭店楚簡研究・第一卷・文字編》，（台北：藝文印書館，民國88年），頁2863、301；張光裕主編，袁師國華合編：《包山楚簡文字編》，（台北：藝文印書館，民國81年），頁160。

〔註308〕嚴一萍：〈楚繒書新考〉（中），《中國文字》27冊，1968年，頁6。

〔註309〕張光裕主編，袁師國華合編：《包山楚簡文字編》，（台北：藝文印書館，民國81年），頁164。

延謂不通也。〔註310〕

之後，饒宗頤〈楚帛書新證〉改釋爲「戮」，謂：

> 从戈與从攴同意，故此字可釋「戮」……不戮即不殺，言如神民之
> 不襍糅，山陵各就其所，《禹貢》：「奠高山大川」，此禹與冥治水之
> 功。〔註311〕

陳斯鵬〈戰國楚帛書甲篇文字新釋〉據新蔡簡甲三：380「戏」字、甲三：363
「夌」字，認爲「戏」是一個獨立的字，並以爲是護衛之衛的專字，讀「山
陵不戏」爲「山陵不衛」，謂：

> 帛書「山陵不衛」意謂山陵不得護衛，猶言山陵不安也。所以要借
> 助「熱氣滄氣，以爲其衛」，古代醫家有「衛氣」之說，帛書則言以
> 二氣爲山陵衛，其中觀念實有共通處。〔註312〕

嘉凌案：

《新蔡簡甲：380》云：□梘臁 尹□□

《新蔡簡甲：363》云：□一社，一豢。眡於 □

《新蔡簡》文義雖不明，但可知「戏」字應爲獨立形構，故饒宗頤先生
將《楚帛書》「」字之「止」與「戈」旁組合，而釋爲从「爻」从「武」，
現在看來並非如此。而「戏」字形除《楚帛書》外，首次出現於《上博三·
周易·簡 22》，由於與《周易》對讀，學者開始對此字形有了解，更證明釋「延」
非是：

> 《上博三·周易·簡 22》：九晶（三）：良馬由（逐），利董（艱）
> 貞；曰班車，（衛），利又（有）卣（攸）往

整理者讀「衛」，字形待考。〔註313〕廖名春〈楚簡《周易·大畜》卦再
釋〉謂此字：

〔註310〕饒宗頤：〈楚繒書疏證〉，《中央研究院歷史語言研究所集刊》第四十冊（上），
　　　　頁5～6。
〔註311〕饒宗頤：〈楚帛書新證〉，《楚地出土文獻三種研究》，（北京：中華書局，1993
　　　　年），頁238。
〔註312〕陳斯鵬：〈戰國楚帛書甲篇文字新釋〉，《古文字研究》26 輯，（北京：中華書
　　　　局，2006 年），頁345。
〔註313〕馬承源主編：《上海博物館藏戰國楚竹書》（三），（上海：古籍出版社：2003
　　　　年），頁167。

從「戔」「乂」得聲，與「衛」同屬月部，又「戈」與从「刀」同，疑是「刈」字異體，和帛書《周易》、今本《周易》「衛」相通。

〔註314〕

黃錫全〈讀上博《戰國楚竹書（三）箚記六則〉認爲：

「戔」字爲从「戈」「爻」聲之字，可能是「效」字異體，讀作「較」，和帛書、今本作「衛」同爲雙聲。〔註315〕

何琳儀、程燕〈滬簡《周易》選釋〉亦以爲从「戈」「爻」聲，但讀爲「殽」，認爲與帛書、今本作「衛」雙聲可通。〔註316〕

秦樺林〈釋戔、鉖〉認爲：

「戔」即爲「歲」，與「衛」皆爲匣母月部字，屬同音假借，義爲「治」。

〔註317〕

季師旭昇認爲可考慮爲从「歲」从「乂」會意，「歲」「乂」皆兼聲，並謂：

包山楚簡「歲」字作「（字形圖）」，省其「月」形，加上「乂」聲，即成「戔」字，「歲」在甲骨文是一種用牲法，後世從「歲」的「劌」字義爲「刺傷」，「乂」即「刈」之初文，義爲「斷也」、「殺也」，見《爾雅·釋詁》，「戔」字當兼有這些意思，則「戔」字當則與「劌」、「刈」字意義相近，未必與「衛」完全同字，「歲」、「乂」、「衛」三字韻同聲近，因此「戔」可以與「衛」互作。〔註318〕

季師分析形構於字形、字音、字義均有據，可從。而「戔」字形又見：

《上博四·逸詩·交交鳴鳥·簡4》：「君子相好，以自爲（字形圖）」

整理者讀「慧」，敏、智之義。〔註319〕季師旭昇以爲讀「衛」，謂：

全句譯爲「君子對我們很好，所以自然是我們的防衛者」。〔註320〕

〔註314〕廖名春：〈楚簡《周易·大畜》卦再釋〉，簡帛研究網站2004年4月24日。

〔註315〕黃錫全：〈讀上博《戰國楚竹書（三）箚記六則〉，簡帛研究網站 2004 年 4 月 29 日。

〔註316〕何琳儀、程燕：〈滬簡《周易》選釋〉，簡帛研究網站2004年5月16日。

〔註317〕秦樺林：〈釋戔、鉖〉，簡帛研究網站2004年9月10日。

〔註318〕季師旭昇主編、陳惠玲、連德榮、李綉玲：《上海博物館藏戰國楚竹書（三）讀本》，（台北：萬卷樓，2005年），頁63。

〔註319〕馬承源主編：《上海博物館藏戰國楚竹書》（四），（上海：古籍出版社，2004年），頁177。

而「戔」字形於《上博簡（六）》亦有兩見：

《孔子見季桓子・簡17》：「閑車 [圖] 」

《用曰・簡6》：「是 [圖] 戔其有綸紀」

整理者以《上博三・周易》字形認爲「[圖]」字從「戈」從「爻」，「衛」之會意結構。《說文》：「爻，交也」，交戈自衛，其造字似同「武」；〔註321〕讀「[圖]」爲「衛」〔註322〕

嘉凌案：「[圖]」字下方有明顯橫筆，疑爲「止」形下方橫筆，上方因墨跡淡去而消失或「止」形下方橫筆與「爻」字共用「x」形筆畫。另外，「戔」字形亦有加「日」形者：

《上博四・昭王毀室・昭王與龔之脽・簡9》：楚邦良臣所 [圖]

整理者讀「慧」，敏、智之義，〔註323〕陳劍〈上博竹書《昭王與龔之脽》和《柬大王泊旱》讀後記〉讀「暴」，以爲跟用爲「衛」的「戔」字就是本來沒有關係的兩個字，因形體訛變而混同。〔註324〕

嘉凌案：據上述字形，帛書「[圖]」字依形應釋「戔」，據文意讀「衛」，《周易・大畜》：「曰閑輿衛，利有攸往」，王弼注：「衛，護也」；《國語・齊語》：「築五鹿、中牟、蓋與、牡丘，以衛諸夏之地」，韋昭注：「衛，蔽扞也」，〔註325〕故「山陵不衛」應指伏羲或四子在規整天地的過程中，山陵無法保衛蔽扞四子或伏羲。

據下文「乃命」一詞，可知「山陵」是具有人格性的自然神，因此才能被命令，以進行保護防衛的工作，但「山陵」在《楚帛書》中多爲災禍動亂的根源，可見「山陵」的巨大威力深植先民心中，因強烈的災害威力而產生崇敬與祭祀。

〔註320〕季師旭昇：〈《上博四・逸詩・交交鳴烏》補釋〉，簡帛研究網站2005年2月15日。

〔註321〕馬承源主編：《上海博物館藏戰國楚竹書》（六），（上海：古籍出版社，2007年），頁215。

〔註322〕馬承源主編：《上海博物館藏戰國楚竹書》（六），（上海：古籍出版社，2007年），頁292。

〔註323〕馬承源主編：《上海博物館藏戰國楚竹書》（四），（上海：古籍出版社，2004年），頁190。

〔註324〕陳劍：〈上博竹書《昭王與龔之脽》和《柬大王泊旱》讀後記〉，簡帛研究網站2005年2月15日。

〔註325〕王力：《王力古漢語字典》，（北京：中華書局，2000年），頁1202。

　　故戰國楚人對「山神」的祭祀十分重視，由楚簡中所祭祀的山陵之神眾多可知：

　　　　《新蔡簡甲三：134、108》：乙亥禱楚先與 五山 ，庚午之夕内齋

　　　　《包山簡 237》：罌（舉）禱 五山 各一牂

　　　　《包山簡 244》：坐山 一粘

　　　　《包山簡 214》：嵯山 一班

　　　　《包山簡 215》：太、厚（后）土、司命、司禍、大水、二天子、嵯山 既皆城（成）

　　　　《包山簡 237》：些山 一粘

　　　　《新蔡簡乙三：44、45》：於 邨山 一珤璜

　　　　《新蔡簡乙四：26》：三楚先、地主、二天子、邨山 、北方

　　　　《新蔡簡零：237》：邨山 一□

　　　　《天星觀簡 26、30、451》：與 柜 〔註 326〕戠牛，樂之

　　　　《天星觀簡 30、306》：一禱 柜 戠牛

　　　　《新蔡簡甲三：367》：某丘 一豭

　　　　《新蔡簡甲三：378》：芧丘 一豭

　　　　《新蔡簡甲三：390》：脾丘 一豧

　　　　《新蔡簡甲三：400》：既於 上喪丘 □

　　　　《新蔡簡甲三：403》：既於 啻丘 、某丘 二□

　　　　《新蔡簡甲三：408》：坴丘 ，三豭，禱□

　　　　《新蔡簡甲三：418》：於 莔丘 一粘

　　　　《包山簡 237》：亯（享）祭箸 〔註 327〕之 高丘 、下丘 各一全豢

　　　　《包山簡 241》：亯（享）祭箸之 高丘 、下丘 各一全豢

　　由《楚帛書》中可知「山陵」作殃的威力強大，因此楚人才需祭祀眾多

〔註 326〕晏昌貴謂：「當是丘神的專字，包山簡有高丘、下丘。」〈天星觀卜筮祭禱簡釋文輯校〉《楚地簡帛思想研究（二）》，（武漢：湖北教育出版社，2004 年），頁 283。嘉凌案：可從。

〔註 327〕李家浩先生釋「竹」，疑祭祀竹地之高丘下丘，〈包山竹簡所見楚先祖名及相關的問題〉，《文史》第 42 輯，1997 年；高丘、下丘，劉信芳先生認爲是楚人崇拜祭祀之所，〈包山楚簡神名與〈九歌〉神祇〉《文學遺產》，第五期，1993 年 5 月；陳偉先生依簡文謂應爲山神，但地位有高下之分，〈湖北荊門包山卜筮楚簡所見神祇系統與享祭制度〉，《考古》第四期，1999 年 4 月。

的山陵神祇，以保佑福址。而《九歌》中更描述關於「山鬼」的形象，云：

> 若有人兮山之阿，被薜荔兮帶女羅，既含睇兮又宜笑，子慕予兮善
> 窈窕，乘赤豹兮從文狸，辛夷車兮結桂旗，被石蘭兮帶杜衡，折芳
> 馨兮遺所思。〔註328〕

從屈原的詩中看來，「山鬼」似乎是一個美麗、多情、活潑的浪漫少女，她騎
著紅色的豹，帶著有花紋的狐狸，身披青藤與鮮花，眉目含情，笑容滿面，
孤獨地在深山漫遊，思念她的情人，可知山鬼的形象已完全人化，但仍具有
山鬼的特性，如出沒深山、操縱野獸、飲石泉，表現出詩人對山鬼的豐富且
浪漫的想像，然亦傳達山鬼因受人民崇祀，而使得破壞力消失而變得可親。

【2】

出處	甲3.9／乃	甲3.10／命	甲3.11／山	甲3.12／川	甲3.13／四	甲3.14／晦
帛書字形	𠃌	命	山	川	四	晦
復原字形	𠃌	命	山	川	四	晦

《楚帛書》「晦」字，嚴一萍〈楚繒書新考〉釋「晦」，謂：

> 《廣雅・釋水》：「海，晦也」，《釋名》云：「海，晦也。主承穢濁，
> 其色黑如晦也」，案繒書借晦為海。商氏據《周禮・夏官・校人》：「凡
> 將事于四海山川」，注「四海猶四方也」為說，甚是。〔註329〕

嘉凌案：《楚帛書》「晦」字，上從「母」下從「日」，釋「晦」可從，依
上下文句，可讀「四晦」為「四海」，指「四方」。「四海」一詞，楚簡習見，
然字形均從「水」：

> 《上博二・民之父母・簡7》：得氣塞於四 海（海）矣
> 《上博二・容成氏・簡5》：四 海（海）之外賓，四 海（海）之內貞
> 《上博二・容成氏・簡9》：而包在四 海（海）之內

〔註328〕〔宋〕洪興祖：《楚辭補注》，（台北：廣文書局，民國51年），頁32～33。
〔註329〕嚴一萍：〈楚繒書新考〉（中），《中國文字》27冊，1968年，頁6。

《上博二·容成氏·簡 19》：四 ▨（海）之內皆請貢

《上博二·容成氏·簡 41》：四 ▨（海）之內

《上博三·仲弓·簡 18》：四 ▨（海）之內

據此，《楚帛書》從「日」之「▨（晦）」字，或許尚有其他含義，於此暫讀「四海」。由於山陵無法保衛四子或伏羲，於是命令山川四海，以及下文中的熱氣、寒氣作爲四子或伏羲的保衛、蔽扞。

而由帛書文意可知，「四海」爲具人格性質的自然神祇，然於其他楚簡中，如《上博二·容成氏》等，「四海」均爲空間結構或地理概念，因此目前僅見《楚帛書》中的「四海」爲具有行動能力的自然神祇，並非指純粹的自然地理概念。雖未見楚簡中有對「四海」崇拜的記錄，但仍有眾多祭祀「大水」、「大波」之簡文，如：

《天星觀簡 26、88、805》：與禱 大水 一牲

《天星觀簡 88、522、523》：賽禱 大水 一牲

《天星觀簡 24、34、43、805、1116》：享荐 大水 一佩玉環

《包山簡 214》：大水 佩玉一環

《包山簡 237》：壆（舉）禱 大水 一䐗

《包山簡 244》：壆（舉）禱 大水 一犒

《包山簡 248》：壆（舉）禱 大水 一犧馬

《天星觀簡 312、325、807、808》：溺于 大波 〔註330〕一羘

而楚辭《九歌》更描述河伯形象，云：

與女遊兮九河，衝風起兮橫波，乘水車兮荷蓋，駕兩龍兮驂螭，登崑崙兮四望，心飛揚兮浩蕩，日將暮兮悵忘歸，惟極浦兮寤懷，魚鱗屋兮龍堂，紫貝闕兮朱宮，靈何爲兮水中，乘白黿兮逐文魚，與女遊兮河之渚，流澌紛兮將來下，子交手兮東行，送美人兮南浦，波滔滔兮來迎，魚鱗鱗兮媵予。〔註331〕

據屈原描述大概可知，河伯有人的臉，乘兩條龍，住在水的深處，以魚鱗爲屋，龍鱗爲堂，與美麗的妻子乘坐白色的大鱉在水中追逐有紋彩的文魚，並到各條支流與河中小島遊戲，可見詩人已將自身的理想、情感、生活經驗和

〔註330〕晏昌貴謂大波當指波濤之神：〈天星觀卜筮祭禱簡釋文輯校〉《楚地簡帛思想研究（二）》，（武漢：湖北教育出版社，2004 年），頁 288。

〔註331〕〔宋〕洪興祖：《楚辭補注》，（台北：廣文書局，民國 51 年），頁 32～33。

人生體悟等眾多美好而理想的東西，通過想像融入了河伯形象當中，從而使河伯形象成為詩人寄託生命理想和人生企望的對象，因此這時河伯已經從瘋狂暴戾的河神變成具有審美的文學形象。

【3】

出　　處	甲 3.15／寏	甲 3.16／㹞	甲 3.17／倉	甲 3.18／㹞
帛書字形				
復原字形				

1. 甲 3.15／寏

《楚帛書》「寏」字，商承祚〈戰國楚帛書述略〉釋「竂」；〔註 332〕嚴一萍先生〈楚繒書新考〉釋「寮」，謂：

> 疑即《說文》訓「紫祭天」之寏字。〔註333〕

高明〈楚繒書研究〉釋「寏」，讀為「陽」，謂：

> 黃、陽古音相同，故寏氣當讀為陽氣。〔註334〕

李零《長沙子彈庫戰國楚帛書研究》讀為「寮」，訓「穿也」〔註335〕，之後於〈土城讀書記（五則）〉認為「從宀熱聲」；〔註336〕劉信芳《子彈庫楚墓出土文獻研究》贊成釋「熱」，進一步補證，謂：

> 包山簡 139：「大脰尹公弼必與戠三十」「戠」即《說文》熾之古文，「寏」字從宀從戠省，……馬王堆漢墓帛書《老子》「熱」有作「炅」，乃是「炅」之省形，如《德經》「靚勝炅」即「靜勝熱」，《道經》「或炅或吹」，乙本「炅」作「熱」。熱之異文作「炅」，熾之古文作「戠」，

〔註332〕商承祚：〈戰國楚帛書述略〉，《文物》第九期，1964 年 9 月，頁 15。
〔註333〕嚴一萍：〈楚繒書新考〉（中），《中國文字》27 冊，1968 年，頁 6。
〔註334〕高明：〈楚繒書研究〉《古文字研究》第 12 輯，（北京：中華書局，1985 年），頁 378。
〔註335〕李零：《長沙子彈庫戰國楚帛書研究》，（北京：中華書局，1985 年），頁 68。
〔註336〕李零：〈土城讀書記（五則）〉，《紀念容庚先生百年誕辰暨中國古文字學國際學術研討會論文》1994 年。

蓋熱、熾二字古本互訓故也。〔註337〕

曾憲通〈楚帛書文字新訂〉亦贊成釋「熱」，讀「燥」，並分析「𤇾」之形構，謂：

> 𤇾从炅即熱之初文以爲義，中以爲聲，疑爲燥字異構，故實可讀爲燥。……中（艸、草），清紐幽部字；燥，心紐宵部字，上古音幽、宵二部最近，聲紐清、心同部位，故𤇾可釋爲燥字別體。〔註338〕

曾憲通〈楚帛書文字新訂〉又謂：

> 郭店楚簡《老子》乙組竹簡云：「喿勝蒼，清勝然」，周鳳五指出第一句三字馬王堆帛書甲、乙種均作「趮勝寒」，今本作「躁勝寒」，簡帛各本用字雖小有出入，文意則一。劉信芳謂「喿勝蒼」，當釋「躁勝滄」。〔註339〕周先生以爲「熱氣倉氣」得此堅強證據可成定論。其實，文意雖得確詁，若論釋字，帛書「█氣█氣」則宜釋爲「燥氣滄氣」，郭店簡《太一生水》云：「四時復相輔也，是以成滄熱。滄熱復相輔也，是以成濕燥」，據此則「滄」與「熱」對，「濕」與「燥」對，不過「燥」與「熱」二字均从火，義實相涵，今語「燥熱」，獨自沿用。故「燥」可與訓寒之「滄」對舉，而帛書之「燥氣滄氣」與楚簡《老子》之「喿勝蒼」正可互證。〔註340〕

嘉凌案：《楚帛書》「█」字，綜合上述學者說法共有「𤓰」、「寮」、「𤇾」（熱或熾之省）三種，「寮」字楚簡未見，其偏旁「尞」之甲文作 █（《甲》903）、█（《甲》144）、█（《拾》1.3），金文增「火」爲意符作 █（令簋），亦有不从火者作 █（番生簋）；〔註341〕楚簡文字目前未有確定「尞」字，小篆「尞」字作「█」，字形承甲、金文，上方爲「火」形，中間爲「日」形，與《楚帛書》「█」字上部「屮」形有別，且未見甲、金文明顯之「木」形標誌，故

〔註337〕劉信芳：《子彈庫楚墓出土文獻研究》，（台北：藝文印書館，民國91年），頁28。

〔註338〕曾憲通〈楚帛書文字新訂〉《古文字與出土文獻叢考》，（廣州：中山大學出版社，2005年），頁52。

〔註339〕劉信芳：〈楚帛書解詁〉《中國文字》新廿一期，（台北：藝文印書館，1996年），頁76。

〔註340〕曾憲通：〈楚帛書文字新訂〉《古文字與出土文獻叢考》，（廣州：中山大學出版社，2005年），頁52。

〔註341〕中國社會科學院考古研究所：《甲骨文編》，（北京：中華書局，1965年），頁410；容庚編：《金文編》，（北京：中華書局，1985年），頁688。

《楚帛書》「」字應非「尞」字。

「黨」字楚簡亦未見，其偏旁「熏」字甲文未見；金文作 （吳方彝），或下加「火」形作 （番生簋），或省「火」形，熏煙之跡由四點省爲二點作 （師克盨）；楚簡文字於偏旁作 （曾侯簡 38），字形承金文變似從「禾」從「田」從「火」形，或於上加「爪」形爲飾作 （曾侯簡 213）。〔註 342〕故《楚帛書》「」字與「熏」字明顯有別，釋「黨」非是。

《說文》「熾」之古文作「」，〔註 343〕馬王堆《老子甲・簡 18》：「靚勝 （炅）」即「靜勝熱」，〔註 344〕故「」乃熱字。故《楚帛書》「」字應從「宀」從「炗」（《說文》熾之古文）無疑，曾憲通先生分析「炗」從「屮」聲，「屮」、「熾」音近，於音理說明可從，然曾憲通先生認爲是「燥」字異構，讀「燥」，則有待商榷，由於《楚帛書》「熱氣」與下文「倉（滄）氣」相對，文意通順，故《楚帛書》「」字可直接讀「熱」。

而「炗」形多見於楚簡中，如：

《包山簡 2.179》：〔註 345〕人登蒼

《包山簡 2.125》：黃

《包山簡 2.103》：邡

《包山簡 2.139》：與 三十〔註 346〕

《馬簽》：〔註 347〕以一緅衣見於君

《郭店簡・六德・簡 33》：少而 〔註 348〕多也

然由於文例均爲人名，是否同從「炗」字，待考。

〔註 342〕容庚編：《金文編》，（北京：中華書局，1985 年），頁 33；張光裕、滕壬生、黃錫全主編：《曾侯乙墓文字編》，（台北：藝文印書館，民國 86 年），頁 85。

〔註 343〕〔漢〕許慎，〔清〕段玉裁注：《說文解字注》，（台北：黎明文化事業股份有限公司，民國 63 年），頁 490。

〔註 344〕陳松長編著：《馬王堆簡帛文字編》，（北京：文物出版社，2001 年），頁 404。

〔註 345〕張光裕、袁師國華釋從「尞」：《包山楚簡文字編》，（台北：藝文印書館，民國 81 年），頁 407；滕壬生釋「鄂」：《楚系簡帛文字編》，（武漢：湖北教育出版社，1995 年），頁 541，嘉凌案：釋字均非是。

〔註 346〕張光裕主編，袁師國華合編：《包山楚簡文字編》，（台北：藝文印書館，民國 81 年），頁 459、170。

〔註 347〕滕壬生釋「折」：《楚系簡帛文字編》，（武漢：湖北教育出版社，1995 年），頁 62。

〔註 348〕張光裕、袁師國華釋「尞」：《郭店楚簡研究》，（台北：藝文印書館，民國 88 年），頁 166。嘉凌案：然字形有別，待考。

　　《楚帛書》「■」字，嚴一萍〈楚繒書新考〉釋「再」；〔註349〕饒宗頤〈楚繒書疏證〉原釋「金」，後〈楚帛書新證〉贊成曾憲通《長沙楚帛書文字編》以中山王器「百」字而改釋爲「百」，讀「魄」，謂：

　　　　《說文》：「魄，陰神也」，《淮南子》：「地氣爲魄」，謂陰氣也。〔註350〕

　　何琳儀〈長沙帛書通釋〉釋「卣」，謂：

　　　　卣，音由，古字與攸同……悠悠，氣行皃。《左傳》哀公三年「鬱攸從之」，注「鬱攸，火氣也」，帛書「卣既」即「火氣」，與「燎氣」對文見義。〔註351〕

　　李零《長沙子彈庫戰國楚帛書研究》釋「害」，讀爲豁，爲穿通之意，後又於〈土城讀書記（五則）〉改釋爲「寒」，〔註352〕劉信芳《子彈庫楚墓出土文獻研究》贊成釋「寒」，進一步分析形構，謂：

　　　　■字可分析爲从宀从人在茻中，下有仌，有如《說文》對寒字的分析，其中宀、仌與金文寒字的相關部件對應，中間部分「■」應是「人在茻中」之省形。〔註353〕

　　周鳳五〈子彈庫帛書「熱氣倉氣」說〉釋「倉」，謂：

　　　　倉《說文》訓「穀藏」，與帛書文意不合，但《說文》水部另有滄字，解作「寒也」，段注引《周書·周祝》：「天地之間有滄熱」與《列子·湯問》：「一兒曰：日初出，滄滄涼涼」爲證。〔註354〕

嘉凌案：諸家學者對《楚帛書》「■」字說法甚多，有「再」、「金」、「百」、「寒」、「倉」等五種釋讀，茲說明如下：

　　「再」字甲文作■（前·7.1.3）；春秋金文作■（陳璋壺），或於下方加「口」形爲飾作■（陳喜壺），楚簡文字與春秋金文同形作■（郭店簡·窮達以時·簡15），〔註355〕字體中間爲「大」形，與《楚帛書》「■」字明顯

〔註349〕嚴一萍：〈楚繒書新考〉（中）《中國文字》27冊，1968年，頁6。

〔註350〕饒宗頤：〈楚帛書新證〉《楚地出土文獻三種》（北京：中華書局，1993年），頁239；曾憲通：《長沙楚帛書文字編》（北京：中華書局，1993年），頁27。

〔註351〕何琳儀：〈長沙帛書通釋〉《江漢考古》第二期，1986年，頁80。

〔註352〕李零：〈土城讀書記（五則）〉，《紀念容庚先生百年誕辰暨中國古文字學國際學術研討會論文》1994年。

〔註353〕劉信芳：《子彈庫楚墓出土文獻研究》，（台北：藝文印書館，民國91年），頁28。

〔註354〕周鳳五：〈子彈庫帛書「熱氣倉氣」說〉《中國文字》新23期，（台北：藝文印書館，民國86年），頁239。

〔註355〕中國社會科學院考古研究所：《甲骨文編》，（北京：中華書局，1965年），頁

不同，故非爲「再」字。

　　「金」字甲文未見，金文作 （禽簋）、（仲盤），或加金餅之形作 （利簋），楚簡文字作 （五里牌簡 406.4）、（包山簡 2.108）、（仰天湖簡 25.18），字形承金文，或於上下加飾筆作 （包山簡 2.276）、（包山簡 2.116）、（包山簡 2.150），〔註 356〕字形與帛書「」字判然有別，故釋「金」不可從。

　　「百」字甲文字作 （《乙》6863 反）、（《拾》14.14）；金文作 （史頌簋）；楚簡文字「百」字作 （信陽簡 2.029），字形承甲、金文，或於上方加橫筆爲飾作 （包山簡 2.138），〔註 357〕而戰國「百」字有作「全」形者，然多見於三晉與中山國文字，如 （圓壺）、（圓壺），〔註 358〕已往不識，或釋爲「金」，自中山王器出土，「方圓百里」一句，而釋「」爲「百」。「」字與《楚帛書》「」字相似，然細審中間豎筆兩旁之橫筆，「」字爲「直接」之橫筆，「」字爲「分斷」於兩側之橫筆，故兩字明顯有別，且此類字形未見於楚簡文字，故釋「百」非是。

　　「寒」字金文作 （寒姒鼎），从「宀」象人在「茻」中，或下端加「二」作 （克鼎）；楚簡文字承金文之形作 （《上博三・周易・簡 45》），金文之「屮」形簡省爲「短橫筆」；或省「宀」形作 （《上博一・緇衣・簡 6》），〔註 359〕字形明顯爲「人在茻中」，雖然帛書「」字與《上博三・周易・

191；容庚編：《金文編》，（北京：中華書局，1985 年），頁 267；張光裕主編，袁師國華合編：《郭店楚簡研究・第一卷・文字編》，（台北：藝文印書館，民國 88 年），頁 78。

〔註 356〕容庚編：《金文編》，（北京：中華書局，1985 年），頁 905；張光裕主編，袁師國華合編：《包山楚簡文字編》，（台北：藝文印書館，民國 81 年），頁 415；滕壬生：《楚系簡帛文字編》，（武漢：湖北教育出版社，1995 年），頁 991。

〔註 357〕中國社會科學院考古研究所：《甲骨文編》，（北京：中華書局，1965 年），頁 165；容庚編：《金文編》，（北京：中華書局，1985 年），頁 249；河南省文物研究所：《信陽楚墓》（北京：文物出版社，1986 年），圖版 128；張光裕主編，袁師國華合編：《包山楚簡文字編》，（台北：藝文印書館，民國 81 年），頁 267。

〔註 358〕張頷：《中山王𰯼器文字編》，（北京：中華書局，1981 年），頁 26。

〔註 359〕容庚編：《金文編》（北京：中華書局，1985 年），頁 531；馬承源主編：《上海博物館藏戰國楚竹書》（三），（上海：古籍出版社，2003 年），頁 197；馬承源主編：《上海博物館藏戰國楚竹書》（一），（上海：古籍出版社，2001 年），頁 50。

簡 45》字極爲接近，然細審帛書字形中間爲豎筆，與「寒」字「人」形有別，且兩旁「宀」形筆畫下拉至橫筆處時，「宀」形左筆尾端明顯有一向內鈎筆畫，因此並非爲「寒」字。

「倉」字甲文作 （《甲》2.10.8），金文作 （㝬鐘），楚簡文字承甲、金文，甲、金文中部之「戶」形，變與「爪」形相似，下部「口」形簡省，以「二」形橫筆代替作 （包山簡 2.181），〔註360〕或「一」形代替作 （楚帛書丙篇 7.1.2）、（楚帛書丙篇 7.3.1），細審帛書「」字外圍筆畫，延長至下方「二」形，而楚簡及《楚帛書》「倉」字上部「宀」形筆畫均未見延長至「二」形者，兩字筆法明顯有別，然帛書「」之「宀」形左邊尾端筆畫向內鈎，保留「倉」字之「爪」形，或許是書手書寫錯誤時的一種筆法變異，故與《楚帛書》其他「倉」字之筆法不同，由於「」字形體較接近「倉」字，故字形可釋爲「倉」，讀「滄」，《說文》「滄，寒也」，由於帛書〈乙篇〉、〈丙篇〉內容爲陰陽數術性質，〔註361〕因此〈甲篇〉中的「熱氣、滄氣」應與「陰、陽」的性質相當，故「熱氣滄氣」即指形成天地的陰陽、清濁、熱寒之氣，如《上博三‧恆先‧簡四》：

「濁氣生地，清氣生天。」

《淮南子‧天文》：

天墜未形，馮馮翼翼，洞洞灟灟，故曰大昭。道始於虛霩，虛霩生宇宙，宇宙生氣。氣有漢垠，清陽者薄靡而爲天，重濁者凝滯而爲地。清妙之合專易，重濁之凝竭難，故天先成而地後定。天地之襲精爲陰陽，陰陽之專精爲四時，四時之散精爲萬物。〔註362〕

陰陽家借由陰陽這一對概念來解釋自然界相互對立、彼此消長的物質或屬性，並已意識到陰陽的相互作用對於萬事萬物產生、發展的重要意義，恰與《楚帛書》創世概念相若，因此「熱氣」、「滄氣」與「山、川、四海」成

〔註360〕中國社會科學院考古研究所：《甲骨文編》，（北京：中華書局，1965 年），頁 240；容庚編：《金文編》，（北京：中華書局，1985 年），頁 365；張光裕主編，袁師國華合編：《包山楚簡文字編》，（台北：藝文印書館，民國 81 年），頁 49。

〔註361〕李學勤：〈長沙楚帛書通論〉，《楚文化研究論集》第一集，荊楚書社，1987 年。

〔註362〕〔漢〕劉安：《淮南鴻烈》，（台北：河圖出版社，民國 65 年），卷三，頁 1。

為規整天地時的重要自然神祇。

【4】

出　　處	甲 3.19／以	甲 3.20／為	甲 3.21／亓	甲 3.22／戔
帛書字形				
復原字形				

　　嘉凌案：《楚帛書》「」字，因位居折痕處而左下部不明，然仍可清楚可見「x」形下明顯有一橫筆，此應為下方「止」形之殘筆，故應與前文「山陵不」字同形，釋「戔」無疑，於此處亦讀「衛」，由於規整天地的過程中，山陵無法保衛四子或伏羲，於是命令山、川、四海、熱氣、滄氣作為四子或伏羲的保衛、蔽扞。

【5】

出　　處	甲 3.23／以	甲 3.24／涉	甲 3.25／山	甲 3.26／陵
帛書字形				
復原字形				

　　嘉凌案：「涉」除渡水之意外，又有「進入、到」的意思，如《左傳・僖公四年》：「君處北海，寡人處南海，不虞君之涉吾地也，何故？」；《文選・漢・枚乘・七發》：「於是背秋涉冬，使琴摯斫斬以為琴」，〔註363〕因此「以涉山陵」，即伏羲或四子跨越過山陵

〔註363〕王力：《王力古漢語字典》，（北京：中華書局，2000 年），頁 590。

【6】

出　處	甲 3.27／瀧	甲 3.28／汩	甲 3.29／凼	甲 3.30／潚
帛書字形				
復原字形				

1. 甲 3.27／瀧

　　《楚帛書》「瀧」字從「水」從「龍」無疑，然諸家學者對字義說解不一。饒宗頤〈楚帛書新證〉釋「瀧」，認爲是大雨貌，謂：

> 《說文》：「瀧，雨瀧瀧也」，《方言》：「瀧涿謂之霑瀆」，《廣雅‧釋詁》：「瀧，瀆也。」〔註364〕

　　陳邦懷〈戰國楚帛書文字考證〉認爲「瀧汩」皆指水名，謂：

> 「瀧」「汩」皆楚國之水名。《水經注》：「武溪水又南入重山，山名藍豪，廣五百里，悉曲江縣界，巖嶺千天，交柯雲蔚，霾天晦景，謂之瀧中，懸湍迴注，崩滾震山，名之瀧水。」《水經注》：「湘水又北，汩水注之，水東玄豫章艾縣桓山西南，逕無昌縣北與純水合。……汩水又西逕羅縣北，本羅子國也，故在襄陽宜城縣西，楚文王移之於此，秦立長沙郡，因以爲縣，水亦謂之羅水，以是知「瀧」在南楚之南，「汩」在南楚之北，二水遙相對應。〔註365〕

　　劉信芳《子彈庫楚墓出土文獻研究》認爲「瀧汩」是大水或急流的連綿詞，謂：

> 上文「山陵」乃泛稱，則「瀧汩幽潚」不宜實指，……典籍絕少見「瀧」單用之例，知「瀧汩」應合讀爲訓，屈原《天問》「不任汩鴻，師何以尚之？」，王逸〈章句〉：「鴻，大水也。」「瀧」「鴻」疊韻，

〔註364〕饒宗頤：〈楚帛書新證〉，《楚地出土文獻三種》（北京：中華書局，1993 年），頁 240。

〔註365〕陳邦懷：〈戰國楚帛書文字考證〉，《古文字研究》第 5 輯，（北京：中華書局，1989 年），頁 240。

瀧汨即汨鴻，謂大水或急流。〔註366〕

2. 甲 3.28／汨

《楚帛書》「（字形）」字，商承祚〈戰國楚帛書述略〉釋「洦」；嚴一萍〈楚繒書新考〉釋「涿」。〔註367〕

嘉凌案：楚簡未見「洦」字，其从偏旁「百」字甲文作 （字形）（《乙》6863反）、（字形）（《拾》14.14）；金文作 （字形）（史頌簋）；楚簡文字「百」字作 （字形）（信陽簡 2.029），字形承甲、金文，或於上方加橫筆爲飾作（字形）（包山簡 2.138），〔註368〕與《楚帛書》「（字形）」字明顯有別，釋「洦」非是。

「涿」字楚簡未見，其所从「豕」字甲、金、楚簡文字均未見，僅見於戰國秦系文字作（字形）（璽彙 3266）、（字形）（珍秦 25），〔註369〕與《楚帛書》「（字形）」完全不同，故非「涿」字。

因此，饒宗頤〈楚帛書新證〉釋「（字形）」爲「汨」，訓急流。〔註370〕李零《長沙子彈庫戰國楚帛書研究》釋「泔」，謂：

此字右半上出兩筆甚長，應是甘字。〔註371〕

嘉凌案：由於《楚帛書》「（字形）」字上方橫筆模糊，故諸家學者有兩種看法，一認爲橫筆「全長」，連接左右兩端，而釋爲「甘」，「甘」字作（字形）（包山簡 2.247）；二認爲橫筆「未」全長，而釋爲「日」，「日」字作（字形）（包山簡 2.131），或上橫筆彎曲作（字形）（包山簡 2.125），〔註372〕故「甘」與「日」字的差別在於上部筆畫是否完全包合，由於「（字形）」字上部明顯有一淡筆殘存於上橫筆之

〔註366〕劉信芳：《子彈庫楚墓出土文獻研究》，（台北：藝文印書館，民國 91 年），頁 30。

〔註367〕嚴一萍：〈楚繒書新考〉（上），《中國文字》26 冊，1967 年 12 月，頁 7。商承祚先生之說見於其引文。

〔註368〕中國社會科學院考古研究所：《甲骨文編》，（北京：中華書局，1965 年），頁 165；容庚編：《金文編》，（北京：中華書局，1985 年），頁 249；河南省文物研究所：《信陽楚墓》，（北京：文物出版社，1986 年），圖版 128；張光裕主編，袁師國華合編：《包山楚簡文字編》，（台北：藝文印書館，民國 81 年），頁 267。

〔註369〕季師旭昇：《說文新證》（下），（台北：藝文印書館，93 年），頁 91。

〔註370〕饒宗頤：〈楚帛書新證〉《楚地出土文獻三種》，（北京：中華書局，1993 年），頁 240。

〔註371〕李零：《長沙子彈庫戰國楚帛書研究》，（北京：中華書局，1985 年），頁 69。

〔註372〕張光裕主編，袁師國華合編：《包山楚簡文字編》，（台北：藝文印書館，民國 81 年），頁 252、198。

右半部，據此，字形應从「曰」，釋爲「泪」。

3. 甲 3.29／凼

《楚帛書》「▨」字，陳邦懷〈戰國楚帛書文字考證〉釋「益」，謂：

> 从水从皿省，殷虛甲骨文从皿之字或省作凵形者數見，此字讀爲溢，
> 通作洪……帛書此句爲瀧、汨蕩洪遠漫。〔註373〕

饒宗頤〈楚帛書新證〉釋「凼」，謂：

> 凼从水从凵，凵者，《說文》：「凵，張口也」，洤殆其後起字，《廣韻·
> 五十八陷》：「洤，水沒」是其訓。〔註374〕

李零《長沙子彈庫戰國楚帛書研究》謂：

> 凼，疑同《說文》淵字的古文。〔註375〕

嘉凌案：「皿」字甲文作 ▨（《甲》2473）、▨（《乙》6404）、▨（《燕》798）；金文作 ▨（皿犀簋）；楚簡「皿」字於偏旁作 ▨（包山簡 2.172 鹽字所从），字形承甲、金文，或於底座加飾筆作 ▨（曾侯簡 214 盟字所从），或底座飾筆部分變與「口」形相似作 ▨（包山簡 2.189 鹽字所从），或於上端加橫筆作 ▨（包山簡 2.167），〔註376〕故《楚帛書》「▨」字並非从「皿」之省。而楚簡「凵」字作 ▨（包山簡 2.271），〔註377〕與《楚帛書》「▨」所从同形，故「▨」字應从「凵」从「水」。李零先生疑爲淵字古文「▨」，然由於字形相距甚遠，故應非「淵」字，因此依饒宗頤先生釋「凼」，字義於後文說明。

4. 甲 3.30／漫

《楚帛書》「▨」字，饒宗頤〈楚帛書新證〉釋「漫」，謂：

> 「漫」即「漫」，爲水廣大兒，此二句謂未有日月以前，雨水氾濫漫

〔註373〕陳邦懷：〈戰國楚帛書文字考證〉，《古文字研究》第 5 輯，（北京：中華書局，1989 年），頁 240。

〔註374〕饒宗頤：〈楚帛書新證〉《楚地出土文獻三種》，（北京：中華書局，1993 年），頁 240。

〔註375〕李零：《長沙子彈庫戰國楚帛書研究》，（北京：中華書局，1985 年），頁 69。

〔註376〕中國社會科學院考古研究所：《甲骨文編》，（北京：中華書局，1965 年），頁337；容庚編：《金文編》（北京：中華書局，1985 年），頁 226；張光裕主編，袁師國華合編：《包山楚簡文字編》，（台北：藝文印書館，民國 81 年），頁270、269；張光裕、滕壬生、黃錫全主編：《曾侯乙墓文字編》，（台北：藝文印書館，民國 86 年），頁 91。

〔註377〕張光裕主編，袁師國華合編：《包山楚簡文字編》，（台北：藝文印書館，民國81 年），頁 63。

沒之象。〔註378〕

何琳儀〈長沙帛書通釋〉釋「澫」，讀「厲」，認為是水名，謂：

> 「瀧汩益澫」皆楚國水名，……「益」見資水，「茮薁江又東逕益陽縣北，又謂資水。應劭曰：「縣在益水之陽，今無益水，亦或資水之殊目矣」，「厲」見潕水，「潕水北出大義山，南至厲鄉西賜水入焉，水源東出大業山，分為二水，一水西逕厲鄉南水，南有重山，即烈山也……。亦云鄉故賴國也，有神農社賜水，西南流入潕，即厲水也。賜、厲聲相近」，如果以湘水南北中軸線，「瀧汩益澫」四水恰在其南東西北四方，這或許與帛書出地──長沙處于南楚中心有關。〔註379〕

凌案：由於「▨▨▨▨」四字均從水旁，故可能釋為「水名」，或解釋為「大水」，因此「瀧汩凼澫」可解釋為四子或伏羲跨越過山陵後，所見大水或見大水橫流的景象。

未又（有）日月【1】，四神相弋（代）【2】，乃步（持）以為歲，是隹（惟）四寺（時）【3】。

【1】

出　處	甲3.31／未	甲3.32／有	甲3.33／日月＝
帛書字形			
復原字形			

《楚帛書》「未」字，嚴一萍〈楚繒書新考〉釋「未」；〔註380〕李學勤《簡帛佚籍與學術史》釋「朱」，讀「殊」，謂：

> 首字與同卜章四神名的「朱」字相同，並非「未」字，「朱」疑讀

〔註378〕饒宗頤：〈楚帛書新證〉《楚地出土文獻三種》，（北京：中華書局，1993年），頁240。

〔註379〕何琳儀：〈長沙帛書通釋〉，《江漢考古》第二期，1986年2月，頁80。

〔註380〕嚴一萍：〈楚繒書新考〉（上），《中國文字》26冊，1967年12月，頁7。

爲「殊」，意思是分別。包犧登陟山陵，見四海浩漫，日月出入其間，四神相代，于是加以推步，定其時間爲一歲即一年，也就是四時。〔註381〕

嘉凌案：《楚帛書》四神名「朱」字作「![朱]」，中間明顯有填實之形，與《楚帛書》「![未]」字有別，故於此應釋爲「未」。陳邦懷〈戰國楚帛書文字考證〉釋此句爲「未有日月」，謂：

> 《尚書・洪範》：「日育行，則有冬有夏」，古以日月正天時，未有日月，則無四時。故下文云：「四神相弋（過），乃步以爲歲，是隹四寺（時）。」〔註382〕

劉信芳《子彈庫楚墓出土文獻研究》認爲「未有日月」應理解爲未有紀日，未有紀月，即未有天干地支也。謂：

> 《史記・曆書》：「昔自在古，曆建正作於孟春，……日月成，故明也。」此「日月」即指曆法計算單位之日、月。知計算日、月，則曆數明確。……馬王堆漢墓帛書《十六經，順道》：「大庭氏之有天下也，不辨陰陽，不數日月，不志四時。」是古人已經認識到遠古曾經有過不記日月四季的時代。〔註383〕

嘉凌案：陳邦懷先生以「日月」爲星體之「日月」，認爲「未有日月」言未產生日月；劉信芳先生以「日月」爲「紀日、紀月」，認爲「未有日月」即未產生計時日之方式。由於帛書〈甲篇〉爲敘述創世之過程，且〈甲篇〉之二又言「日月允生」，因此「未有日月」應指尚未產生太陽與月亮。

【2】

出　　處	甲3.34／四	甲3.35／神	甲4.1／相	甲4.2／弋
帛書字形	![甲3.34字形]	![甲3.35字形]	![甲4.1字形]	![甲4.2字形]

〔註381〕李學勤：《簡帛佚籍與學術史》，（南昌：江西教育出版社，2001年），頁49。

〔註382〕陳邦懷：〈戰國楚帛書文字考證〉，《古文字研究》第5輯，（北京：中華書局，1989年），頁240。

〔註383〕劉信芳：《子彈庫楚墓出土文獻研究》，（台北：藝文印書館，民國91年），頁31。

復原字形				

1. 甲 3.35／神

「神」字所从之「申」字甲文作 ∿（《鐵》163.4）；商代及西周中期金文作 ∿（即簋 4250），西周晚期金文作 ∿（此鼎 2821）；楚簡文字作 ∿（《郭店簡》8.6），字形承甲、金文而中加飾點，或閃電屈折之形變爲「口」形作 ∿（包山簡 2.42）、∿（信 1.053）。〔註384〕因此《甲 3.35》字體雖有殘泐，然據帛書「神」字「∿」（甲 6.9）可恢復作「∿」。

2. 甲 4.2／弋

《楚帛書》「∿」字，嚴一萍〈楚繒書新考〉釋「戊」，未說明；〔註385〕商承祚〈戰國楚帛書述略〉釋「戈」，謂：

> 「戈」通「過」，見《釋名》，「相過」，殆言彼此互相配合，四時相應而爲一歲。〔註386〕

饒宗頤〈楚帛書新證〉釋「弋」，謂：

> 戈、弋二字每通，殷契習見。弋即代之省。「相弋」猶言「相代」，代，歲協韻。〔註387〕

李零《長沙子彈庫戰國楚帛書研究》釋「戈」，謂：

> 戈字橫筆右端有一彎，寫法與楚簡習見之戈字同，這裡疑讀爲隔。〔註388〕

李家浩〈戰國邨布考〉舉《楚帛書》作爲「戈」與「弋」相混的例子，認爲當讀爲「代」。〔註389〕劉信芳《子彈庫楚墓出土文獻研究》贊成李家浩先生釋讀，謂：

〔註384〕甲、金、楚簡字形引自季師旭昇：《說文新證》（下），（台北：藝文印書館，民國 93 年），頁 291。

〔註385〕嚴一萍：〈楚繒書新考〉（上），《中國文字》26 冊，1967 年 12 月，頁 7。

〔註386〕商承祚：〈戰國楚帛書述略〉，《文物》第九期，1964 年 9 月，頁 16。

〔註387〕饒宗頤：〈楚帛書新證〉《楚地出土文獻三種》，（北京：中華書局，1993 年），頁 240。

〔註388〕李零：《長沙子彈庫戰國楚帛書研究》，（北京：中華書局，1985 年），頁 69。

〔註389〕李家浩：〈戰國邨布考〉，《著名中年語言學家自選集・李家浩卷》，（合肥：安徽教育出版社，2002 年），頁 160～166。

《尚書‧多士》：「敢弋殷命」，即「敢代殷命」，代，更也。〔註390〕
嘉凌案：楚簡「犮」字作（曾侯簡 170），〔註391〕與《楚帛書》「」字完全不同，故釋「犮」不可從；楚簡「戈」字作（包山簡 2.261），〔註392〕下方為長撇筆；楚簡「弋」字作（上博一‧緇衣‧簡 2），下方為短橫筆；或短橫變為飾點作（郭店簡‧緇衣‧簡 13）；或省略橫筆飾點，未有任何筆畫作（郭店簡‧魯穆公問子思‧簡 2）；或於偏旁簡省上端斜筆作（信陽簡 2.015）。〔註393〕故「戈」、「弋」二字雖相似，實二者明顯有別，因此《楚帛書》「」字，應釋為「弋」無疑。而「弋」讀為「代」於楚簡中習見，如：

《上博二‧從政甲‧簡1》：三（代）

《上博二‧容成氏‧簡50》：吾說而（代）之

《上博三‧仲弓‧簡18》：三（代）

《上博四‧曹沫之陣‧簡14》：三（代）

《上博四‧曹沫之陣‧簡64》：三（代）之所

《上博五‧鮑叔牙與隰朋之諫‧簡2》：周人之所以（代）之

《上博六‧用曰‧簡4》：相（代）〔註394〕

故「弋」應讀為「代」，為輪流相代之意。由於日月尚未產生，於是四神

〔註390〕劉信芳：《子彈庫楚墓出土文獻研究》，（台北：藝文印書館，民國 91 年），頁 32。

〔註391〕張光裕、黃錫全、滕壬生主編釋「犬」：《曾侯乙墓竹簡文字編》，（台北：藝文印書館，民國 86 年），頁 82；滕壬生釋「犬」：《楚系簡帛文字編》，（武漢：湖北教育出社，1995 年），頁 766。嘉凌案：依字形應為「犮」。

〔註392〕張光裕主編，袁師國華合編：《包山楚簡文字編》，（台北：藝文印書館，民國 81 年），頁 164。

〔註393〕馬承源主編：《上海博物館藏戰國楚竹書》（一）（上海：古籍出版社，2001 年），頁 46；張光裕主編：《郭店楚簡研究‧第一卷‧文字編》（台北：藝文印書館，民國 88 年），頁 176、175；河南省文物研究所：《信陽楚墓》（北京：文物出版社，1986 年），圖版 123。

〔註394〕馬承源主編：《上海博物館藏戰國楚竹書》（二）（上海：古籍出版社，2002 年），頁 215、289；馬承源主編：《上海博物館藏戰國楚竹書》（三）（上海：古籍出版社，2003 年），頁 276；馬承源主編：《上海博物館藏戰國楚竹書》（四）（上海：古籍出版社，2004 年），頁 252、285；馬承源主編：《上海博物館藏戰國楚竹書》（五）（上海：古籍出版社，2005 年），頁 183；馬承源主編：《上海博物館藏戰國楚竹書》（六）（上海：古籍出版社，2007 年），頁 289。

輪流行使日月應盡之職責。

而在《楚帛書》眾多具名姓的神話人物中，直接稱爲「神」者，僅有「四神」，依帛書文意可知，「四神」即春、夏、秋、多，主司四時氣候之神，爲「伏羲、女媧」之後，聽命於「炎帝」，「四神」的神力廣及時間與空間的建立，爲創造世界的重要神祇，因此楚人對於「四神」的崇拜，實際就是對宇宙架構的認識，而在神話傳說及信仰上的體現。而楚人對「四方之神」亦崇拜殷勤，如楚簡中：

《天星觀卜筮簡》：虞又惡於 東方

《天星觀簡 27、306、704、740、839》：一禱 西方 全豬豕

《包山簡》231：由（使）攻祝逯（歸）繡（佩）胝、冠縛（帶）於 南方

《望山簡一卜》：南方 又敓

《望山簡一卜》：北方又敓□

《望山簡一卜》：舉禱 北宗 一環

《秦家嘴 99.11》：纓之吉玉 北方

可見「四方神」在楚國祭祀系統完全具備，與帛書「四神」（四子）完全可相應。

【3】

出　　處	甲 4.3／乃	甲 4.4／坒	甲 4.5／以	甲 4.6／為	甲 4.7／歲
帛書字形					
復原字形					

嘉凌案：《楚帛書》「坒」字，諸家學者釋「步」，其實字形應釋爲「坒」，說明參見帛書〈甲篇〉之一「咎天坒達」一條。楚簡「坒」字，有「之」、「止」、「等」等可能之讀法，於此可讀爲「持」，「持」古音定紐之部，與「之」、「止」古音照紐之部，[註395] 韻部相同，聲母發音部位相近，《說文》：「持，握也」，《莊

────────────────

〔註395〕郭錫良：《漢字古音手冊》，（北京：北京大學出版社，1986 年），頁 49、50、

子・秋水》：「莊子持竿不顧」，《論語・季氏》：「危而不持，顚而不扶，則將焉
用彼相矣？」，《韓非子・五蠹》：「夫仁義辯智，非所以持國也」，〔註396〕因此「持」
爲主持之意，「乃持以爲歲」，即四神輪流執行日月職責，於是主持日月，而成
爲一年。

【4】

出　　處	甲 4.8／是	甲 4.9／隹	甲 4.10／四	甲 4.11／寺	分段符號
帛書字形					
復原字形					

李學勤先生《簡帛佚籍與學術史》謂：

「是惟四時」句下有一長方形標記。不過，從上下文義看，標記後
面四句，即四神之名，應劃歸本章，而不屬下一章。這種情形，根
據近年發現的各種戰國至漢初帛書簡牘，有兩種可能的解釋。一種
可能是帛書誤抄，標記的位置有錯，這在其他簡帛不乏其例。另一
種可能是標記在此處只起把四神名與本章文隔開的作用，如有的簡
帛中的黑圓點標記，而本章與下章因文義明顯，未設標記。這樣，
四神名實際只是本章的注文。〔註397〕

嘉凌案：由於此處分段符號明顯，故仍予以分立，李學勤先生之說可參。由
於上段文句言四神相代運行成爲一歲，故「四時」應指四季，如《春秋公羊
傳・隱公六年》：「春秋編年四時具然後爲年」，〔註398〕故「是惟四時」即產生
四時。

53。
〔註396〕王力：《王力古漢語字典》，（北京：中華書局，2000 年），頁 362。
〔註397〕李學勤：《簡帛佚籍與學術史》，（南昌：江西教育出版社，2001 年），頁
　　　　49。
〔註398〕〔清〕阮元校勘：《左傳》，十三經注疏本，（台北：藝文印書館，民國 78 年），
　　　　頁 37。

第二節　《楚帛書》甲篇之二

壹、釋　文

倀（長）曰青□檊（榦），二曰未（朱）四單，三曰𥼊黃難，四曰□墨檊（榦）。千又（有）百歲，日月=【甲四】允生。九州不坪（平），山陵備峉，四神乃乍（作），□至于遆（復），天旁潼（動），攼（扞）𡧲（蔽）之，青木、赤木、黃木、白木、墨木之槫（楨）。【甲五】炎帝乃命祝融，以四神降，奠三天□，思（使）敚（保）奠四亟（極），曰非九天則大峉，則母（毋）敢叡（睿）天霝（靈）。帝夋（俊）乃【甲六】為日月=之行□。

貳、校　注

倀（長）曰青□檊（榦）【1】，二曰未（朱）四單【2】，三曰𥼊黃難【3】，四曰□墨檊（榦）【4】

【1】

出　　處	甲 4.12／倀	甲 4.13／曰	甲 4.14／青	甲 4.15／□	甲 4.16／檊
帛書字形					
復原字形					

1. 甲 4.12／倀

　　《楚帛書》「倀」字，商承祚〈戰國楚帛書述略〉謂：

　　　倀爲長幼之長的異文，在兄弟居長，故加人旁意符，說明其字非短長之長。〔註399〕

　　李零《長沙子彈庫戰國楚帛書研究》謂：

───────────

〔註399〕商承祚：〈戰國楚帛書述略〉，《文物》第九期，1964 年 9 月，頁 16。

倀同長，「長曰」猶言「一曰」。〔註400〕

嘉凌案：「倀」字於楚簡中常見讀爲「長」，如：

《郭店簡・緇衣・簡 6》：智（知）則君（長）勞

《郭店簡・緇衣・簡 11》：古（故）（長）民者

《郭店簡・緇衣・簡 16》：子曰：（長）民者衣備（服）不改

《郭店簡・緇衣・簡 23》：子曰：（長）民者教之

《郭店簡・五行・簡 8》：不（長）不型（形）

《郭店簡・五行・簡 9》：思不能（長）

《郭店簡・五行・簡 14》：智之思也（長）

《郭店簡・性自命出・簡 7》：牛生而（長）〔註401〕

因此「倀」字於此讀「長」爲「居長」之意。

2. 甲 4.14／青

《楚帛書》「」字，因帛書折痕，下部字體殘缺，故歷來學者大至有三種說法：

一、認爲「」字下方無缺字者，如饒宗頤〈楚帛書新證〉，謂：

四神之名，長者只兩字，其餘三名作三字，而且協韻，以顏色青、朱、白、墨分別以配四時，考文獻所載：《爾雅・釋天》及《尸子》：春，青陽；夏，朱明；秋，白藏；冬，玄英；《漢郊祀歌・鄒子》：春，青陽；夏，朱明；秋，白顥；冬，玄冥，可與帛書比照。帛書四隅繪有四時之木，施以顏色。下文復云：「青木、赤木、黃木、墨木之精」，惟黃木不見于圖繪。右辭青榦與墨榦俱有榦之號，則四者應即四木。〔註402〕

二、認爲「」字下有缺字者，如李學勤《簡帛佚籍與學術史》謂：

神名各爲三字，「青」字下因帛書有斷損疊壓，少去一個字，自此以下帛書各行，在相當的地方也都少掉一字。〔註403〕

〔註400〕李零：《長沙子彈庫戰國楚帛書研究》，（北京：中華書局，1985 年），頁 69。

〔註401〕張光裕主編，袁師國華合編：《郭店楚簡研究・第一卷・文字編》，（台北：藝文印書館，民國 88 年），頁 65。

〔註402〕饒宗頤：〈楚帛書新證〉《楚地出土文獻三種》，（北京：中華書局，1993 年），頁 241。

〔註403〕李學勤：《簡帛佚籍與學術史》，（南昌：江西教育出版社，2001 年），頁 49。

三、據下文文例推斷，認爲「」字上方缺字者，如李零《長沙子彈庫戰國楚帛書研究》認爲：

> 青榦，「青」字僅存上半殘劃，上疑奪一字。〔註404〕

嘉凌案：《楚帛書》此處因折痕緣故，因此同橫行之字形均有殘缺。細審《楚帛書》「日青榦」三字，「日」與「青」之間紋路明顯未有殘缺，且亦無空間可填入字體，故「青」字上方不可能有缺字，因此李零先生之說不可從；「青」與「榦」之間因折痕將「青」字下部掩去，且同橫行的「乍」字下部及「□」字上部剛好爲一折痕之連線（參見右下方圖示），且由於四子名稱均爲三字，因此帛書「」字下方應可補一缺字。

3. 甲4.15／榦

《楚帛書》「榦」字，商承祚〈戰國楚帛書述略〉認爲从「木」「韓」聲；〔註405〕嚴一萍〈楚繒書新考〉依形隸定，謂：

> 疑此字即子禾子釜築桿之「桿」。〔註406〕

饒宗頤〈楚帛書新證〉釋「榦」，謂：

> 《說文》：「榦，一曰本也。」《詩》多以翰爲榦，《毛傳》及《爾雅·釋詁》俱言：「翰，榦也」，榦、翰訓木之本，俱从倝聲。……青榦及墨榦二字皆從倝聲，故釋榦爲是。〔註407〕

李零《長沙子彈庫戰國楚帛書研究》釋「榦」，謂：

> 這裡的四木也就是四神所立的四根擎天柱。在帛書的布圖中，這四木的作用與古代出土占盤上面的四維相同（四獸鏡當中的四瓣花也是起同一作用）。馬王堆帛書《十六經·果童》：「服夫天有榦，地有恆常」、《行守》：「天有恆榦，地有恆常」，四木也就是四天榦，青榦，即帛書右上角之青木，代表東方和春天，下領一至三月。〔註408〕

〔註404〕李零：《長沙子彈庫戰國楚帛書研究》，（北京：中華書局，1985年），頁69。
〔註405〕商承祚：〈戰國楚帛書述略〉，《文物》1964年9月，頁16。
〔註406〕嚴一萍：〈楚繒書新考〉（上），《中國文字》26冊，1967年12月，頁8。
〔註407〕饒宗頤：〈楚帛書新證〉《楚地出土文獻三種》，（北京：中華書局，1993年），頁241。
〔註408〕李零：《長沙子彈庫戰國楚帛書研究》，（北京：中華書局，1985年），頁70。

嘉凌案：「𠦪」字始見於戰國，季師旭昇分析其字形謂：

> 從易、从聲，易為日在丂上，和「𠦪」義近，因此可以做「𠦪」的義符。〔註409〕

季師字形說解可從，而楚簡中「𠦪」字形多見，如🔲（包山簡 2.75）、🔲（包山簡 2.85）、🔲（包山簡 2.168），「日」形下方作「干」形；或「干」形變化作🔲（秦家嘴簡 1.1）；或變化為「羊」形作🔲（天星觀卜筮簡），〔註410〕因此《楚帛書》「🔲」字從「木」從「𠦪」，釋「榦」無疑。

而帛書〈丙篇〉4.1.10 有字作「🔲」（筆者摹形：🔲），商承祚〈戰國楚帛書述略〉、饒宗頤〈楚帛書新證〉、曾憲通《長沙楚帛書文字編》均釋為「杲」；〔註411〕滕壬生《楚系簡帛文字編》除釋為「杲」外，更將字摹為「木」形作🔲；〔註412〕而朱德熙〈長沙帛書考釋（五篇）〉首釋為「旱」。〔註413〕

細審此字形，「日」形下方非「木」形，應為「干」形，且「🔲」（🔲）字之右旁與帛書「🔲」字同形，故字形應從朱德熙先生釋「旱」，因此《楚系簡帛文字編》字形應重新摹字及校正為是。故本句「倀（長）曰青□榦（榦）」，居長的名為「青□榦」，「青□榦」為青木之名，代表東方及春天。

【2】

出　　處	甲4.17／二	甲4.18／曰	甲4.19／未	甲4.20／四	甲4.21／單
帛書字形	🔲	🔲	🔲	🔲	🔲

〔註409〕季師旭昇：《說文新證》（上），（台北：藝文印書館，民國 91 年），頁 541。

〔註410〕張光裕主編，袁師國華合編：《包山楚簡文字編》，（台北：藝文印書館，民國 81 年），頁 187、346、420；滕壬生：《楚系簡帛文字編》，（武漢：湖北教育出版社，1995 年），頁 559、812。

〔註411〕商承祚：〈戰國楚帛書述略〉，《文物》第九期，1964 年 9 月，頁 17；饒宗頤：〈楚帛書新證〉《楚地出土文獻三種》，（北京：中華書局，1993 年），頁 271；曾憲通：《長沙楚帛書文字編》，（北京：中華書局，1993 年），頁 44。

〔註412〕滕壬生：《楚系簡帛文字編》，（武漢：湖北教育出版社，1995 年），頁 444。

〔註413〕朱德熙：〈長沙帛書考釋（五篇）〉《朱德熙古文字論集》，（北京：中華書局，1995 年），頁 206。

復原字形					

1. 甲 4.18／未

《楚帛書》「未」字，商承祚〈戰國楚帛書述略〉謂：

> 未有日月的未，此形與之相符，但上句之青，下二句之黃、墨顏色
> 字看，在此不應作未，當爲朱字筆誤。〔註414〕

嚴一萍〈楚繒書新考〉據李棪先生目驗釋「朱」，認爲中間豎筆特粗，則與「未」字原有分別。〔註415〕

劉信芳《子彈庫楚墓出土文獻研究》釋「未」，謂：

> 字實爲「蔚」之本字，蓋「未」既爲地名，故經典多以蔚代之，《淮
> 南子・兵略》：「設蔚地伏」高誘《注》：「草木繁盛曰蔚」，帛書「未」
> 用其本義。〔註416〕

嘉凌案：「未」字甲文作未（《前》7.20.3）、未（《粹》131）、未（《存》2742）；金文作未（利簋）；楚簡文字作未（包山簡 2.41），字形承甲、金文，或於下端加橫筆作未（包山簡 2.8），《楚帛書》「未有日月」之「未」即爲此形，或上端重葉之形分離下端作未（包山簡 2.3），或重葉之形拉直爲橫畫作未（秦家嘴 1.1）。〔註417〕

「朱」字甲文作朱（《珠》121）；金文作朱（羖鼎）、朱（吳方彝）、朱（師酉簋）；楚簡作朱（曾侯簡 86），於中央作兩橫筆，或於下端加橫筆爲飾作朱（信陽簡 2.016），〔註418〕字形承甲、金文，於中央作兩橫筆。故楚簡「朱」

〔註414〕商承祚：〈戰國楚帛書述略〉，《文物》1964 年 9 月，頁 17。

〔註415〕嚴一萍：〈楚繒書新考〉（上），《中國文字》26 冊，1967 年 12 月，頁 8。

〔註416〕劉信芳：《子彈庫楚墓出土文獻研究》，（台北：藝文印書館，民國 91 年），頁 35～36。

〔註417〕中國社會科學院考古研究所：《甲骨文編》，（北京：中華書局，1965 年），頁 566；容庚編：《金文編》，（北京：中華書局，1985 年），頁 998；張光裕主編，袁師國華合編：《包山楚簡文字編》（台北：藝文印書館，民國 81 年），頁 207；滕壬生：《楚系簡帛文字編》，（武漢：湖北教育出版社，1995 年），頁 1093。

〔註418〕中國社會科學院考古研究所：《甲骨文編》，（北京：中華書局，1965 年），頁 260；容庚編：《金文編》，（北京：中華書局，1985 年），頁 394；張光裕、滕壬生、黃錫全主編：《曾侯乙墓文字編》，（台北：藝文印書館，民國 86 年），頁 67；河南省文物研究所：《信陽楚墓》，（北京：文物出版社，1986 年），圖

字與「未」字的差別在中間的橫筆之有無。

　　細審帛書「」字，中間並無「朱」字的明顯橫畫，與「未」字較爲形近。由於此處爲說明四子名稱，並以東南西北四方與青紅黃黑四色相配，因此字義於此應釋「朱」較佳，據此，筆者作一假設，書手或因誤寫爲「未」字，然爲與「未」字區別，故於「中央」作塡實筆畫，因此與楚簡中「朱」字均不類，即商承祚先生所言爲「朱」字筆誤，故本文依字形隸定作「未」，於文義釋讀爲「朱」。

2. 甲 4.19／四

　　《楚帛書》「」字，嚴一萍〈楚繒書新考〉釋「首」，謂：

　　　商氏釋「四」，誤，當是首字。〔註419〕

嘉凌案：據此，學者有「首」及「四」兩種說法，「首」字甲文作（《乙》3401）、（《柏》23）；金文作（沈子它簋）、（頌鼎），或目部簡化作（頌壺），亦簡省毛髮狀作（帀伯簋）；楚簡文字作（包山簡2.269），或於上端加橫筆爲飾作（信陽簡2.029），與楚簡「百」字同形，於偏旁或作（天星觀卜筮簡憂字所从），首形部分橫筆變化爲「大」形；或首形上端橫筆簡省作（包山簡牘1項字所从）。〔註420〕據此，《楚帛書》「」字與「首」字明顯有別，釋「首」非是。

　　「四」字甲文作（《甲》504）；金文作（毛公鼎）；楚簡文字作（包山簡2.111），字形承甲、金文，或作（包山簡2.266）；或中間兩豎筆貫穿字體作（包山簡2.119）；或豎筆收束而與楷書同形作（信陽簡2.01）；或於字體中間加橫筆爲飾，與「回」形相似作（楚帛書乙篇四.6）；或中間筆畫爲「井」形作（郭店簡‧性自命出‧簡9）。〔註421〕

版124。

〔註419〕嚴一萍：〈楚繒書新考〉（上），《中國文字》26冊，1967年12月，頁8。

〔註420〕中國社會科學院考古研究所：《甲骨文編》，（北京：中華書局，1965年），頁371；容庚編：《金文編》，（北京：中華書局，1985年），頁630；張光裕主編，袁師國華合編：《包山楚簡文字編》，（台北：藝文印書館，民國81年），頁448、449；河南省文物研究所：《信陽楚墓》，（北京：文物出版社，1986年），圖版128；滕壬生：《楚系簡帛文字編》，（武漢：湖北教育出版社，1995年），頁713、423、711。

〔註421〕中國社會科學院考古研究所：《甲骨文編》，（北京：中華書局，1965年），頁538；容庚編：《金文編》，（北京：中華書局，1985年），頁945；張光裕主編，袁師國華合編：《包山楚簡文字編》，（台北：藝文印書館，民國81年），頁

　　細查《楚帛書》「四」字有「▨」（甲 2.13）及「▨」（甲 3.13）兩種類型，而《曾侯簡》更同出 ▨（曾侯簡 212）、▨（曾侯簡 120）、▨（曾侯簡 36）、▨（曾侯簡 39）〔註 422〕四種形體，可見楚簡「四」字在當時寫法眾多且並存。

　　細審帛書「▨」字，為上下兩包合之筆法，與 ▨（曾侯簡 36）字極為相似，由於「▨」字位居折痕處，因此同橫行的文字，上部均產生向左之位移，如同行的「旁」字作 ▨，「亟」字作 ▨，若將「▨」字中間筆畫豎直，還原位移部分，字形釋「四」可從。

3．甲 4.20／單

　　《楚帛書》「▨」字，嚴一萍〈楚繒書新考〉釋「嘼」，〔註 423〕饒宗頤〈楚帛書新證〉釋「單」，讀「檀」謂：

> 朱四單者，即朱樸檀。《爾雅·釋木》：「魄，樸櫨」郭註：「魄，大木細，葉似檀。……帛書之朱四單（檀），四字殆樸櫨之合音急讀，是朱四單乃即樸櫨檀。其子赤色，故云朱，可以《爾雅·釋木》證之。〔註 424〕

嘉凌案：「單」字甲文作 ▨（《乙》1680 反）、▨（《乙》1049）、▨（《前》7.26.4）、▨（《菁》5.4）；金文作 ▨（西單斝）、▨（北單爵）、▨（王盉）、▨（單伯鬲）；楚簡文字作 ▨（郭店簡·五行·簡 16），字形承甲、金文，上端為分叉之形作雙圈形，下方加「口」形為飾，於偏旁或未加「口」形作 ▨（包山簡 2.150 獸字所從），或上端分叉之形與下部分離作 ▨（雨臺山簡 21.2 獸字所從），或簡省上端分叉處作 ▨（包山簡 2.21 獸字所從），〔註 425〕字體筆

101：河南省文物研究所：《信陽楚墓》，（北京：文物出版社，1986 年），圖版 119；張光裕主編，袁師國華合編：《郭店楚簡研究·第一卷·文字編》，（台北：藝文印書館，民國 88 年），頁 128。

〔註 422〕張光裕、滕壬生、黃錫全主編：《曾侯乙墓文字編》，（台北：藝文印書館，民國 86 年），頁 19、32。

〔註 423〕嚴一萍：〈楚繒書新考〉（上），《中國文字》26 冊，1967 年 12 月，頁 8。

〔註 424〕饒宗頤：〈楚帛書新證〉《楚地出土文獻三種》，（北京：中華書局，1993 年），頁 241～242。

〔註 425〕中國社會科學院考古研究所：《甲骨文編》，（北京：中華書局，1965 年），頁 53；容庚編：《金文編》，（北京：中華書局，1985 年），頁 78；張光裕主編，袁師國華合編：《郭店楚簡研究·第一卷·文字編》，（台北：藝文印書館，民國 88 年），頁 126；張光裕主編，袁師國華合編：《包山楚簡文字編》，（台北：

畫與楷書筆法相同。據此，《楚帛書》「」即屬於上方分叉與下方分離，且於下方加口形爲飾者，故應釋爲「單」字。「二曰朱四單」即第二位名爲「朱四單」，「朱四單」即赤木之名稱，代表南方和夏天。

【3】

出　處	甲 4.22／三	甲 4.23／曰	甲 4.24／翏	甲 4.25／黃	甲 4.26／難
帛書字形					
復原字形					

1. 甲 4.22／曰

嘉凌案：《楚帛書》「 」字形雖殘泐，仍可明顯看出「曰」字之上曲筆，且據上述「長曰」、「二曰」辭例，故此處應爲「三曰」，因此《楚帛書》「 」應爲釋「曰」，字形可恢復爲「 」。

2. 甲 4.23／翏

《楚帛書》「 」字，上部爲「羽」形無疑，由於下部有裂紋，字形難辨。饒宗頤〈楚帛書新證〉謂：

> 下形缺疑是从隹，翟殆是白部雈之別體，雈，鳥之白也，……黃讀爲皇大也。《爾雅》草木名，每附加大小及顏色，皇亦作王。翟皇難（然）可解爲白大樠，即《廣志》所謂「大白棗」。〔註 426〕

李零〈長沙子彈庫戰國楚帛書研究補正〉目驗帛書，釋此字爲「翏」。〔註 427〕

嘉凌案：由於《楚帛書》 字下方明顯有似「𠆢」形及「圈」形筆畫，

藝文印書館，民國 81 年），頁 248；滕壬生：《楚系簡帛文字編》，（武漢：湖北教育出版社，1995 年），頁 1053。

〔註 426〕饒宗頤：〈楚帛書新證〉《楚地出土文獻三種》，（北京：中華書局，1993 年），頁 241。

〔註 427〕李零：〈長沙子彈庫戰國楚帛書研究補正〉《古文字研究》20 輯，（北京：中華書局，2000 年），頁 171。

故饒宗頤先生釋「雀」。「雀」字甲文作 （《乙》603）；金文及楚簡文字均未見，晉國璽印文字作 （《璽彙》1852），中山王鼎「隻」字作 ，〔註428〕據此字形可發現，「雀」字兩角正中間下方接「隹」形之頭部，由於《楚帛書》「」下端圈形筆畫未居於正中間，且「圈」形處筆法與「」形不類，故應非從「雀」字。

　　楚簡「翏」字作 （包山簡 2.169），於偏旁在「圈」形兩旁有撇筆作 （包山簡 2.105），〔註429〕與《楚帛書》「」極為相似，故暫依李零先生目驗釋「翏」，因此「三曰翏黃難」，即第三位名為「翏黃難」，「翏黃難」為黃木之名稱，代表西方和秋天。

【4】

出　處	甲 4.27／四	甲 4.28／曰	甲 4.29／□	甲 4.30／墨	甲 4.31／橎
帛書字形					
復原字形					

　　《楚帛書》「」字，商承祚〈戰國楚帛書述略〉釋「數」，謂：

> 數字殘泐，矢字偏旁，金文梁伯戈「鬼方」作「方」，金文「畏」亦有從攴作「」，據下行與「攷」連文，其為鬼字別構或無疑問。
> 〔註430〕

　　饒宗頤〈楚帛書新證〉釋「溈」，謂：

> 字從水田，殆溈字，《廣雅·釋詁三》：「溈，濁也。」〔註431〕

〔註428〕中國社會科學院考古研究所：《甲骨文編》，（北京：中華書局，1965 年），頁179；羅福頤主編：《古璽彙編》（北京：文物出版社，1981 年），頁 188；張守中：《中山王器文字編》，（北京：中華書局，1981 年），頁 62。
〔註429〕張光裕主編，袁師國華合編：《包山楚簡文字編》，（台北：藝文印書館，民國81 年），頁 311、403。
〔註430〕商承祚：〈戰國楚帛書述略〉，《文物》第九期，1964 年 9 月，頁 16。
〔註431〕饒宗頤：〈楚帛書新證〉《楚地出土文獻三種》，（北京：中華書局，1993 年），

　　李零〈長沙子彈庫戰國楚帛書研究補正〉目驗帛書釋作「瀦」。〔註432〕

　　嘉凌案：楚簡「甾」字作（包山簡 2.23），〔註433〕與《楚帛書》「　　」中間字形相同，故可釋從「甾」；右部偏旁中間似有一橫筆，然由於筆畫太模糊，是否爲「米」形或「水」形，無法確定；左旁亦有模糊筆畫，故《楚帛書》「　　」缺釋待考。「四曰□墨榯（檊）」即第四位名爲「□墨榯（檊）」，「□墨榯（檊）」爲黑木之名稱，代表北方和冬天。

千又（有）百歲【1】，日月允生【2】。九州不坪（平）【3】，山陵備峩【4】

【1】

出　　處	甲 4.32／千	甲 4.33／又	甲 4.34／百	甲 4.35／歲
帛書/字形				
復原字形				

　　饒宗頤〈楚帛書新證〉謂：

> 《淮南子·天文訓》：「一千五百二十歲大始終，日月星辰復始」是一千五百歲爲大始終之數，千又百歲但取成數耳，漢人多治終始之學，陰陽家書有《黃帝終始傳》。《法言》李軌註云：「當孝文之時，三千五百歲，天地一周也」，其說多歧。〔註434〕

　　嘉凌案：《太平御覽》卷二引三國吳徐整《三五歷記》：

> 天地混沌如雞子，盤古生其中。萬八千歲，天地開闢，陽清爲天，陰濁爲地。盤古在其中，一日九變，神於天，聖於地。天日高一丈，

頁 242。

〔註432〕李零：〈長沙子彈庫戰國楚帛書研究補正〉《古文字研究》20 輯，（北京：中華書局，2000 年），頁 171。

〔註433〕張光裕主編，袁師國華合編：《包山楚簡文字編》，（台北：藝文印書館，民國81 年），頁 255。

〔註434〕饒宗頤：〈楚帛書新證〉《楚地出土文獻三種》，（北京：中華書局，1993 年），頁 242。

地日厚一丈，盤古日長一丈，如此萬八千歲，天數極高，地數極深，
盤古極長。〔註435〕

故「千又百歲」即「千有百歲」謂經過千百年的時間。

【2】

出　　處	甲 4.36／日月＝	甲 5.1／允	甲 5.2／生
帛書字形			
復原字形			

《楚帛書》「畟」字，商承祚〈戰國楚帛書述略〉釋「夋」，謂：

　　《山海經・大荒南經》：又「生月十有二」的神話傳說，即帝俊，「日
月夋生」，即「夋生日月」。〔註436〕

饒宗頤〈楚帛書新證〉釋「夋」讀「允」，謂：

　　下半似變从身，身亦人體，與儿同意可通，故可定爲「夋」字，而
讀「允」，《爾雅・釋詁》：「允，信也」。〔註437〕

李學勤《簡帛佚籍與學術史》釋「允」，謂：

　　「日月允生」，「允」是假設之詞，意同如果，古代神話認爲日月由
一定的山或海出生，帛書是說，那時日月如果出生，礙於九州不平，
山陵也都傾側，致使四神（即四時）相代運轉遇到困難。〔註438〕

曾憲通《長沙楚帛書文字編》釋「允」，謂：

　　帛書身字作夅，允字作夋，夋字作夅，形雖近而有別。〔註439〕

李零《長沙子彈庫戰國楚帛書研究》認爲釋「允」讀「允」，爲語中助

〔註435〕〔宋〕李昉等編撰：《太平御覽》（台北：大化出版社，1977 年），頁 8。
〔註436〕商承祚：〈戰國楚帛書述略〉《文物》1964 年 9 月，頁 16。
〔註437〕饒宗頤：〈楚帛書新證〉《楚地出土文獻三種研究》，（北京：中華書局，1993
　　　　年），頁 242。
〔註438〕李學勤：《簡帛佚籍與學術史》，（南昌：江西教育出版社，2001 年），頁 50。
〔註439〕曾憲通：《長沙楚帛書文字編》，（北京：中華書局，1993 年），046 允下說
　　　　明。

詞，無義；〔註440〕劉信芳《子彈庫楚墓出土文獻研究》釋「允」，讀「逡」，
謂：

> 《說文》：「夋，行夋夋也」《方言》卷十二：「䟆、逡，循也。䟆，
> 歷行也。日運爲䟆，月運爲逡。」是「日月夋生」若以神話解，則
> 爲「日月乃帝夋所生」；若以實際內涵理解，則爲始有「紀日紀月」。
> 帛書「日月夋生」的時代在「未有日月」與「共工夸步十日四時」
> 之間，共工時代的「十日」已是干支紀日（參下文所述），則此時之
> 「紀日紀月」應是結繩以紀。〔註441〕

嘉凌案：「允」字甲文作 𢀖（《乙》7795）；金文作 𢀖（班簋）；楚簡文字承甲、
金文作 𢀖（郭店簡·成之聞之·簡36），或於下方加「厶」形筆畫作 𢀖（郭
店簡·緇衣·簡5），季師旭昇分析字形謂：

> 「允」字或於「人」形下加「止」形，遂爲「夋」字（如《郭·緇》
> 5），「允」、「夋」本實一字。〔註442〕

季師於字形說解可從，然細審帛書「𢀖」字，下方並未爲「厶」形筆畫，
而是與楚簡「身」字同形作 𢀖（包山簡2.226），〔註443〕人與身同義，故《楚
帛書》「𢀖」字應釋爲「允」。「允」意爲「信、誠」，如《詩·小雅·車攻》：
「允矣君子」，鄭玄《箋》：「允，信也」；《禮記·緇衣》：「允也君子」，鄭《注》：
「允，信也」，因此「允」又引申爲副詞，爲信然，誠然之意，如《書·堯典》：
「允恭允讓」；《僞孔傳》：「允，信也」；《皋陶謨》：「庶尹允諧」。〔註444〕由於
《楚帛書》〈甲篇〉之一言「未有日月」，兩處文句應有連貫，故「日月允生」
即經過了千百年的歲月，太陽與月亮誠然產生。

〔註440〕李零：《長沙子彈庫戰國楚帛書研究》，（北京：中華書局，1985年），頁70。

〔註441〕劉信芳：《子彈庫楚墓出土文獻研究》，（台北：藝文印書館，民國91年），頁
37。

〔註442〕中國社會科學院考古研究所：《甲骨文編》，（北京：中華書局，1965年），頁
362；容庚編：《金文編》（北京：中華書局，1985年），頁641；張光裕主編，
袁師國華合編：《郭店楚簡研究·第一卷·文字編》（台北：藝文印書館，民
國88年），頁68；季師旭昇：《說文新證》（下），（台北：藝文印書館，民國
93年），頁51～52。

〔註443〕張光裕主編，袁師國華合編：《包山楚簡文字編》，（台北：藝文印書館，民國
81年），頁360。

〔註444〕王力主編：《王力古漢語字典》（北京：中華書局，2000年），頁54。

【3】

出　　處	甲 5.3／九	甲 5.4／州	甲 5.5／不	甲 5.6／坪
帛書字形				
復原字形				

1. 甲 5.3／九

　　嘉凌案：《楚帛書》「」字形殘，楚簡「九」字作（包山簡 2.20），〔註445〕首筆與末筆仍清楚可辨，據此字形可恢復爲「九」。

　　「九州」習見於典籍，如《周禮・地官・大司徒》：「周知九州之地域廣輪之數」；《楚辭・天問》：「九州安錯」；《呂氏春秋・有始》：「何謂九州？」；《漢書・食貨志》：「定九州」，顏師古注：「九州，冀、兗、青、徐、揚、荊、豫、梁、雍。」；《爾雅・釋地》：「兩河閒曰冀州，河南曰豫州，河西曰雝州，漢南曰荊州，江南曰揚州，濟河閒曰兗州，濟東曰徐州，燕曰幽州，齊曰營州。」〔註446〕因此「九州」應指地面所有土地之範圍而言。

2. 甲 5.5／不

　　《楚帛書》「不」字，嚴一萍〈楚繒書新考〉釋「不」；〔註447〕商承祚〈戰國楚帛書述略〉釋「丕」，〔註448〕董楚平〈楚帛書"創世篇"釋文釋義〉從之謂：

> 諸多學者釋九州不平，山陵盡壞，失之。有了日月，天下爲什麼反而不得安寧。〔註449〕

〔註445〕張光裕主編，袁師國華合編：《包山楚簡文字編》，（台北：藝文印書館，民國81 年），頁 29；

〔註446〕宗福邦、陳世鐃、蕭海波：《故訓匯纂》，（北京：商務印書館，2003 年），頁44。

〔註447〕嚴一萍：〈楚繒書新考〉（上），《中國文字》26 冊，1967 年 12 月，頁 9～10。

〔註448〕商承祚：〈戰國楚帛書述略〉，《文物》第九期，1964 年 9 月，頁 16。

〔註449〕董楚平：〈楚帛書"創世篇"釋文釋義〉《古文字研究》第 24 輯，（北京：中華書局，2002 年），頁 349。

嘉凌案：中外神話當中，並非以日、月爲秩序的建立象徵，有時甚至是社會混亂的根源，如后羿的射十日神話，且依帛書前後文義看來，應爲敘述天地由「不平」而「平」的過程，故《楚帛書》「![字]」字應釋爲「不」。

3. 甲 5.6／坪

《楚帛書》「![字]」字，商承祚〈戰國楚帛書述略〉釋「壼」，讀「滂」，〔註450〕饒宗頤〈楚帛書新證〉釋「重」，讀「涌」，謂：

> 《說文》：「涌，滕也」，《廣韻‧二腫》：「涌，涌泉也」，《七發》：「波涌而濤起」，「九州不重」謂水患已平，不復騰波。〔註451〕

嚴一萍〈楚繪書新考〉引平安君鼎字形釋「平」，謂乃「坪」字，假爲「平」無疑。〔註452〕

嘉凌案：《楚帛書》「![字]」字於楚簡屢見，釋從「旁」或「甬」均非是；《楚帛書》旁字作「![字]」，與「![字]」字明顯有別，故非爲從「旁」。楚簡「甬」字作![字]（包山簡 2.77），上部頂端爲半圓形；或於下端加橫筆爲飾作![字]（包山簡 2.267），〔註453〕故與帛書「![字]」字判然有別，釋從「甬」非是。

楚簡「坪」字形體眾多：有與《說文》古文相似作![字]（曾侯簡 67），〔註454〕然此類字形目前僅見於曾侯簡；或作![字]（包山簡 2.240）、![字]（包山簡 2.203）、![字]（包山簡 2.200）、![字]（包山簡 2.138），〔註455〕而《包山簡 2.138》與《楚帛書》「![字]」字同形，故釋「坪」無疑，而此字形諸家學者原持不同看法，然由於裘錫圭先生與李家浩先生據曾侯乙墓鐘磬銘文資料「坪夜君」、「坪皇」，而確定爲「坪」字。〔註456〕因此「九州不平」，即大地不平定，產生動盪混亂。

〔註450〕商承祚：〈戰國楚帛書述略〉，《文物》第九期，1964 年 9 月，頁 16。

〔註451〕饒宗頤：〈楚帛書新證〉《楚地出土文獻三種研究》，（北京：中華，1993 年），頁 242。

〔註452〕嚴一萍：〈楚繪書新考〉（上），《中國文字》26 冊，1967 年 12 月，頁 9～10。

〔註453〕張光裕主編，袁師國華合編：《包山楚簡文字編》，（台北：藝文印書館，民國 81 年），頁 253。

〔註454〕張光裕、滕壬生、黃錫全主編：《曾侯乙墓文字編》，（台北：藝文印書館，民國 86 年），頁 33。

〔註455〕張光裕主編，袁師國華合編：《包山楚簡文字編》，（台北：藝文印書館，民國 81 年），頁 103。

〔註456〕裘錫圭、李家浩〈談曾侯乙墓鐘磬銘文中的幾個字〉，《文物》第七期，1979 年 7 月，頁 31。

【4】

出　處	甲 5.7／山	甲 5.8／陵	甲 5.9／備	甲 5.10／峽
帛書字形				
復原字形				

《楚帛書》「峽」字，嚴一萍〈楚繒書新考〉釋「盛」。〔註457〕

嘉凌案：楚簡「盛」字作（包山簡 2.197）、（包山簡 2.125），〔註458〕字形明顯有別，《楚帛書》「峽」字釋「盛」非是。

商承祚〈戰國楚帛書述略〉釋「峽」讀「衁」，謂：

> 同衁，安寧寂靜意。〔註459〕

陳邦懷〈戰國楚帛書文字考證〉釋「峽」，讀作「妖」，謂：

> 《國語・晉語》：「辨妖祥於謠」，韋注：「妖，惡也」，字從血有傷害之義，《易經・需卦》王弼注：「凡稱血者，陰陽鄉傷者也」，乙篇六行「非九天，則大峽」，訓惡。〔註460〕

高明〈楚繒書研究〉釋「脈」，謂：

> 即山脈之脈，「山陵備脈」，謂山陵俱已通貫相聯。〔註461〕

何琳儀釋「峽」，以為「衁」之異文，謂：

> 矢，雙臂下垂，天雙臂一揚一垂作搖擺狀。……兩者判然有別。……峽，從矢血聲，乃「衁」之異文，……衁，典籍或作「溢」，《莊子・齊物論》「以言其老溢也」，釋文「本亦作溢」，《則陽》「所行之備而

〔註457〕嚴一萍：〈楚繒書新考〉（上），《中國文字》26 冊，1967 年 12 月，頁 10。

〔註458〕張光裕主編，袁師國華合編：《包山楚簡文字編》，（台北：藝文印書館，民國 81 年），頁 269。

〔註459〕商承祚：〈戰國楚帛書述略〉，《文物》第九期，1964 年 9 月，頁 16。

〔註460〕陳邦懷：〈戰國楚帛書文字考證〉《古文字研究》第 5 輯，（北京：中華書局，1989 年），頁 241。

〔註461〕高明：〈楚繒書研究〉《古文字研究》12 輯，（北京：中華書局，1885 年），頁 379。

不洫」，釋文「洫音溢，李注，洫，濫也。王云，壞敗也。」林希逸
《南華眞經口義》釋「洫」爲「泥著而陷溺之意」。「山陵備峽」應
釋爲「山陵盡壞」，與上句「九州不平」意亦相涵。〔註462〕

劉信芳《子彈庫楚墓出土文獻研究》釋「峽」，讀作「矢」，謂：

> 「備矢」與「不平」互文見義，不正曰矢，不中曰側（參朱駿聲《說
> 文通訓定聲》），矢、側古通用。平矢猶後世之平仄。山陵不正不中
> 者，謂遠古只知地勢起伏之「仄」爲山陵，尚未及有分辨而一一爲
> 之正名此爲某山，彼爲某山也。及至四極持正，方位規矩度量確立，
> 於是知某山爲某山，如《山海經》之南山、北山；東山、中山然。
> 〔註463〕

范常喜〈讀簡帛文字箚記六則〉釋「峽」，讀「殈」，謂：

> 《禮記·樂記》：「而卵生者不殈。」鄭玄注：「殈，裂也。今齊人語
> 有殈者」，《玉篇·歹部》：「殈，裂也」，將「峽」讀作「殈」放在帛
> 書原文「山陵備峽（殈）」和「非九天則大峽（殈）」中也大致可通。
> 〔註464〕

陳秉新〈長沙楚帛書文字考釋之辨正〉釋「峽」，謂：

> 帛書借爲「敷」……山陵备峽，即山陵具敷之義。〔註465〕

陳斯鵬先生以《新蔡楚簡》中「夫人」合文中的「夫」字將此字改隸作
「峽」，讀作「逼」，同「偪」，訓作「傾側、危逼」。〔註466〕

嘉凌案：《楚帛書》「𧶔」字於帛書兩見，諸家學者對左偏旁「血」均有
共識，然右部偏旁，計有「夭」、「底」、「夫」、「矢」四種意見。

「夭」字甲文作 ✦（《後》2.4.13）；金文作 ✦（盂鼎）；楚簡文字於偏旁
作 ✦（包山簡 2.100 走字所从），〔註467〕字形承甲、金文，雙臂爲一上一下

〔註462〕何琳儀：〈長沙帛書通釋〉，《江漢考古》第二期，1986 年 2 月。

〔註463〕劉信芳：《子彈庫楚墓出土文獻研究》，（台北：藝文印書館，民國 91 年），頁
38～39。

〔註464〕范常喜：〈讀簡帛文字箚記六則，簡帛研究網 2006 年 11 月 13 日。

〔註465〕陳秉新：〈長沙楚帛書文字考釋之辨正〉，《文物研究》第四期，1988 年 4 月，
頁 189。

〔註466〕陳斯鵬：〈戰國楚帛書甲篇文字新釋〉《古文字研究》第 26 輯，（北京：中華
書局，2006 年），頁 347。

〔註467〕中國社會科學院考古研究所：《甲骨文編》，（北京：中華書局，1965 年），頁 423；
容庚編：《金文編》，（北京：中華書局，1985 年），頁 700；；張光裕主編，袁

擺動之形，與《楚帛書》「」判然有別，故非从「夭」字。

「辰」字甲文作（《甲》3333）；金文作（史宜父鼎），春秋金文作（杞伯簋）；〔註468〕楚簡未見此字，然據甲、金文與《楚帛書》「」字比較，字體明顯不同，故釋「辰」不可從。

「夫」字甲文作（《乙》1874），象人正立形；金文作（盂鼎），或橫筆均爲直筆作（善夫吉父簋）；楚簡文字作（包山簡 2.4），字形承甲、金文，或上方橫筆均爲直筆作（曾侯簡 178）。〔註469〕陳斯鵬先生所舉《新蔡簡》「夫人」合文共十例，〔註470〕其中九例字形雖有墨色淡去的殘筆筆畫，如，但均可知其字確爲从「夫」，陳斯鵬先生據唯一一例缺筆字形作，釋《楚帛書》「」字从「夫」，然細審《新蔡簡》「夫人」之「夫」字上方橫筆，清楚可見中央豎筆之左側有明顯的凸出筆畫，由於上橫筆殘泐，而造成兩字形近。據此，帛書「」字釋「夫」非是。

「矢」字甲文作（《乙》5317）、（《前》1.45.3）；金文作（矢王尊）；楚簡於偏旁作（包山簡 2.266 㑊字所从），〔註471〕雖未見甲、金文明顯頭側傾之形，與帛書「」字與「矢」字上方筆畫有別，但以字形而言，「矢」字較爲接近，故帛書「」字暫釋「峨」。

而「備」除預備、完備之意，亦有「全」、「均」、「具」之意，如《詩經·周頌·有瞽》：「既備乃奏，簫管備全」；《左傳·僖公廿八年》：「險阻堅難，

師國華合編：《包山楚簡文字編》，（台北：藝文印書館，民國 81 年），頁 358。

〔註468〕中國社會科學院考古研究所：《甲骨文編》，（北京：中華書局，1965 年），頁 450；容庚編：《金文編》，（北京：中華書局，1985 年），頁 749。

〔註469〕中國社會科學院考古研究所：《甲骨文編》，（北京：中華書局，1965 年），頁 427；容庚編：《金文編》，（北京：中華書局，1985 年），頁 708；張光裕主編，袁師國華合編：《包山楚簡文字編》，（台北：藝文印書館，民國 81 年），頁 112；張光裕、滕壬生、黃錫全主編：《曾侯乙墓文字編》，（台北：藝文印書館，民國 86 年），頁 35。

〔註470〕見《新蔡簡》簡甲三：176、甲三：213、乙一：6、乙一：11、乙一：13、乙一：27（殘）、乙二：24.36、乙三：46、乙四：128、零：387（殘）、零：499（殘）。河南省文物考古研究所編著：《新蔡葛陵楚墓》，（鄭州：大象出版社，2003 年）。

〔註471〕中國社會科學院考古研究所：《甲骨文編》，（北京：中華書局，1965 年），頁 423；容庚編：《金文編》，（北京：中華書局，1985 年），頁 698；張光裕主編，袁師國華合編：《包山楚簡文字編》，（台北：藝文印書館，民國 81 年），頁 193。

備嘗之矣」，〔註472〕故「山陵備峨」指山陵具是傾倒不正之景象，與「九州不平」文義相同。

四神乃乍（作）【1】，□至于遄（復），天旁遑（動）【2】，攼（扞）嫨（蔽）之【3】，青木、赤木、黃木、白木、墨木之梼（楨）【4】。

【1】

出　　處	甲 5.11／四	甲 5.12／神	甲 5.13／乃	甲 5.14／乍
帛書字形				
復原字形				

　　《甲 5.12》、《甲 5.13》、《甲 5.14》三字字形殘泐，諸家不識，後經李零〈長沙子彈庫戰國楚帛書研究補正〉目驗，認爲應釋爲「四神乃乍（作）」。〔註473〕

　　嘉凌案：《楚帛書》「神」字左半雖殘泐，然「申」旁筆畫明顯可辨，且「四神」即前文「四子」，故《楚帛書》「神」字應釋爲「神」。

　　而《楚帛書》「乃」字作「乃」（甲 1.35），與《甲 5.13》「乃」字相較，上下筆畫與中間轉折處之連筆筆畫均相同，故釋「乃」可從。

　　《楚帛書》「乍」字均作「乍」（乙 2.7），與《楚帛書》「乍」字相較，上部「卜」形及左旁之豎筆均相同，故《楚帛書》「乍」字釋「乍」可從，於此讀爲「作」，「作」，意爲起，又爲興起，如《周易‧乾卦》：「聖人作而萬物覩」；《孟子‧公孫丑上》：「由湯至於武丁，聖賢之君六七作」，〔註474〕因此「四神乃作」即四神於是興起。

〔註472〕王力：《王力古漢語字典》，（北京：中華書局，2000 年），頁 42。
〔註473〕李零：〈長沙子彈庫戰國楚帛書研究補正〉《古文字研究》20 輯，（北京：中華書局，2000 年），頁 170。
〔註474〕王力：《王力古漢語字典》，（北京：中華書局，2000 年），頁 24。

【2】

出處	甲5.15／□	甲5.16／至	甲5.17／于	甲5.18／復	甲5.19／天	甲5.20／旁	甲5.21／達
帛書字形		※	亐	邊	天	亐	邊
復原字形		※	于	邊	天	亐	邊

　　「邊」字，嚴一萍〈楚繪書新考〉釋「動」；〔註475〕饒宗頤〈楚帛書新證〉承此說謂：

　　　　達字見望山簡：「不可以達思」，即動字異構。〔註476〕

嘉凌案：《楚帛書》「邊」字釋讀可從。《楚帛書》「亐」字稍有扭曲變形，楚簡未見旁字，於偏旁作 鐞（包山簡2.254 鐞字所從），字形與「亐」非常相似；或與「平」字相似作 鼻（天星觀遣策簡 鼻字所從），〔註477〕然此類字形僅見與天星觀簡中；或下方「方」形變異作 鷄（包山簡2.197 鷄字所從），字形較特別，因此《楚帛書》「亐」字釋「旁」可從。

　　然學者們對此句之斷句持有不同意見，饒宗頤〈楚帛書新證〉讀「四神乃乍，至于復天旁達」，謂：

　　　　「復天」猶云「天之所覆」。四神指上文四木之精，亦即四時，其樹

　　　　為天所覆陰。〔註478〕

　　李學勤《簡帛佚籍與學術史》讀「四神乃乍，□至于復。天旁達攻」，謂：

　　　　「青」字下因帛書有斷損疊壓，少去一字。自此以下帛書各行，在

〔註475〕嚴一萍：〈楚繪書新考〉（上），《中國文字》26冊，1967年12月，頁10。

〔註476〕饒宗頤：〈楚帛書新證〉《楚地出土文獻三種研究》，（北京：中華書局，1993年），頁243。

〔註477〕張光裕主編、袁師國華合編：《包山楚簡文字編》，（台北：藝文印書館，民國81年），頁421、273；滕壬生：《楚系簡帛文字編》，（武漢：湖北教育出版社，1995年），頁288。

〔註478〕饒宗頤：〈楚帛書新證〉《楚地出土文獻三種研究》，（北京：中華書局，1993年），頁243。

相當的地方也都少掉一字，這由各句字數不難讀出。〔註479〕

李零〈長沙子彈庫戰國楚帛書研究補正〉贊同其補字，讀「四神乃乍□
至于復，天旁遉（動）」，謂：

> 李文認為「乍」下當帛書撕裂處，應補一字，可從。「□至」，也許
> 是「四至」，即下文「四極」。「覆」，疑指天覆地載之覆，即天穹。
> 帛書「至于」一詞一般作合文，而此分書，可見這裡的「至」、「于」
> 不是一個詞。〔註480〕

連劭名〈長沙楚帛書與中國古代的宇宙論〉讀「至于覆，天旁動」，謂：

> 「至于覆」，覆，此處指天蓋，…「天旁」一辭見《晉書‧天文志》。
> 〔註481〕

劉信芳《子彈庫楚墓出土文獻研究》贊同「天旁」之說，讀「至于復天
旁」，謂：

> 《晉志》：「天旁轉如推磨而左行，日月右行，隨天左轉，故日月實東
> 行，而天牽之以西沒」，天旁的真實涵義即現代天文學之天球，更準
> 確地說應指黃道，覆天旁即觀察太陽在星座中運行的視軌跡。〔註482〕

嘉凌案：依李學勤先生說法，於此處之橫行都應隱沒一字（參見下圖），可從，
故補字為「□至於返（復）」。依帛書上下文意，應斷為「四神乃乍（作），至
于返（復），天旁遉（動）」，即四神於是興起，將天地回復，於是天地、星體
開始轉動。而李零先生檢閱帛書中未見未作合文之「至于」，故認為「至于」
不是一詞，其說可參。

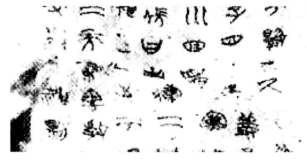

〔註479〕 李學勤：《簡帛佚籍與學術史》，（南昌：江西教育出版社，2001年），頁49。
〔註480〕 李零：〈長沙子彈庫戰國楚帛書研究補正〉《古文字研究》20 輯，（北京：中
華書局，2000年），頁171。
〔註481〕 連劭名：〈長沙楚帛書與中國古代的宇宙論〉，《文物》第二期，1991年2月。
〔註482〕 劉信芳：《子彈庫楚墓出土文獻研究》，（台北：藝文印書館，民國91年），頁
39。

【3】

出　　處	甲 5.22／攻	甲 5.23／敗	甲 5.24／之
帛書字形			
復原字形			

　　《楚帛書》「敗」字，嚴一萍〈楚繒書新考〉釋「斁」，〔註 483〕未說明字義。饒宗頤〈楚帛書新證〉釋「敗」，謂：

　　「攻敗」應讀扞蔽，《爾雅・釋言》：「干，扞也」，郭註：「相扞衛」，
　　孫炎註：「干楯，所以自蔽扞也」，《說文》云：「盾，所以扞身蔽目」，
　　扞蔽，即扞衛、干吾（禦），與攻敗俱爲古之謰語。〔註 484〕

　　劉信芳《子彈庫楚墓出土文獻研究》釋「斁」，文句讀「橦干釋之」，謂：

　　斁，讀爲釋、解皆分辨也，此謂藉橦干之影以分辨太陽運行軌道。
　　太陽在二十八星宿中的位置及其移動是古人經過長期觀察而測出
　　的，而橦干及五旌就是藉以顯現太陽運行軌跡的解釋體系。〔註 485〕

　　高明〈楚繒書研究〉釋「斁」，文句讀「天旁運攻，斁之青木、赤木、黃
木、白木、墨木之精」，謂：

　　旁假爲方，……天方動攻，則謂上天開始運轉，……斁假爲澤，《風
　　俗通義》：「澤者，言其潤澤萬物以阜民用也」，繒書此謂潤澤青、赤、
　　黃、白、黑五色木之精粹。〔註 486〕

嘉凌案：楚簡「臭」字作臭（郭店簡・語叢一・簡 87），與《楚帛書》「敗」
字僅下方橫筆之差別，〔註 487〕故帛書「敗」字釋「敗」無疑。由於後文爲敘

〔註 483〕嚴一萍：〈楚繒書新考〉（上），《中國文字》26 冊，1967 年 12 月，頁 10。
〔註 484〕饒宗頤：〈楚帛書新證〉《楚地出土文獻三種研究》，（北京：中華書局，1993
　　　　年），頁 243。
〔註 485〕劉信芳：《子彈庫楚墓出土文獻研究》，（台北：藝文印書館，民國 91 年），頁 40。
〔註 486〕高明：〈楚繒書研究〉《古文字研究》12 輯，（北京：中華書局，1885 年），頁
　　　　379。
〔註 487〕張光裕主編，袁師國華合編：《郭店楚簡研究・第一卷・文字編》，（台北：藝

述五木及撐天過程，故「扖魰」應讀爲「扞蔽」，即以下段文句之「五木」作爲扞蔽天蓋、支撐天地的支柱。

【4】

出處	甲5.25／青	甲5.26／木	甲5.27／赤	甲5.28／木	甲5.29／黃	甲5.30／木
帛書字形						
復原字形						

出處	甲5.31／白	甲5.32／木	甲5.33／墨	甲5.34／木	甲5.35／之	甲5.36／檣
帛書字形						
復原字形						

《楚帛書》「木檣」字，嚴一萍〈楚繒書新考〉釋「檣」，[註488] 字義未有說明；饒宗頤〈楚帛書新證〉釋「檣」，讀「精」，謂：

　　檣字从木，乃精之異構。[註489]

　　李零《長沙子彈庫戰國楚帛書研究》釋「檣」，讀「楨」，謂：

　　檣指五根擎天柱，疑讀爲楨幹之楨，楨爲端母耕部字，精爲精母耕

　　　　文印書館，民國88年），頁304。

〔註488〕嚴一萍：〈楚繒書新考〉（上），《中國文字》26冊，1967年12月，頁11。

〔註489〕饒宗頤：〈楚帛書新證〉《楚地出土文獻三種研究》，（北京：中華書局，1993年），頁244。

部字，讀音相近。〔註490〕

劉信芳《子彈庫楚墓出土文獻研究》釋「檣」，讀「旌」，謂：

> 帛書以五色之木爲杆，制爲旌，蓋補足上文「橦攷」之義。〔註491〕

嘉凌案：此段言伏羲創世後，經過千百餘年，於是宇宙空間產生傾側毀壞，因此以青木、赤木、黃木、白木、墨木「五木」扞蔽守護毀傾的大地，故據撐天文意，將「檣」字讀「楨」，指以五木爲撐天之柱。

由帛書此段文意可知，在這宇宙空間的盡頭「四極」處及「中央」處，言由有五根木柱支撐起來，可見《楚帛書》中的「木」對空間概念有極爲重大的作用，因爲這「五木」將「上下」、「左右」、「四方」建構出一個立體的三度空間，人類也才能生活於其中，萬物才有處所得以生長。

然而爲何《楚帛書》中以「木」來支撐天體？張光直《考古學專題六講》指出：

> 通天地的工具是若干種樹木，這也是薩滿文化中所常見的所謂「世界之樹」或「宇宙之樹」，《淮南子》中記載：「建木，在都廣，眾帝所自上下」，在中國若干傳說裡關於樹木的神話主要有扶桑的神話和若木的神話，這些都與溝通天地有關。〔註492〕

考諸「建木」，《山海經・海內經》云：

> 有木，青葉紫莖，玄華黃實，名曰建木，百仞無枝，有九欘，下有九枸，其實如麻，其葉如芒。大皥爰過，黃帝所爲。〔註493〕

可見大皥（即伏羲）就是由「建木」上天下地的，因此「建木」就是聳天的宇宙巨樹，具有天梯的功能。除了以樹木立天之外，典籍中尚有以高山爲天柱的記載，如《楚辭・天問》中有：「天極焉加？八柱何當？」之問，王逸注云：

> 言天有八山爲柱。〔註494〕

而「八柱」說在其他典籍中亦見記載，如《淮南子・地形》：

〔註490〕李零：〈長沙子彈庫戰國楚帛書研究補正〉《古文字研究》20 輯，（北京：中華書局，2000 年），頁 171。

〔註491〕劉信芳：《子彈庫楚墓出土文獻研究》，（台北：藝文印書館，民國 91 年），頁 40。

〔註492〕張光直：《考古學專題六講》，（北京：文物出版社，1986 年），頁 7。

〔註493〕袁珂：《山海經校注》，（台北：里仁書局，民國 84 年），頁 448。

〔註494〕〔宋〕洪興祖：《楚辭補注》，（台北：廣文書局，民國 51 年），頁 36。

天地之間，九州八柱。〔註495〕

而《淮南子·天文》中「共工怒而觸不周之山」，其中的「不周之山」便是四極之柱。〔註496〕這些「神山」不僅具有支撐的功能，更與「建木」同是上天下地的途徑，如《山海經·大荒西經》：

大荒之中，……有靈山，巫咸、巫即、巫盼、巫彭、巫姑、巫眞、巫禮、巫抵、巫謝、巫羅十巫，從此升降。〔註497〕

《淮南子·地形》：

昆侖之丘，或上倍之，是謂涼風之山，登之而不死；或上倍之，是謂懸圃，登之乃靈，能使風雨；或上倍之，乃維上天，登之乃神，是謂太帝之居。〔註498〕

《山海經·海內經》：

華山青水之東，有山名曰肇山，有人名曰柏高，柏高上下于此，至于天。〔註499〕

至漢代，《神異經·中荒經》曰：

昆崙之山，有銅柱焉，其高入天，所謂天柱也，圍三千里，周圓如削。〔註500〕

李零《長沙子彈庫戰國楚帛書研究》舉納西族創世神話爲例，說明《楚帛書》的五柱思想，謂：

五木，即承天的五根柱子，其中黃木不見于帛書附圖，立五木以承天覆的故事，古書沒有明確記載，但納西族民間史詩《創世紀》卻有相似的描寫，其「開天闢地」章講神的九兄弟和七姊妹開天闢地，「把天開成崢嶸倒挂的」，把地「闢成坎坷不平的」，于是「東邊豎起白螺柱，南邊豎起璧玉柱，西邊豎起墨珠柱，北邊豎起黃金柱，中央豎起一根撐天大鐵柱」。〔註501〕

這類的「銅柱」、「鐵柱」傳說，應是出於人類進入青銅、鐵器時代之後，「人

〔註495〕〔漢〕劉安：《淮南鴻烈》，（台北：河圖出版社，民國65年），卷三，頁1～2。

〔註496〕〔漢〕劉安：《淮南鴻烈》，（台北：河圖出版社，民國65年），卷三，頁1～2。

〔註497〕袁珂：《山海經校注》，（台北：里仁書局，民國84年），頁396。

〔註498〕〔漢〕劉安：《淮南鴻烈》，（台北：河圖出版社，民國65年），卷四，頁5。

〔註499〕袁珂：《山海經校注》，（台北：里仁書局，民國84年），頁444。

〔註500〕〔漢〕東方朔：《神異經》，湖北：崇文書局原刊本，1875年。

〔註501〕李零：《長沙子彈庫戰國楚帛書研究》，（北京：中華書局，1985年），頁71。

造」的天柱取代「自然」的天柱，這說明人類文明的進步影響原始思維，而使得宇宙觀產生變化。可見《楚帛書》神話以「五木」撐天，所反映的應是先民最初的自然空間概念。其後，帛書「五木」又與陰陽五行思想結合，加入數術的概念，與方位、季節、顏色相配，而產生獨特的「五色木」撐天神話。

另外，《楚帛書》除提及「木」的撐天思想外，在帛書的外圍四隅，亦繪有青、赤、白、黑四木，作為十二月月神間每三個一組的分界，其書寫方式參見李零先生所繪之圖：〔註502〕

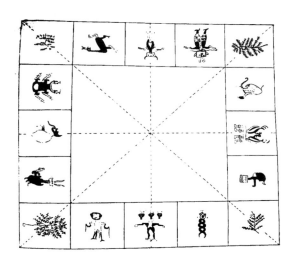

特別的是，四隅的樹木枝葉，右斜對角的樹葉較少，左斜對角的樹葉較多，應是刻意的安排，其用意應與四季的循環反復有關，雖然與「春、夏、秋、多」的植物生長情形似乎不太相符，但與萬物的生滅、榮枯的情形仍是相合。

由於歷來學者對帛書採圖文並解的方式研究，因此有認為中央繪有「黃木」，與帛書中的「五木」相應，或是認為四隅的「四木」為「四子」的二種說法，〔註503〕但由於帛書中間確實未繪有「黃木」，嚴一萍〈楚繒書新考〉亦謂：

> 帛書的四隅不但不全繪樹木，而且有的也不按照方位配色；如春為
> 東方，理應配青木，夏為南方，理應配赤木，秋為西方，理應配白

〔註502〕李零：〈楚帛書的再認識〉《李零自選集》，（廣西：廣西師範大學出版社，1998年），頁249。

〔註503〕參見本論文第一章〈楚帛書圖像研究〉部分。

木，冬爲北方，理應配黑木，現在的情況是怎樣呢？東方是采鳳，南方爲墨木，西方爲禾屬，北方爲青木，中央則一無所有。因此，可知文字上的敘述不一定與圖繪相一致。〔註504〕

據帛書中央未繪有樹木可知，嚴一萍先生認爲圖文不一定一致的意見是對的，因此第一種說法有待商榷；而第二種說法則是有可能，乃因「四子」與「四時」關係密切外，更以「木」命名，因此曾憲通〈楚帛書神話系統試說〉亦曾提出疑問：

帛書以四色命四子，是否與帛書四隅繪有施色之木有關？〔註505〕

由於《楚帛書》的繪圖者，對於陰陽五行思想應相當嫻熟，因此以陰陽五行的四色繪出四木，並與季節運行相配，但四子名稱「青、朱、黃、墨」並未完全與四隅顏色「青、赤、白、黑」完全相同，可見繪圖者或書寫者爲將陰陽五行之術神聖化，因此將四子以四色命名，但陰陽五行思想似乎尙未完全固定。

炎帝乃命祝融【1】，以四神降【2】，奠三天□【3】，思（使）攼（保）奠四亟（極）【4】，曰非九天則大峡【5】，則母（毋）敢戠（睿）天霝（靈）【6】，帝夋（俊）乃為日月之行【7】□

【1】

出　　處	甲6.1／炎	甲6.2／帝	甲6.3／乃	甲6.4／命	甲6.5／祝	甲6.6／融
帛書字形						
復原字形						

嘉凌案：《楚帛書》「　」字雖位於折痕處，然依殘泐筆畫，釋「乃」無誤。而關於「炎帝」、「伏羲」之間的關係，曾憲通〈楚帛書神話系統試說〉

〔註504〕嚴一萍：〈楚繒書新考〉（上），《中國文字》26 冊，1967 年 12 月，頁 11。
〔註505〕曾憲通：〈楚帛書神話系統試說〉《新古典新義》，（台北：學生書局，2001 年），頁 40。

云：

> 《史記・五帝本紀》以黃帝代炎帝而興；《潛夫論・五德志》以炎帝
> 神農氏代 伏羲 氏而起。戰國以後講「月令」的書，如《呂氏春秋・
> 十二紀》、《禮記・月令篇》、《淮南子・天文訓》等，皆以 炎帝 、 祝
> 融 作爲南方、夏季的帝和神。……帛書將炎帝、祝融與四神聯繫起
> 來，四神爲伏羲之子，這使炎帝繼伏羲而起之說更有說服力。……
> 在帛書裡，祝融似亦炎帝之佐，帛文說他受命于炎帝，遣四神把三
> 天的軌道和四極的天柱固定下來。〔註506〕

依曾先生所言，「炎帝」在帛書中具有聯繫的作用，不僅上承〈甲篇〉首
段之「伏羲」，更下啓「祝融」、「四子」，其說可從，而《山海經・海內經》
更言「祝融」世系，曰：

> 炎帝 之妻，赤水子聽訞生炎居，炎居生節並，節並生戲器，戲器
> 生祝融。 祝融 降處於江水，生 共工 ，共工生術器，術器首方顚，
> 是復土穰，以處江水，共工后土，后土生噎鳴，噎鳴生歲十有
> 二。〔註507〕

據文獻典籍，可知帛書所記炎帝、祝融、共工等人均爲南方楚人的傳說
系統，彼此關係緊密。故「炎帝乃命祝融」即炎帝於是命令祝融。

【2】

出　　　處	甲 6.7／以	甲 6.8／四	甲 6.9／神	甲 6.10／降
帛書字形				
復原字形				

《楚帛書》「　」字，嚴一萍〈楚繪書新考〉謂：

〔註506〕曾憲通先生〈楚帛書神話系統試說〉《新古典新義》（台北：學生書局，2001
　　　　年），頁33～44。
〔註507〕袁珂：《山海經校注》，（台北：里仁書局，民國84年），頁471。

左半欠明，當是降字。〔註508〕

嘉凌案：帛書〈乙篇〉2.13「降」字作「　」，故《楚帛書》「　」字依殘存筆畫應可復原爲「　」，釋「降」可從。祝融爲火神，四子爲四季之神，同爲自然神祇，故兩神地位應相當，故「以」字於此應爲「與」之意，如《儀禮・鄉射禮》：「各以其耦進」，〔註509〕因此「以四神降」即祝融與四子一同降於人間。

【3】

出　　處	甲6.11／奠	甲6.12／三	甲6.13／天	甲6.14／□
帛書字形				
復原字形				

1. 三天

連劭名〈長沙楚帛書與中國古代的宇宙論〉釋「三天」，謂：

三天爲太陽運行的軌道，即外衡、中衡、內衡，外衡爲冬至日道，中衡爲春、秋分日道，內衡爲夏至日道。〔註510〕

楊寬〈楚帛書的四季神像及其創世神話〉將「三天」解釋爲「三重的天的結構」，謂：

古神話以昆侖山原與上天相連接，可以此登天，《淮南子・墜（地）形篇》：「昆侖之丘或上倍之，是謂涼風之山，登之而不死；或上倍之，是謂懸圃，登之乃靈，能使風雨；或上倍之，乃維上天，登之乃神，是謂帝之居」。〔註511〕

劉信芳《子彈庫楚墓出土文獻研究》認爲「奠三天」乃依據北斗定天之

〔註508〕嚴一萍：〈楚繒書新考〉（上），《中國文字》26冊，1967年12月，頁12。
〔註509〕王力：《王力古漢語字典》，（北京：中華書局，2000年），頁16。
〔註510〕連劭名：〈長沙楚帛書與中國古代的宇宙論〉，《文物》第二期，1991年2月。
〔註511〕楊寬：〈楚帛書的四季神像及其創世神話〉，《文學遺產》，第4期，1997年，頁9。

東、西與南，謂：

> 由於天之四方與四時相聯係，故後世有「三時生長，一時煞刑」的
> 說法。《淮南子・天文》：「正朝夕，先樹一表東方，操一表卻去前表
> 十步，以參望，日始出北廉，日直入，又樹一表於東方，因西方之
> 表，以參望，日方入北廉，則定東方。兩表之中，與西方之表，則
> 東西之正也。日冬至，日出東南維，入西南維。至春秋分，日出東
> 中，入西中。夏至，出東北維，入西北維，至則正南」，是古人認識
> 方位，北方自正，則東西南三方則須經測試而後正之，所以帛書有
> 「奠三天繩」之說。〔註512〕

2. 甲 6.14／□

楚帛書》「🐛」諸家學者多未釋，李零〈長沙子彈庫戰國楚帛書研究補
正〉認爲「🐛思」應是一詞；〔註513〕劉信芳《子彈庫楚墓出土文獻研究》
釋「縢」，讀「繩」，謂：

> 包牘「綠組之縢」、「紫縢」之「縢」與此字形最近，字讀爲「繩」，
> 《淮南子・兵略》：「四方如繩」，又〈天文〉：「帝張四維，運之以斗……
> 繩居中央，爲四時根」。〔註514〕

嘉凌案：《楚帛書》「🐛」上半部殘泐，劉信芳先生認爲是楚簡「縢」字「縢」
（包山簡 2.186），〔註515〕細審「🐛」字下部，除末三筆與「糸」形下部相
似外，其他部分均不同，故帛書「🐛」字非「縢」字，字形存疑待考。

據帛書文意，「三天」與下文「四極」相對，「四極」指東、西、南、北
四方之極，代表地上之秩序的重建，故「三天」應是指天上之秩序的重整，
由於「上下」均得其位，因此失衡的宇宙空間才得以修復，因此「三天」應
「天之上下」，「四極」爲「地之四方」，故「三天」釋爲三重天之結構較佳。
由於帛書多爲四字，且「天」字下方殘泐，因此斷句爲「奠三天□」，大約是
指使三重天回復至「天行有常」、「天體有序」的狀態。

〔註512〕劉信芳：《子彈庫楚墓出土文獻研究》，（台北：藝文印書館，民國 91 年），頁
42。

〔註513〕李零：〈長沙子彈庫戰國楚帛書研究補正〉《古文字研究》20 輯，（北京：中
華書局，2000 年），頁 172。

〔註514〕劉信芳：《子彈庫楚墓出土文獻研究》，（台北：藝文印書館，民國 91 年），頁
43。

〔註515〕滕壬生：《楚系簡帛文字編》，（武漢：湖北教育出版社，1995 年），頁 920。

【4】

出　　處	甲6.15／思	甲6.16／敔	甲6.17／奠	甲6.18／四	甲6.19／亟
帛書字形					
復原字形					

1. 甲6.16／敔

　　《楚帛書》「敔」字，嚴一萍〈楚繪書新考〉釋「敔」，即「捊」字。
〔註516〕饒宗頤〈楚帛書新證〉讀「保」，謂：

　　　　《說文》：「保，古文作𠉜」，保即神保。《詩・楚茨》：「神保降臨」，
　　　　《書・召誥》言「格保」，思保者，《楚辭・九歌》：「思靈保兮賢姱」
　　　　（東君）是也。洪興祖云：「古人云：詔「靈保，召方相」，說者曰
　　　　靈保，神巫也。〔註517〕

　　李零〈長沙子彈庫戰國楚帛書研究補正〉將「敔奠」讀「敷奠」，認爲是
「布定」之意。〔註518〕

　　劉信芳《子彈庫楚墓出土文獻研究》釋「捊」，認爲是「抱」、「持」之意，
謂：

　　　　同《說文》「捊」，或體作「抱」，持也，守也。《老子》第二十二章：
　　　　「聖人抱一爲天下式」，抱一即「守一」。《孟子・萬章下》：「抱關擊
　　　　柝」，抱關即持守關門。〔註519〕

嘉凌案：由於下文文義爲奠定四極，因此《楚帛書》「敔」字應讀「保」，爲

〔註516〕嚴一萍：〈楚繪書新考〉（上），《中國文字》26 冊，1967 年 12 月，頁 12～13。
〔註517〕饒宗頤：〈楚帛書新證〉《楚地出土文獻三種研究》，（北京：中華書局，1993
　　　　年），頁 244～245。
〔註518〕李零：〈長沙子彈庫戰國楚帛書研究補正〉《古文字研究》20 輯，（北京：中
　　　　華書局，2000 年），頁 172。
〔註519〕劉信芳：《子彈庫楚墓出土文獻研究》，（台北：藝文印書館，民國 91 年），頁
　　　　43。

「保持」之意，故「思（使）敔（保）奠四極」，即使奠立四極，使之持正。

2. 甲 6.19／亟

《楚帛書》「」字，嚴一萍〈楚繒書新考〉釋「亟」，謂：

> 易說卦「爲亟心」，荀本作「極」，「四極」，漢書禮樂注：「四方極遠
> 之處也」。〔註520〕

劉信芳《子彈庫楚墓出土文獻研究》釋「四極」，謂：

> 四極既是方位概念，又是季節概念。……四極持正，則四方四季各
> 有所歸矣。〔註521〕

嘉凌案：「亟」字甲文作 （《天》80）；金文作 （班簋），上部加橫筆爲飾；楚簡文字或加「口」、「攴」形爲飾作 （郭店簡・唐虞之道・簡 19），季師旭昇謂：

> 于省吾以爲亟之初文，中从人，而上下有二橫畫，上極於頂，下極
> 於踵（《駢三》27 葉上）。其說可從，字從人，以上下二畫指示人兩
> 極，其後加口、加攴（或卜），均屬無意繁化。〔註522〕

季師說解可從，《楚帛書》「」字雖位於折痕處，且有些許位移，然仍可清楚見到「人」形上端與「卜」形上方，而「人」形下方有「橫筆」之跡，應爲下方「口」形之殘留，而「卜」形之下方亦有「又」形殘跡，故應可復原爲「」，釋「亟」可從。

「四極」指地的東、西、南、北四方的盡極之處。《淮南子・地形》言禹建立天地「四極」時：

> 禹乃使太章步，自東極至于西極，二億三萬三千五百里七十五步；
> 使豎亥步，自北極至于南極，二億三萬三千五百里七十五步。〔註523〕

而《淮南子・時則》中更談到東、南、中央、西、北「五極」之處和五帝、五神之所司：

> 東方之極……東至日出之次，……太皞、句芒之所司者，萬二千

〔註520〕嚴一萍：〈楚繒書新考〉（上），《中國文字》26 冊，1967 年 12 月，頁 13。

〔註521〕劉信芳：《子彈庫楚墓出土文獻研究》，（台北：藝文印書館，民國 91 年），頁 43。

〔註522〕甲、金、楚簡字形亦引自季師旭昇：《說文新證》（下），（台北：藝文印書館，民國 93 年），頁 229。

〔註523〕〔漢〕劉安：《淮南鴻烈》，（台北：河圖出版社，民國 65 年），卷四，頁 3。

里；……南方之極……南至委火炎風之野，赤帝、祝融之所司者，
萬二千里；……中央之極……自崑崙東絕兩恆山，……黃帝、后土
之所司者，萬二千里；……西方之極……西至三危之國，……少皞、
蓐收之所司者，萬二千里；……北方之極……北至令正之谷……，
顓頊、玄冥之所司者，萬二千里。〔註524〕

可見古神話中，「四極」原為四方神祇所執掌、奠定，故《楚帛書》言
「四神」奠「三天」、「四極」，而「四極」傾廢屢見於文獻典籍，如《淮南
子・覽冥》：

往古之時，四極廢，九州裂，天不兼覆，地不周載，火爁炎而不滅，
水浩洋而不息，猛獸食顓民，鷙鳥攫老弱，於是女媧鍊五色石以補
蒼天，斷鼇足以立四極。〔註525〕

而《楚辭・天問》：

斡維焉繫，天極焉加？八柱何當？東南何虧？九天之際，安放安屬？
隅隈多有，誰知其數？〔註526〕

典籍所提及之「天極」、「八柱」與帛書中之「四極」、「五木」性質與內
容相若，故「奠三天」、「奠四極」，應是說明將天地回歸正位的過程。且帛書
「四神」將「四時」分立，並奠定「四極」，可見「四神」於帛書中應為宇宙
的時間、空間的創造及重建者；而《淮南子・覽冥》中的「奠極」者為女媧，
《楚帛書》中的「奠極」者為「四子」，兩者所言雖然不同，但《楚帛書》明
言「女媧生四子」，可見兩則神話故事間之傳承與改造的脈絡。

【5】

出處	甲6.20／曰	甲6.21／非	甲6.22／九	甲6.23／天	甲6.24／則	甲6.25／大	甲6.26／峽
帛書字形							

〔註524〕〔漢〕劉安：《淮南鴻烈》，（台北：河圖出版社，民國65年），卷三，頁26
　　　　～27。
〔註525〕劉安撰，高誘注：《淮南子》卷六，（台北：世界書局，1995年），頁95。
〔註526〕〔宋〕洪興祖補注：《楚辭補注》，（台北：長安出版社，1991年），頁87。

復原字形						

1. 甲 6.21／非

《楚帛書》「多乇」字，嚴一萍〈楚繒書新考〉釋「非」，〔註527〕未說明字義；高明〈楚繒書研究〉釋「非」，認爲假借爲「排」，意爲「列」；〔註528〕李學勤《簡帛佚籍與學術史》釋「非」讀「彼」；〔註529〕連劭明〈長沙楚帛書與中國古代的宇宙論〉釋「非」讀「排」，認爲是「推究」之意；〔註530〕劉信芳《子彈庫楚墓出土文獻研究》釋「非」，認爲是「違背、失去」之義。〔註531〕

2. 甲 6.22／九

嘉凌案：《楚帛書》「九」字殘泐，然筆畫清楚可辨，釋「九」無誤。「九天」習見於典籍，《楚辭·離騷》云：「指九天以爲正兮」；《九歌·少司命》：「登九天兮撫彗星」，王逸注：「九天，八方中央也」；《楚辭·天問》：「九天之際，安放班屬？」；《淮南子·原道》：「上通九天，下貫九野」，高誘注：「九天，八方中央也，九野亦如之」；《大戴禮·五帝德》：「平九州，戴九天」；銀雀山漢簡《孫子兵法》：「動乎九天之上」；《史記·封禪書》：「九天巫祀九天」，《索隱》：「漢武帝立九天廟於甘泉」；《廣雅·釋天》：「東方昊天，東南陽天，南方赤天，西南朱天，西方成天，西北幽天，北方元天，東北變天，中央均天」。〔註532〕故古人以自我中心的中央，加上環繞己身的八方位，而認爲有九天的宇宙方位概念。

3. 甲 6.26／㟵

嘉凌案：《楚帛書》「㟵」字於帛書兩見，於〈甲篇〉之一處已討論，暫釋爲「㟵」，指混亂傾頹之狀態。因此據帛書文意，「非」字可解釋爲「違

〔註527〕嚴一萍：〈楚繒書新考〉（上），《中國文字》26冊，1967年12月，頁13。

〔註528〕高明：〈楚繒書研究〉《古文字研究》12輯，（北京：中華書局，1885年），頁380。

〔註529〕李學勤：《簡帛佚籍與學術史》，（南昌：江西教育出版社，2001年），頁51。

〔註530〕連劭名：〈長沙楚帛書與中國古代的宇宙論〉，《文物》第二期，1991年2月。

〔註531〕劉信芳：《子彈庫楚墓出土文獻研究》，（台北：藝文印書館，民國91年），頁45。

〔註532〕宗福邦、陳世鐃、蕭海波：《故訓匯纂》，（北京：商務印書館，2003年），頁44。

背」、「批評」之意，「曰非九天則大崅」即批評、違背九天，則會產生巨大災禍。

【6】

出處	甲 6.27／則	甲 6.28／毋	甲 6.29／敢	甲 6.30／歔	甲 6.31／天	甲 6.32／霝
帛書字形						
復原字形						

1. 甲 6.29／敢

《楚帛書》「（字形）」字，商承祚〈戰國楚帛書述略〉釋「雩」，為旱祭名；〔註 533〕饒宗頤〈楚帛書新證〉釋「敢」，未有說明。〔註 534〕

嘉凌案：楚簡「雩」字作（字形）（包山簡 2.69），〔註 535〕，字明顯不同，釋「雩」非是。楚簡「敢」字作（字形）（包山簡 2.15），或「攴」形為「又」形作（字形）（包山簡 2.38），〔註 536〕字形與《楚帛書》「（字形）」字相同，故應釋為「敢」。

2. 甲 6.30／歔

《楚帛書》「（字形）」字，商承祚〈戰國楚帛書述略〉釋「叡」，讀「睿」，〔註 537〕李零《長沙子彈庫戰國楚帛書研究》從之，釋「叡」，訓「通」；〔註 538〕饒宗頤〈楚帛書新證〉釋「莔」之繁形，讀「蔑」；〔註 539〕曹錦炎〈楚帛書月令

〔註 533〕商承祚：〈戰國楚帛書述略〉，《文物》第九期，1964 年 9 月，頁 16。

〔註 534〕李零：《長沙子彈庫戰國楚帛書研究》，（北京：中華書局，1985 年），頁 72。

〔註 535〕張光裕主編、袁師國華合編：《包山楚簡文字編》，（台北：藝文印書館，民國 81 年），頁 438。

〔註 536〕張光裕主編、袁師國華合編：《包山楚簡文字編》，（台北：藝文印書館，民國 81 年），頁 178。

〔註 537〕商承祚：〈戰國楚帛書述略〉，《文物》第九期，1964 年 9 月，頁 16。

〔註 538〕李零：《長沙子彈庫戰國楚帛書研究》，（北京：中華書局，1985 年），頁 72。

〔註 539〕饒宗頤：〈楚帛書新證〉《楚地出土文獻三種研究》，（北京：中華書局，1993 年），頁 245～246。

篇考釋〉釋「冒」，〔註540〕何琳儀〈長沙帛書通釋校補〉從之，分析字形謂：

> 此字左上從 ，由三部分組成，上從羊角形，下從人形，中間從 。
> 〔註541〕

劉信芳《子彈庫楚墓出土文獻研究》釋「」，讀「蒙」。〔註542〕

嘉凌案：《楚帛書》「」字右半從「攴」無疑，左半偏旁計有「睿」、「苜」之繁形、「冒」三種說法。

季師旭昇分析「苜」字應是「蔑」的部分截取分化字，〔註543〕師說可從，故據「蔑」字甲文作 （《前》1.49.2），金文作 （保卣），楚簡文字見於偏旁作 （包山簡 2.145），〔註544〕兩角下方作「目」形，與帛書「」字兩角下方作「日」形明顯有別，故釋「苜」非是。

楚簡「冒」字作 （包山簡 2.136），或下方為「日」形作 （包山簡 2.135 反），於偏旁或下加橫筆為飾作 （包山簡 2.259）、（仰天湖簡 25.11），〔註545〕未見上部加「羊角」之形，字形與帛書「」字明顯不同。

而帛書「」字右半「攴」形略有殘泐，類似字形亦見於包山簡 2.165、2.170、2.183 作「」，〔註546〕張光裕《包山楚簡文字編》釋「叡」，或於中間部分加飾筆作「」（《上博三・周易・簡28》），整理者云：

> 「叡」同「叡」，《說文・叞部》：「叡，深明也，從叞，從目，從谷省。睿，古文叡。」與「浚」通，鄭本作「濬」。〔註547〕

〔註540〕曹錦炎：〈楚帛書月令篇考釋〉，《江漢考古》第一期，1985 年 1 月。

〔註541〕何琳儀：〈長沙帛書通釋校補〉，《江漢考古》第四期，1989 年 4 月。

〔註542〕劉信芳：《子彈庫楚墓出土文獻研究》，（台北：藝文印書館，民國 91 年），頁 45～46。

〔註543〕季師旭昇：《說文新證》（上），（台北：藝文印書館，民國 91 年），頁 285。

〔註544〕甲、金文字形引自季師旭昇：《說文新證》（上），（台北：藝文印書館，民國 91 年），頁 285；張光裕主編、袁師國華合編：《包山楚簡文字編》，（台北：藝文印書館，民國 81 年），頁 283。嘉凌案：此字文字編認爲從「禾」，依字形應從「戈」爲是。

〔註545〕張光裕主編、袁師國華合編：《包山楚簡文字編》，（台北：藝文印書館，民國 81 年），頁 62、443；滕壬生：《楚系簡帛文字編》，（武漢：湖北教育出版社，1995 年），頁 634。

〔註546〕張光裕主編、袁師國華合編：《包山楚簡文字編》，（台北：藝文印書館，民國 81 年），頁 181、339。

〔註547〕馬承源主編：《上海博物館藏戰國楚竹書》（三），上海：古籍出版社，2003

而此字形僅以「下部飾筆」與帛書字形爲別，其他字體均相同，據此帛書「」字應釋爲從「睿」從「攴」，而「攴」與「又」於楚簡中常互作，如「敗」字從「攴」作（曾侯簡 56），或從「又」作（包山簡 2.76）〔註 548〕，故帛書「」字形隸作「叡」，同「叡」。

3. 甲 6.32／霝

《楚帛書》「」字爲「霝」無疑，商承祚〈戰國楚帛書述略〉「叡天霝」，讀「睿天命」，謂：

> 叡天霝，即「睿天命」，謂命帝夋掌管日月是聖明的，夋生日月，故命之率領。〔註 549〕

饒宗頤〈楚帛書新證〉認爲此句爲「薎天之霝（令）」，謂：

> 此句讀「薎天之霝（令）」，言「毋敢薎天命」，則能配天而畏天，帝夋乃爲日月之行，得其正常之道矣。〔註 550〕

李零《長沙子彈庫戰國楚帛書研究》認爲「天霝」，讀「天靈」，指天神，謂：

> 這段話大約是說，若非九天傾側（？），則不得少通于天神。《國語·楚語》有所謂重、黎「絕天通地」的神話，其中的火正黎，《國語·鄭語》說就是祝融，與帛書正相符合。〔註 551〕

劉信芳《子彈庫楚墓出土文獻研究》謂：

> 「冒天靈」即「承天靈」、「蒙天靈」，「靈」謂神靈之福佑。〔註 552〕

嘉凌案：「毋敢」即「不敢」，「叡」字同「睿」，爲「通達」之意，如《尙書·洪範》：「聽曰聰，思曰睿」，馬融注：「睿，通也」，鄭玄注：睿，通於政事」，

年，頁 175～176。

〔註 548〕張光裕、滕壬生、黃錫全主編：《曾侯乙墓文字編》，（台北：藝文印書館，民國 86 年），頁 60；張光裕主編、袁師國華合編：《包山楚簡文字編》，（台北：藝文印書館，民國 81 年），頁 173。

〔註 549〕商承祚：〈戰國楚帛書述略〉，《文物》第九期，1964 年 9 月，頁 16。

〔註 550〕饒宗頤：〈楚帛書新證〉《楚地出土文獻三種研究》，（北京：中華書局，1993 年），頁 245～246。

〔註 551〕李零：《長沙子彈庫戰國楚帛書研究》，（北京：中華書局，1985 年），頁 72。

〔註 552〕劉信芳：《子彈庫楚墓出土文獻研究》，（台北：藝文印書館，民國 91 年），頁 46。

〔註553〕因此「毋敢叡天靁」即前文的違背九天之事，不敢讓天帝知道。

【7】

出　　處	甲6.33／帝	甲6.34／夋	甲6.35／乃	甲7.1／為
帛書字形				
復原字形				

出　　處	甲7.2／日月＝	甲7.3／之	甲7.4／行	分段符號
帛書字形				
復原字形				

　　《楚帛書》「夋」字，嚴一萍先生〈楚繒書新考〉釋「夋」；〔註554〕李學勤先生《簡帛佚籍與學術史》釋「允」，認爲是「允可」之意。〔註555〕

　　嘉凌案：《楚帛書》「夋」字與《楚帛書》「日月夋（允）生」之「夋」有別，「夋」字爲人形下加「止」形，故字形應釋爲「夋」。「帝俊」在《山海經》中的事蹟，據徐旭生《中國古史的傳說時代》統計有十六事，〔註556〕爲稱帝者之最多者且事蹟顯赫，〔註557〕其中最重要的，即是關於「日月」的產

〔註553〕王力：《王力古漢語字典》，（北京：中華書局，2000年），頁793。

〔註554〕嚴一萍：〈楚繒書新考〉（上），《中國文字》26冊，1967年12月，頁13。

〔註555〕李學勤：《簡帛佚籍與學術史》，（南昌：江西教育出版社，2001年），頁51。

〔註556〕徐旭生先生云：「帝顓項十五事，黃帝十事，炎帝四事，帝嚳三事，帝堯二事，帝舜九見八事，帝丹朱二事，帝江一事，帝鴻一事，其餘的人沒有帝稱。」：《中國古史的傳說時代》，（台北：里仁書局，民國88年），頁73。

〔註557〕徐旭生：《中國古史的傳說時代》，（台北：里仁書局，民國88年），頁79。

生，如：

《山海經・大荒南經》：

東南海之外，甘水之間，有羲和之國。有女子名曰羲和，方日浴于甘淵。羲和者，帝俊之妻，生十日。〔註558〕

《大荒西經》：

有女子方浴月。帝俊妻常羲，生月十有二，此始浴之。〔註559〕

而「日月之行」一詞，則見於《尚書・洪範》：

日月之行，則有冬有夏。〔註560〕

馬王堆《十六經・立命》：

數日，歷月，計歲，以當日月之行。〔註561〕

《山海經・大荒西經》：

帝令重獻上天，命黎邛下地，下地是生噎，處於西極，以行日月星辰之行次，郭《注》：「主察日月星辰之度數次舍也。」〔註562〕

由於傳說中「帝俊」與「日月」有密切關係，故帛書謂「帝俊乃爲日月之行」，即帝俊於是建立日月應行進的規律，將曆法的創建之功歸爲帝俊，故曾憲通〈楚帛書神話系統試說〉認爲：

從「十日」和「十二月」的數位來看，似乎不是指日月天體本身，而是指記日記月的曆法。「十日」爲旬中之日，「十二月」爲歲中之月，《離騷・天問》：「夜光何德，死則天育」，是說月死竟能復生，若依「生月十有二」，就是一年。帛書上文，所言「未有日月」到言「日月允生」，都是指記日記月的曆法從無到有的過程。因爲如果沒有記日記月的曆法，日和月的關係就無法確定，日月就不能正常運轉。反之，如果有了記日和記月的曆法，日月運轉便井然有序，故帛文云「帝俊乃爲日月之行」。〔註563〕

〔註558〕袁珂：《山海經校注》，（台北：里仁書局，民國93年），頁381。

〔註559〕袁珂：《山海經校注》，（台北：里仁書局，民國93年），頁405。

〔註560〕〔清〕阮元校勘：《尚書》，十三經注疏本，（台北：藝文印書館，民國78年），頁178。

〔註561〕國家文物局文獻研究室編：《馬王堆漢墓帛書》，（北京：文物出版社，1980年），頁402。

〔註562〕袁珂：《山海經校注》，（台北：里仁書局，民國84年），頁420。

〔註563〕曾憲通：〈楚帛書神話系統試說〉《新古典新義》（台北：學生書局，2001年），

據帛書文意可知，「帝俊」在楚先民心中的地位之高與貢獻之大。然檢閱典籍，除《山海經》外，「帝俊」目前獨見於《楚帛書》，袁珂《中國神話史》認爲「帝俊」在神話當中有三個特點：

> 一是記帝俊神話的片段，確實都是片段，沒有一個是比較完整的，二是帝俊神話是見於《大荒經》以下五篇，不見於其他各篇。三是帝俊之名只見於《山海經》，其他先秦古籍甚至連屈原的辭賦裡都絕未提到。〔註564〕

而據帛書文意可知，帝俊的記載並非片段外，更爲命令眾神行事的至上神，因此《楚帛書》對「帝俊」的相關記載極具重要意義。然而爲何「帝俊」少見於典籍，袁珂《中國神話史》研究認爲：

> 帝俊本是東方殷民族奉祀的始祖神，殷亡後有關它的神話可能流傳在殷後裔宋人口中，《山海經》各部分成書時代雖略有先後，我們都認爲是楚國或楚地的人所作，而宋楚接壤，有些地方邊界犬牙交錯，故宋國的神話可能流傳到楚國去。這五篇記敘了有關帝俊的神話正無足怪。然而同時也著重地記敘夏民族所奉祀的黃帝、顓頊（《國語・晉語》：「夏后氏禘黃帝而祖顓頊」）等人的神話。……楚人本是夏人的旁支，故黃帝、顓頊亦爲共祖。這就是《山海經》成出最早的《荒經》以下五篇兼記了大量有關帝俊和黃帝、顓頊等人神話的緣由。〔註565〕

由於戰國時代與殷人後裔封地宋國接壤的楚人受殷文化的影響，因此《山海經》中令殷先祖帝俊與楚先祖黃帝、顓頊並重。可見《楚帛書》將商代始祖神「帝俊」列爲其中是相當適當的，亦可明顯看出商文化與楚文化間的交流與影響。

第三節　《楚帛書》甲篇之三

壹、釋　文

共攻（工）剅（抗）步，十日四寺（時），□□神則閏，四□母（毋）思，□神風雨，昌（辰）禕（緯）亂乍（作）。乃逆日月＝，以遄（轉）

頁33～44。

〔註564〕袁珂：《中國神話史》，（台北：時報文化出版社，民國85年），頁57。

〔註565〕袁珂：《中國神話史》，（台北：時報文化出版社，民國85年），頁180。

相【甲七】土，思（使）又（有）宵又（有）朝，又（有）晝又（有）夕。▢【甲八】

貳、校　注

共攻（工）刜（抗）步【1】，十日四寺（時）【2】，▢▢神則閏【3】，四▢母（毋）思【4】，▢神風雨【5】，晨（辰）禕（緯）亂乍（作）【6】。

【1】

出　　處	甲7.5／共	甲7.6／攻	甲7.7／刜	甲7.8／步
帛書字形				
復原字形				

1. 甲7.5／共

2. 甲7.6／攻

　　《楚帛書》「（字形）（字形）」二字，嚴一萍〈楚繒書新考〉釋「共攻」，爲「共工」；〔註566〕饒宗頤〈楚帛書新證〉謂：

　　共工生后土，后土之子生歲十二，故帛書以十日、四時爲共工所出。

　　〔註567〕

　　李學勤《簡帛佚籍與學術史》謂：

　　章文的中間部分，因爲缺字，不能完全明白，推想總是涉及因四時
　　紊亂而造成災異。共工在帛書裡，似爲正面人物，不同於《淮南子·
　　天文》所言共工觸不周山，天柱折，地維絕的故事。帛書這一章說
　　到共工推步十日，又對日月如何如何（原有缺字，字從"是"，漫
　　漶不清），做到"有宵有朝，有晝有夕"這一形象與《天文篇》的共

〔註566〕嚴一萍：〈楚繒書新考〉（上），《中國文字》26冊，1967年12月，頁14。

〔註567〕饒宗頤：〈楚帛書新證〉《楚地出土文獻三種研究》，（北京：中華書局，1993
　　　　年），頁246。

工是相反的。〔註568〕

　　楊寬〈楚帛書的四季神像及其創世神話〉認爲「共攻」是「共同努力」之意，謂：

　　　　據文獻記載，古神話中共工正是造成天地災禍的主角，據説共工曾與顓頊爭爲帝，怒而觸不周之山，折天柱，絕地維（見《列子·湯問篇》等），共工是不可能做調整日月和四時的工作，而且祝融既然以四神下降而"爲四月之行"，不可能同時又有共工來完成這工作?，"共攻"兩字當指祝融率領四神共同努力而言。〔註569〕

嘉凌案：「共工」與「祝融」關係見於《山海經·海內經》：

　　　　祝融降處江水，生共工，共工生術器，術器首方顛，是復土穰，以處江水，共工生后土，后土生噎鳴，噎鳴生歲十有二。〔註570〕

　　據典籍可知，共工爲祝融之子，因此亦爲炎帝支裔，故《楚帛書》中提及炎帝、祝融到共工，並非偶然。又因「共工」之子息「噎」與曆法創製有關，如《大荒西經》：

　　　　顓頊生老童，老童生重及黎。帝命重獻上天，令黎邛邛下地，下地是生噎，處於西極，以行日月星辰之行次。〔註571〕

　　因此諸家學者多將此處解釋爲「共工曆法」的過程，並且顛覆「共工」反面形象而成爲一正面神祇。然於文獻典籍中，「共工」均爲負面的災難製造者，如熟知的《淮南子·天文》記載其擾亂天地的過程：

　　　　昔者共工與顓頊爭爲帝，怒而觸不周之山，天柱折，地維絕，天傾西北，故日月晨辰移焉，地不滿東南，故水潦塵埃歸焉。〔註572〕

　　除此之外，共工還發動大洪水，殘害百姓，《淮南子·本經》：

　　　　舜之時，共工振滔洪水，以薄空桑，龍門未開，呂梁未發，江淮通流，四海溟涬，民皆上丘陵，赴樹木。〔註573〕

〔註568〕李學勤：〈楚帛書的古史與宇宙觀〉《簡帛佚籍與學術史，（南昌：江西教育出版社，2001 年），頁 52。

〔註569〕楊寬：〈楚帛書的四季神像及其創世神話〉，《文學遺產》第四期，1997 年 4 月，頁 9。

〔註570〕袁珂：《山海經校注》，（上海：古籍出版社，1980 年），頁 471。

〔註571〕袁珂：《山海經校注》，（上海：古籍出版社，1980 年），頁 402。

〔註572〕〔漢〕劉安：《淮南子》，（台北：臺灣中華書局，1965 年），頁 1～2。

〔註573〕〔漢〕劉安：《淮南子》，（台北：臺灣中華書局，1965 年），頁 6。

　　徐旭生《中國古史的傳說時代》認為共工被視為惡神，是因為共工氏族聚居地，在今河南省輝縣，此處古代有一條共水，因輝縣正當黃河高出高原轉折的北岸，所以黃河一入平原，首當其衝淹沒的就是這個地方，由於古人尚未有考察源頭的能力，因此認為共水有強大的破壞力，於是共工氏族與共水便世代不斷爭鬥。但洪水實在太大，而共工氏族只考慮本身利益以填平方式治水，因此水必然流至其他部族，受害部族見洪水是由共工氏族聚居地流過來，自然引發部族間的戰爭，共工氏族於是成為一個破壞天地秩序、振滔洪水的罪魁禍首。〔註574〕

　　而袁珂先生於《山海經校注・海外北經》：「共工之臣曰相柳氏」處，對「共工」事蹟及其正反人物地位，有詳細說明云：

> 共工乃古天神名，……（淮南子）《兵略篇》又云：「共工為水害，故顓頊誅之」，《史記・律書》亦云：「顓頊有共工之陣以平水害」，則此天神共工乃水神也。其與「爭為帝」之對象，諸書所記不一，或曰高辛，見於《淮南子・原道篇》；或曰神農，見於《琱玉集》卷十二〈壯力篇〉引《淮南子》；或曰祝融，見於《史記》司馬貞補《三皇本紀》；或曰女媧，見於《路史・太昊紀》，然要以「與顓頊爭為帝」之說為近古，……共工與顓頊之爭，亦黃炎之爭之餘緒也。……然或又傳共工有與禹之爭。《荀子・成相篇》云：「禹有功，抑下鴻，辟除民害逐共工」，禹亦黃帝系之人物也，……共工與禹之爭，亦應黃炎之爭之餘緒。然神話演而至此，禹已成為眾所公認之治水英雄，民間傳說與古籍記載咸無異辭，於是站在治對立面而與禹爭衡之共工，乃不能不居反面人物之地位……則共工者，應視其所周旋之人物而定其正反，非可一概而論。〔註575〕

　　若徐旭生先生推論無誤，因此共工氏族與許多部族間的戰爭，或許就是典籍中爭帝對象不一的原因之一；而袁珂先生以「共工」所對立者為公認之正面英雄，故不得不居反面，似乎僅止於推論，由於文獻典籍或口頭傳說中，共工對抗的均為正面神祇，且並未有推崇「共工」為正面神祇的記載，因此共工在傳說時代應是赫赫有名的惡神；且《楚帛書》於「共工」之後緊接風

〔註574〕徐旭生：《中國古史的傳說時代》，（台北：里仁書局，民國88年），頁175。
〔註575〕袁珂：《山海經校注》，（台北：里仁書局，民國93年），頁233～234。

雨、星辰亂作的景象，與共工於典籍中作亂後的「日月晨辰移焉」、「水潦塵埃歸焉」〔註576〕相符，因此若將「共工」釋爲正面形象，則與帛書文意相違背，且若依楊寬先生之說，釋爲「四子與祝融共同努力」，亦與帛書所述之的混亂景象不符，故《楚帛書》的「共工」應仍是與天帝作對的負面人物。

3. 甲 7.7／刓

《楚帛書》「刓」字，饒宗頤〈楚帛書新證〉釋「夸」，謂：

> 似從大從亏，可能爲夸字。《說文》「夸，奢也，從大亏聲」，《廣雅・釋詁》：「夸，大也」，夸步釋爲大步，義亦通。〔註577〕

劉信芳《子彈庫楚墓出土文獻研究》釋「夸」，讀「跨步」，謂：

> 推步曆法也，《山海經・大荒北經》所記夸父「追日晷」之神話，應源自「夸步」，「追日景」者，以晷儀跟蹤觀測日影也。〔註578〕

何琳儀〈長沙帛書通釋校補〉釋「夸」，讀「刳步」，謂即「推步」；〔註579〕

吳振武〈楚帛書「冢步」解〉釋「冢」，讀「踵步」，謂：

> 從上下字看，此字左側不應該再有其他偏旁，有些學者之所以會多摹出一個"刀"旁來，顯然是將兩行間的污痕誤看成筆畫了。……此字應分析爲從"大"從"冢"省，即"冢"字的異體，在戰國文字（包括楚文字）資料中，這樣寫法的"冢"字並不少見，過去大家多釋爲"夸"，不僅字形上沒根據，有關資料也都講不通。這個問題我在《說梁重鈝布》（《中國錢幣》1991 年 2 期）和《鄂君啓節"舿"字解》（《第二屆國際中國古文字研討會論文集》）兩文中已作過詳細討論（前一文中的一些錯誤推斷已在後一文中更正），讀者可以參看。根據戰國文字資料中"冢"字（包括這種從"大"從"冢"省的"冢"字）經常借作"重"的情況來看，帛書中的"夸（冢）步"很可能讀作"踵步"，"踵步"一詞後世習見，用喻效法或繼續前人之事，相當於"踵武"（《楚辭・離騷》王逸注："踵，繼也；

〔註576〕〔漢〕劉安：《淮南子》，（台北：臺灣中華書局，1965 年），頁 1～2。

〔註577〕饒宗頤：〈楚帛書新證〉《楚地出土文獻三種研究》，（北京：中華，1993 年），頁 247。

〔註578〕劉信芳：《子彈庫楚墓出土文獻研究》，（台北：藝文印書館，民國 91 年），頁 50。

〔註579〕何琳儀：〈長沙帛書通釋校補〉，《江漢考古》第四期，1989 年 4 月。

武，跡也"）、"踵跡"等詞。本篇第二章最後既說"帝俊乃爲日月之行"，接下來第三章說"共工踵步"，"十日四時"和"日月"如何如何，正是共工所爲乃是承續帝俊之業。〔註580〕

嘉凌案：《楚帛書》「」字左部明顯有「刀」形殘筆，似乎並非是污點，因此字形應可从「刀」。而右半「𠂤」旁，綜合學者說法，有釋「夸」及「冢」二種說法，吳振武先生釋「從大、從冢省」，「冢」從「主」聲，所以吳振武先生之說可以視爲「從大、從主」，「𠂤」旁在戰國文字中確實可以釋爲「主」，也可以釋爲「丂」，二說都有一定道理。若據此二種說法，則可釋爲共工「夸步」、「踵步」，然均不符合負面的共工惡神形象與帛書文意。

而陳劍〈試說戰國文字中寫法特殊的"亢"和從"亢"諸字〉將這類字形釋爲「亢」，〔註581〕若陳劍先生說法可以成立，因此季師旭昇認爲「共工步」可釋爲「共工刓步」，讀「抗步」，〔註582〕「抗」爲違抗之意，如《荀子·臣道》：「有能抗君之命」，〔註583〕「步」爲行走，因此「抗步」可指共工違抗天帝時到處行走作亂的行爲，故共工違背天帝，與天帝作對，如此更能符合其惡神形象。

【2】

出　　處	甲 7.9／十	甲 7.10／日	甲 7.11／四	甲 7.12／寺
帛書字形				

〔註580〕吳振武：〈楚帛書「冢步」解〉《簡帛研究》第二輯，（北京：法律出版社，1996年），頁 56～57。

〔註581〕陳劍：〈試說戰國文字中寫法特殊的"亢"和從"亢"諸字〉，將刊于復旦大學出文文獻與古文字研究中心編：《出土文獻與古文字研究》第三輯。文章從李銳〈《凡物流形》釋讀札記〉所引，清華大學簡帛研究網 2008 年 12 月 31 日。

〔註582〕根據季師意見，於此特致上萬分感謝。

〔註583〕王力：《王力古漢語字典》，（北京：中華書局，2000 年），頁 351。

復原字形				

饒宗頤〈楚帛書新證〉謂：

> 十日，《招魂》云：「十日並出」，莊子亦言十日。此處十日以指自甲
> 至癸十干，較合，見《周禮》。〔註584〕

嘉凌案：「十日」有兩種意義，一爲指「十日迭出」、「十日並出」之神話，一爲指「十干支之日」。由於「十日」與「四時」並稱，因此「十日」應解釋爲「干支十日」，即共工與天帝作對，將十日四時亂置，因而產生風雨、星辰等亂象。

「干支紀日」普遍見於卜辭，用於稱某日或以之排定先祖姓受祭日期的次第，甚至殷人於祭祀祖先時，人名與日名有極密切的關係，即王國維先生謂：「祭名甲者用甲日，祭名乙者用乙日」。〔註585〕然「十干」在先秦時，並不稱爲「十干」，而是稱爲「十日」，如《國語·楚策下》：「十日，十二」下注：

> 十日，甲至癸。〔註586〕

《左傳·昭公五年》：

> 日之數十，故有十時，亦當十位。〔註587〕

《左傳·昭公七年》：

> 天有十日，人有十等，杜預注：「十日，甲至癸」。〔註588〕

至漢代司馬遷《史記·律書》稱「甲至癸」（十日）及「子至亥」（十二辰）爲「十母十二子」；〔註589〕後又由「母子」的含義，變爲「枝幹」，如班固《白虎通·姓名篇》稱：

〔註584〕饒宗頤：〈楚帛書新證〉《楚地出土文獻三種研究》，（北京：中華書局，1993年），頁247。

〔註585〕王國維：〈殷卜辭中所見先公先王考及其續考〉，《觀堂集林》卷九。

〔註586〕〔周〕左丘明注：《國語》，（台北：里仁書局，民國70年），頁565。

〔註587〕〔清〕阮元校勘：《左傳》，十三經注疏本，（台北：藝文印書館，民國78年），頁743。

〔註588〕〔清〕阮元校勘：《左傳》，十三經注疏本，（台北：藝文印書館，民國78年），頁759。

〔註589〕〔日〕瀧川龜太郎：《史記會注考證》，（台北：萬卷樓，1993年），頁452。

甲乙者幹也，子丑者枝也。〔註590〕

其後「幹枝」簡寫爲「干支」，由王充《論衡‧詰術篇》始稱：

甲乙有支干。〔註591〕

據典籍記載，可見「十日」爲干支說法已見於先秦時代，因此《楚帛書》「十日」應可解釋爲「干支十日」。

而「四時」一詞，李零《長沙子彈庫戰國楚帛書研究》謂：

四時」這裡可能不是指春、夏、秋、冬四時，而是指下文之「宵」、「朝」、「晝」、「夕」，參荀悅：《申鑒》：「天子有四時，朝以聽政，晝以訪問，夕以修令，夜以安身」，《淮南子‧天文訓》：「禹以爲朝、晝、昏、夜」。〔註592〕

由於前文已敘述四子相代爲「四時」，即春、夏、秋、冬，且此處「四時」應與「十日」爲相近的時間單位，因此此處「四時」應與「四子」相代之「四時」不同，故應如李零先生所言，爲「宵、朝、晝、夕」之「四時」。

【3】

出　　處	甲 7.13／□ 甲 7.14／□	甲 7.15／神	甲 7.16／則	甲 7.17／閏
帛書字形				
復原字形				

《楚帛書》「◆」字，李零《長沙子彈庫戰國楚帛書研究》釋「閏」，謂：

疑讀「潤」，即調節風雨以潤澤下民。〔註593〕

饒宗頤〈楚帛書新證〉依協韻斷句，讀「□□神則閏，四□毋思」，謂：

時、思協韻，宜於思字斷句。〔註594〕

〔註590〕〔漢〕班固：《白虎通》，（台北：台灣商務書局，1966年），第八卷，頁65。

〔註591〕〔漢〕王充：《論衡》，（台北：台灣商務書局，1965年），頁240。

〔註592〕李零：《長沙子彈庫戰國楚帛書研究》，（北京：中華書局，1985年），頁73。

〔註593〕李零：《長沙子彈庫戰國楚帛書研究》，（北京：中華書局，1985年），頁73。

劉信芳《子彈庫楚墓出土文獻研究》將文句斷爲「□□神則閏四□」，謂：

由於帛書所述爲遠古曆法之開創，似乎可以理解爲當初曾有過以「閏四」爲計算周期的古曆。……帛書乙篇有「月閏」，所述爲閏月之設置無疑，如是「閏四」則可能指閏年，四分曆以一年三百六十五又四分之一爲常數，歲的餘分四年一復，故稱「四分曆」，「閏四」乃四年一閏。〔註595〕

嘉凌案：古人觀察出月相圓缺變化一周所需的時間爲 29 日 12 小時 44 分 3 秒，也觀察出太陽接連兩次通過春分點所需的時間爲 365 天 5 時 48 分 46 秒，由於兩種周期都不是整數，所以陽曆與陰曆無法協調整齊，於是古人發現若將陰曆大月設爲三十日，小月設爲二十九日，一年會有十二個月，但只有 354 天，比陽曆一年少 11 天多，所以產生出以閏月的方法來加以調整，經過經年累月的經驗，發現十九個陰曆年加上七個閏月，它的日數就和十九個陽曆年的日數幾乎相等，於是規定三年一閏，五年再閏，十九年閏七個月，成爲陰陽合曆。〔註596〕

　　而我國曆法確立制定時期，陳遵嬀《中國天文學史》認爲當始於戰國中期，〔註597〕在當時所採用爲四分曆，即以十九年七閏的閏周的四倍，爲七十六年而循環一次，將七十六年爲安排頻大月和置閏的共同周期，因此又稱爲七十六年法，據此，戰國時代的「四分曆」與劉信芳先生所言「四年一閏」的閏月法並不相合，。

　　由於「時」、「思」協韻，故斷句爲「□□神則閏」。且由於前文殘泐不明，且後接「四□毋使」，因此若「□□神則閏」之「閏」釋爲「置閏」，則與共工作亂之文意不符，故或可釋爲「餘」，如《素問・平人氣象論》：「脈五動，閏以太息」，〔註598〕因此「□□神則閏」大約指由於共工作對天帝，於是十日四時產生紊亂多餘的現象。

〔註594〕饒宗頤：〈楚帛書新證〉《楚地出土文獻三種研究》，（北京：中華，1993 年），頁 247。

〔註595〕劉信芳：《子彈庫楚墓出土文獻研究》，（台北：藝文印書館，民國 91 年），頁 50。

〔註596〕參考陳遵嬀：《中國天文學史》，（上海：上海人民出版社，2006 年），頁 993。

〔註597〕陳遵嬀：《中國天文學史》，（上海：上海人民出版社，2006 年），頁 1023。

〔註598〕宗福邦、陳世鐃、蕭海波：《故訓匯纂》（北京：商務印書館，2003 年），頁 2396。

【4】

出　　處	甲7.18／四	甲7.19／□	甲7.20／毋	甲7.22／思
帛書字形				
復原字形				

　　《楚帛書》「」字，高明〈楚繒書研究〉讀「思」，謂：

　　　思爲語助詞……，「毋思百神，風雨辰禕亂作」，……因無百神，風
　　雨辰禕亂作也，日月可按規律運轉，則宇宙有宵有朝，有晝有夕。
　　　　　〔註599〕

　　李零《長沙子彈庫戰國楚帛書研究》讀「思」爲「息」，謂：

　　　《詩・周南・漢廣》：「不可休思」，《釋文》：「本或作息」，……「思」
　　上一字殘，疑與息反義，可能是「作」一類意思。〔註600〕

嘉凌案：帛書中「思」字多讀爲「使」，故「四□毋思（使）」，即「四□」無
法行使。

【5】

出　　處	甲7.22／□	甲7.23／神	甲7.24／風	甲7.25／雨
帛書字形				
復原字形				

　　《甲7.21》字，商承祚〈戰國楚帛書述略〉釋「則」；嚴一萍〈楚繒書新

〔註599〕高明：〈楚繒書研究〉《古文字研究》12輯，（北京：中華書局，1885年），頁
　　　　380。
〔註600〕李零：《長沙子彈庫戰國楚帛書研究》，（北京：中華書局，1985年），頁73。

考〉釋「百」，並認爲「百神」爲繒書恆語。〔註601〕

　　嘉凌案：《甲7.21》字上部殘缺，而《楚帛書》有「百」字作 （甲4.33），兩字下部同形，然上部一爲「八」形筆畫；一爲「橫筆」，兩字明顯有別，故疑《甲7.21》字上部尚有其他筆畫，或因帛書變形而橫筆變爲八形，字形待考。因此，「□神風雨」大約是指有風有雨的大自然亂象。

【6】

出　　處	甲7.26／晨	甲7.27／禕	甲7.28／亂	甲7.29／乍
帛書字形				
復原字形				

1. 甲7.25／晨

　　《楚帛書》「」字，嚴一萍〈楚繒書新考〉釋「晨」，〔註602〕未說明，饒宗頤〈楚帛書新證〉釋「晨」，謂：

　　　從晨加日旁，辰之繁文。晨禕猶言辰緯。〔註603〕

嘉凌案：郭店簡「晨」字作（五行‧簡19），〔註604〕與《楚帛書》「」字同形，釋「晨（晨）」無誤。

2. 甲7.26／禕

　　《楚帛書》「」字，嚴一萍〈楚繒書新考〉釋「禕」，謂：

　　　疑此「禕」字指風名，與上文「風雨」下文「亂作」相應。〔註605〕

　　何琳儀〈長沙帛書通釋〉釋「禕」，讀「緯」，謂：

〔註601〕商承祚：〈戰國楚帛書述略〉《文物》第九期，1964年9月，頁17；嚴一萍：〈楚繒書新考〉（上），《中國文字》26冊，1967年12月，頁15。
〔註602〕嚴一萍：〈楚繒書新考〉（上），《中國文字》26冊，1967年12月，頁15。
〔註603〕饒宗頤：〈楚帛書新證〉《楚地出土文獻三種研究》，（北京：中華書局，1993年），頁247。
〔註604〕張光裕主編，袁師國華合編：《郭店楚簡研究‧第一卷‧文字編》（台北：藝文印書館，民國88年），頁240。
〔註605〕嚴一萍：〈楚繒書新考〉（上）《中國文字》26冊，1967年12月，頁15。

《宋書》：「拓跋氏精氣震辰緯」，讀「禕」為「緯」，即指星緯，「星辰的經緯」。〔註606〕

劉信芳《子彈庫楚墓出土文獻研究》承何琳儀先生之說，謂：

> 「晨緯」是由行星在恆星系中的移動軌跡所構成的紀時系統，「晨」主要指具有紀時意義的某恆星，「緯」主要指具有紀時意義的某行星，不同的歷史時期「晨」、「緯」所指的具體對象有不同。〔註607〕

嘉凌案：「晨（辰）禕（緯）亂作」應指天體星辰的秩序混亂。

乃逆日月【1】，以迵（轉）相土【2】，思（使）又（有）宵又（有）朝，又（有）晝又（有）夕【3】。

【1】

出　　處	甲7.30／乃	甲7.31／逆	甲7.32／日月＝
帛書字形			
復原字形			

《楚帛書》「　」字，商承祚〈戰國楚帛書述略〉釋「迖」，讀「過」；〔註608〕嚴一萍〈楚繒書新考〉釋「踐」，謂：

> 論語：「不踐迹」，孔注：「踐，循也」。〔註609〕

饒宗頤〈楚帛書新證〉釋「逆」，謂：

> 殘形似逆字，可定為逆，即迎也。此言日月之運轉而逆（迎）送之。
> 〔註610〕

〔註606〕何琳儀：〈長沙帛書通釋〉，《江漢考古》第二期，1986年02月。

〔註607〕劉信芳：《子彈庫楚墓出土文獻研究》，（台北：藝文印書館，民國91年），頁51。

〔註608〕商承祚：〈戰國楚帛書述略〉，《文物》第九期，1964年9月，頁17。

〔註609〕嚴一萍：〈楚繒書新考〉（上），《中國文字》26冊，1967年12月，頁15。

〔註610〕饒宗頤：〈楚帛書新證〉《楚地出土文獻三種研究》，（北京：中華書局，1993年），頁247。

劉信芳《子彈庫楚墓出土文獻研究》贊成釋「逆」，謂：

> 謂觀測日月之運行，推步曆法，據日影定分、至，據月圓缺定晦朔，
> 預知其分至朔望也。〔註611〕

嘉凌案：楚簡「戈」字作 （包山簡 2.261），〔註612〕《楚帛書》「」字上方明顯有四豎筆的「倒人」形筆畫，與「戈」字判然有別，故字形非從「戈」。楚簡「逆」字作 （包山簡 2.75），〔註613〕《楚帛書》「」字上部雖因折痕略殘，然依稀可辨，故釋「逆」可從。

「逆」，迎也，在典籍中常見與日月連言，如《史記·五帝本紀》：「曆日月而迎送之」，《正義》：「言作曆弦、望、晦、朔，日月未至而迎之，過而送之」；《大戴禮記·五帝德》：「厤日月而迎送之，明鬼神而敬事之」，王聘珍《解詁》：「厤讀曰歷；《爾雅》曰：「歷，相也」相日月之出入而察之，若寅賓寅餞然，故曰迎送之」，〔註614〕故「乃逆日月」即帝俊於是迎接日月之運行。

【2】

出　　處	甲 7.33／以	甲 7.34／迥	甲 7.35／相	甲 8.1／土
帛書字形				
復原字形				

1. 甲 7.33／迥

《楚帛書》「」字，商承祚〈戰國楚帛書述略〉釋「迥」，謂：

〔註611〕劉信芳：《子彈庫楚墓出土文獻研究》，（台北：藝文印書館，民國 91 年），頁 52。

〔註612〕張光裕主編、袁師國華合編《包山楚簡文字編》，（台北：藝文印書館，民國 81 年），頁 164。

〔註613〕張光裕主編、袁師國華合編《包山楚簡文字編》，（台北：藝文印書館，民國 81 年），頁 372。

〔註614〕王力：《王力古漢語字典》，（北京：中華書局，2000 年），頁 1428。

迵為傳之別構，見龍節銘。〔註615〕

李零《長沙子彈庫戰國楚帛書研究》釋「迵」，讀「轉」，謂：

> 這段話的意思大約是說，共工推步十日四時，命百神調節風雨以潤澤下民，不意百神沒能正確掌握風雨的時辰，遂致亂生，于是決定讓日月轉相作息，在一天之內分出早晚四時。〔註616〕

劉信芳《子彈庫楚墓出土文獻研究》釋「迵」，讀「傳」，認為是「授」之意。〔註617〕

嘉凌案：《郭店簡》「迵」字作 🔲（語叢四·簡 20），讀「轉」，〔註618〕故《楚帛書》「🔲」字釋「迵」可從，於此讀「轉」，為「輪流」之意。

2. 甲 8.1／土

《楚帛書》「🔲」字，李零〈長沙子彈庫戰國楚帛書研究補正〉經目驗，認為是「土」字，〔註619〕劉信芳《子彈庫楚墓出土文獻研究》從之，連上一字，釋「相土」，謂：

> 相土乃商代司曆數者，《詩·商頌·長發》：「相土烈烈，海外有截」，毛〈傳〉：「相土，契孫也」，《漢書·五行志》：「相土，商祖契之曾孫，代閼伯後主火星」，《左傳》襄公九年：「陶唐式之火正閼伯，居商丘，祀大火，而火紀時焉。相土因之，故商主大火。商人閱其禍敗之釁，必始於火，是以日知其有天道也」，杜預〈注〉：「相土，契孫，商之祖也，始代閼伯之後，居商丘，祀大火」，孔〈疏〉：「案《詩》述后稷云：即有邰家室，述契云：天命玄鳥，降而生商，即稷封邰而契分封商也。若契之居商，即是商丘，則契已居之，不得云相土因閼伯也。若別有商地，則湯之為商，不是因相土矣。」，信芳按據帛書所云，共工傳曆數於相土，據《左傳》云，則相土承閼伯而火紀時。此曆數之傳，非土地邦國之傳也。由帛書所紀，知《左傳》相土傳「火紀時」

〔註615〕商承祚：〈戰國楚帛書述略〉，《文物》第九期，1964 年 9 月，頁 17。

〔註616〕李零：《長沙子彈庫戰國楚帛書研究》，（北京：中華書局，1985 年），頁 73。

〔註617〕劉信芳：《子彈庫楚墓出土文獻研究》，（台北：藝文印書館，民國 91 年），頁 52。

〔註618〕張光裕主編，袁師國華合編：《郭店楚簡研究·第一卷·文字編》（台北：藝文印書館，民國 88 年），頁 396。

〔註619〕李零：〈長沙子彈庫戰國楚帛書研究補正〉《古文字研究》20 輯，（北京：中華，2000 年），頁 172。

　　　　　乃信史，且藉此可澄清杜〈注〉孔〈疏〉之疑案。〔註620〕

嘉凌案：《楚帛書》「[字形]」字形稍有變形殘缺，然與「土」字接近，釋「土」
可從。而「相土」身份，據《史記·殷本紀》記載：

> 契卒，子昭明立。昭明卒，子相土立」。《集解》宋忠曰：「相土就契
> 封於商。《春秋左氏傳》曰：「閼伯居商丘，相土因之。」《索隱》：「相
> 土佐夏，功著於商，《詩·頌》曰：「相土烈烈，海外有截」是也。」
> 《左傳》曰：「昔陶唐氏火正閼伯居商丘，相土因之」，是始封商也。
> 《正義·括地志》云：「宋州宋城縣古閼伯之墟，即商丘也，又云羿
> 所封之地。」〔註621〕

可知「相土」是商朝始祖契之孫，然楚民族的神話傳說爲何要述及商代初祖
「相土」？考查諸多傳世文獻典籍中均未見「相土」與楚民族間的記載，因
此是否確指商朝始祖「相土」仍有待商榷。故據帛書上下文意推論，「乃逆日
月，以遄相土」應釋爲帝俊於是迎接日月，使日月重新輪流照臨下土，可能
更爲適當，故「相土」於《楚帛書》中應非爲神祇。

【3】

出　　處	甲8.2／思	甲8.3／又	甲8.4／宵	甲8.5／又	甲8.6／朝
帛書字形					
復原字形					

出　　處	甲8.7／又	甲8.8／晝	甲8.9／又	甲8.10／夕	分段符號
帛書字形					

〔註620〕劉信芳：《子彈庫楚墓出土文獻研究》，（台北：藝文印書館，民國91年），頁53。
〔註621〕〔日〕瀧川龜太郎：《史記會注考證》，（台北：萬卷樓，1993年），頁54。

－185－

復原字形					

1. 甲8.6／朝

《楚帛書》「」字，商承祚〈戰國楚帛書述略〉釋「教」，讀「效」，謂：

日月晝夜有效運轉。〔註622〕

嚴一萍〈楚繪書新考〉釋「朝」。〔註623〕

嘉凌案：楚簡「教」字作（郭店簡‧老子甲‧簡12），或从「攴」作
（包山簡2.99），或為「爻」作（信陽簡1.03），〔註624〕與《楚帛書》「」
字明顯不同，故非「教」字。楚簡「朝」字作（包山簡2.145），或右旁變
異作（天星觀卜筮簡），於偏旁或為「水」形作（郭店簡‧唐虞之道‧
簡5），〔註625〕故《楚帛書》「」字應釋為「朝」。

2. 甲8.10／夕

《楚帛書》「」字殘泐，依文義可知，應與「晝」
相對，並與「夜」相關之字，嚴一萍〈楚繪書新考〉補
「夕」字，並認為作「夜」亦有可能。〔註626〕

嘉凌案：楚簡「夕」字作（秦家嘴簡99.1），
而楚簡「夜」字作（包山簡2.113），「夕」形居於下
方；或「夕」形居右側作（包山簡2.168），或「夕」
形與「亦」字共筆作（包山簡2.200），〔註627〕由

〔註622〕商承祚：〈戰國楚帛書述略〉，《文物》第九期，1964年9月，頁17。
〔註623〕嚴一萍：〈楚繪書新考〉（上），《中國文字》26冊，1967年12月，頁15。
〔註624〕張光裕主編，袁師國華合編：《郭店楚簡研究‧第一卷‧文字編》，（台北：藝
　　　　文印書館，民國88年），頁153；張光裕主編、袁師國華合編《包山楚簡文
　　　　字編》，（台北：藝文印書館，民國81年），頁176；河南省文物研究所：《信
　　　　陽楚墓》，（北京：文物出版社，1986年），圖版113。
〔註625〕張光裕主編、袁師國華合編《包山楚簡文字編》，（台北：藝文印書館，民國
　　　　81年），頁207；滕壬生：《楚系簡帛文字編》（武漢：湖北教育出版社，1995
　　　　年），頁569；張光裕主編，袁師國華合編：《郭店楚簡研究‧第一卷‧文字
　　　　編》，（台北：藝文印書館，民國88年），頁162。
〔註626〕嚴一萍：〈楚繪書新考〉（上），《中國文字》26冊，1967年12月，頁15。
〔註627〕滕壬生：《楚系簡帛文字編》，（武漢：湖北教育出版社，1995年），頁585；
　　　　張光裕主編、袁師國華合編《包山楚簡文字編》，（台北：藝文印書館，民國

於《楚帛書》「又」字明顯無上部或左右之筆畫，且字形大小與上字「又」相當，故《楚帛書》「〻」字應釋爲「夕」。因此「思（使）又（有）朝又（有）宵，又（有）晝又（有）夕」，即使一日分爲「朝、宵、晝、夕」四個時段，由於《楚帛書》〈甲篇〉之一已敘述「四子相代」爲「四時」，即春、夏、秋、冬，故此處「四時」應解釋爲「宵、朝、晝、夕」爲是。故「思（使）又（有）宵又（有）朝，又（有）晝又（有）夕」，指使一日分爲「宵、朝、晝、夕」四部分。

---

81 年），頁 110。